너희는 그의 말을 들으라
예수님의 고난과 부활에 대한 40일간의 묵상 III
마태복음 통독과 해설 묵상집

너희는 그의 말을 들으라
예수님의 고난과 부활에 대한 40일간의 묵상 Ⅲ
마태복음 통독과 해설 묵상집

초판 1쇄 인쇄 2021년 1월 25일

지은이	이충재 이장렬
발행인	이요섭
펴낸곳	요단출판사
기획	박찬익
편집	이인애
디자인	박지혜
제작	사역지원팀
영업	김승훈 김창윤 정준용 이대성

등록	1973.8.23. 제13-10호
주소	07238) 서울특별시 영등포구 국회대로 76길 10
기획문	(02)2643-9155
영업문	(02)2643-7290~1 Fax(02)2643-1877

©2021. 요단출판사 all rights reserved.

값 15,000원
ISBN 978-89-350-1872-7 03230

• 이 책은 저작권법에 따라 보호를 받는 저작물입니다. 무단전재와 복제를 금합니다.
• 파손된 책은 구입하신 서점에서 교환해 드립니다. 책값은 뒤표지에 있습니다.

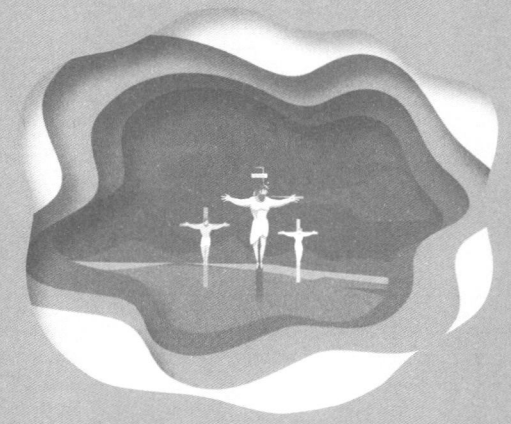

너희는
그의 말을 들으라

예수님의 고난과 부활에 대한 40일간의 묵상 III

40일간의
묵상 III

마태복음 통독과 해설 묵상집

이충재 이장렬 지음

요단
JORDAN PRESS

저자 소개

이충재
Days 1 – 30 저술

이충재 목사는 하나님의 도우심으로 이스라엘의 회개를 이끈 학자 에스라를 꿈꾼다. 하나님의 말씀을 연구하고 준행한 완전한 학자인 동시에 이스라엘의 죄를 눈물로 자복하고 하나님의 율례와 규례를 가르쳐 돌이키게 한 에스라의 사역을 꿈꾼다. 언제나 하나님의 선한 도우심을 입어 주어진 일을 감당한 학자 에스라처럼 하나님의 선한 도우심을 매 순간 갈망한다 스7:6, 9.

그는 중앙대학교 재학시절 예수님을 인격적으로 만나 신학자-목회자의 소명을 받고 합동신학대학원대학교에 진학하였다. 이후 고든콘웰신학교 Gordon-Conwell Theological Seminary에서 신약학 석사를 이수하고, 서든침례신학대학원 The Southern Baptist Theological Seminary에서 신약학 박사학위 Ph.D.를 취득했다.

대학 시절 만난 은사의 영향으로 마태복음에 심취하게 되었으며, 「돌이킴회개 마태복음의 중심 주제 *Metanoia Repentance a Major Theme of the Gospel of Matthew* Eugene, OR: Wipf&Stock 2020」라는 제목으로 박사학위 논문을 출판하였다. 그 외에도 「마운스 헬라어 문법복 있는 사람 2017」을 공역하였고, 박사논문 지도 교수인 Jonathan T. Penningtonn의 산상수훈 주석집 *The Sermon on the Mount and Human Flourishing* Baker, 2018을 번역했다

가제: 「산상수훈과 인간번영」, 「에스라 2020」. 현재 영문으로 출간된 박사학위논문을 한글로 번역하여 출판을 준비 중이며, 마태복음 해석서를 집필하고 있다. 미국복음주의신학회ETS에서도 여러 차례 논문을 발표하며 활발한 활동을 하고 있다. 고든콘웰신학교의 겸임교수를 역임했으며, 현재 미국 뉴저지 동부개혁신학교Eastern Reformed Theological Seminary에서 교수로 사역하고 있다. 최근에는 이장렬 목사와 공저한 「나를 일으켜 세우는 감사」와 「나를 일으켜 세우는 말씀」요단출판사을 출간하기도 했다.

이장렬

Days 31 – 40 저술

이장렬 목사는 서울대학교 B.M. 를 졸업하고 서든침례신학대학원 The Southern Baptist Theological Seminary 에서 목회학 석사과정 M. Div. 를 이수했으며, 영국 에딘버러대학교 University of Edinburgh 에서 신약학 박사학위 Ph.D. 를 취득했다. 에딘버러대학교 재학 중 King's Evangelical Divinity School에서 가르쳤으며, DAAD 장학생으로 독일 튀빙겐대학교 Tübingen University 개신교 신학부에서도 연구했다. 2010년부터 캔자스시티에 소재한 미국 남침례교단 소속 미드웨스턴침례신학대학원 Midwestern Baptist Theological Seminary 에서 신약학 교수로 후진을 양성하고 있으며, 복음서 연구와 신약 기독론 분야 등에서 연구 및 저술 활동을 하고 있다. 2014년에는 재직 중인 신학교에서 〈올해의 교수상〉을 받기도 했다.

모국어가 아닌 영어로 원어민 학생들을 가르치는 그는 '영어로 말하는 것은 내 책임, 알아듣는 것은 학생들 책임'이라고 재치 있게 말하지만, 강의실에서는 부흥회를 방불케 하는 열정적 강의를 하는 것으로 알려져 있다. 그간 미국, 영국, 한국에서 다양한 한국어권 및 영어권 회중을 섬겼지만, 성도님들께 배운 것이 훨씬 많음을 솔직히 털어놓는다. 또한 성경에 대해 잘 모르는 부분이 아직 너무 많지만, 그만큼 배우는 과정이 보람되고 즐겁다고 말한다. 아울러 일과 중 성경을 묵상하는 시간과 일과 후 가족과 함께 보내는 때가 제일 행복하다고 털어놓는다.

Christological Rereading of the Shema in Mark's Gospel Tübingen: Mohr Siebeck, 2020 을 출판하는 등 활발한 연구와 저술 활동을 하고 있지만, 이외에도 말씀 묵상에 근거하여 쉽게 이해되는 설교를 하고 쉽게 이해되는 글을 쓰는데 큰 열정을 갖고 있다. 신학교 사역 외에도 여러 차례 임시목사/설교목사로 지역교회를 섬긴 것은 그러한 열정을 잘 드러내 준다. 아울러 요단출판사와 함께 출간한 여러 권의 책 역시 그런 열정의 산물이다. 요한복음 21장에 대한 21편의 묵상을 담은 책 「네가 나를 사랑하느냐」는 2017년 12월에 출간되어 많은 사랑을 받고 있으며, 「예수님의 고난과 부활에 대한 40일간의 묵상」은 2019년 2월에 출간되어 바로 2쇄에 들어갈 정도로 큰 호응을 얻었다. 2019년 하반기에는 마태복음 1-2장을 다룬 「25일간의 성탄 묵상」과 바디매오 본문 막10:46-52 에 대한 10편의 깊이 있는 묵상을 담은 「바디매오 이야기」가 출간되어 많은 관심을 받았으며, 2020년 상반기에 출간된 「예수님의 고난과 부활에 대한 40일간의 묵상2」역시 많은 사랑을 받았다. 근래에는 이충재 목사와 공저한 「나를 일으켜 세우는 감사」와 「나를 일으켜 세우는 말씀」을 출간했다.

추천사

　한국교회는 이제 말씀의 시대가 열리고 있다. 교회의 쇠퇴기가 닥치면 성도들은 거의 본능적으로 그리고 집단적으로 하나님의 말씀을 듣고 싶다는 욕구를 발산하게 된다. 성경말씀은 깊은 묵상을 위한 정독도 필요하지만 큰 그림을 파악하며 한 책 전체를 통독하는 것이 매우 중요하다. 무조건 읽어나가는 통독은 읽은 횟수를 늘리는 재미는 있을지 모르나 성경의 핵심과 흐름을 파악하는 것은 불가능하다. 이 책은 일정 기간을 정해놓고 전문학자의 인도를 받으며 마태복음 한 책을 독자가 자신의 안목으로 읽을 수 있도록 기획되었다. 이 책의 저자는 복음서를 전공한 전문학자다. 그러나 저자는 자신의 학문적인 관심이 아니라, 성도의 말씀 읽기와 말씀대로 살아가기에 관심을 맞추어 독자를 본문으로 안내한다. 그러므로 성도들은 안심하고 마태복음을 읽고 묵상할 수 있다. 이 책과 함께 마태복음 묵상통독을 하면서 마태가 드러내주는 예수 그리스도를 총체적으로 확인하고 만나는 경험을 할 수 있을 것이다. 그리고 매일의 삶으로 연결하여 말씀을 읽고 묵상하는 동안 성경말씀이 자신의 삶에서 실제로 작동하면서 신앙이 자라가는 경험을 하게 될 것이다.

합동신학대학원대학교 총장 **정창균**

"사순절을 어떻게 하면 가장 의미 있게 보낼 수 있을까?" 매년 마음속으로 했던 질문입니다. 이 책을 만나면서 이 질문에 대한 만족스러운 답을 얻었습니다. 다른 묵상집들을 접하면서 항상 아쉬웠던 것이 바로 균형입니다. 많은 묵상집들이 그 내용의 깊이와 길이에 따라 때로는 너무 가볍거나 너무 무겁게 느껴지는 반면에 이 책은 독자들의 말씀 연구와 적용을 균형 있게 인도해줍니다. 본문에 대한 통찰력 있는 간략한 설명과 함께 구체적이고 실질적인 적용 질문을 통해 말씀 묵상과 말씀 실천을 연결해줍니다. 무엇보다도 마태복음의 모든 내용들을 '하나님의 나라'라는 구심점을 통해 연결하고 예수님께서 그 하나님의 나라를 어떻게 이루어 나가시는지를 잘 설명해주기에 각 장을 묵상하면서도 마태복음의 핵심 메시지와 전체 그림을 놓치지 않도록 이끌어줍니다. 사순절에 이 책을 통해 마태복음을 묵상하는 모든 분들의 삶에 하나님의 나라가 온전히 이루어지기를 간절히 기도합니다.

토렌스 조은교회목사 **김우준**

예수님이 그의 자녀들에게 가장 원하는 것이 있다면 말씀을 읽고 묵상하는 것이다. 그런 점에서 이 책은 예수의 심장을 꺼내 보여 주는 듯하다. 이 책은 "너희는 그의 말을 들으라"마17:5는 대 주제를 놓고 마태복음을 통독하고 묵상하며 사순절 기간을 가장 의미 있게 보낼 수 있게 돕는다. 본인은 얼마 전부터 마태복음을 필사하기 시작하면서 많은 은혜를 누리고 있다. 그래서인지 이 책자를 더욱 깊이 볼 수 있는 계기가 되었다. 두 분의 학자가 마태복음서에서 가장 핵심이 되는 예수의 가르침, 하나님 나라, 그리고 예수의 죽으심과 부활을 연결하여 40일 통독 묵상으로 승화시킴에 놀라지 않을 수가 없다. 마태복음 속에 숨겨져 있는 보석같은 그 하나님 나라 신학을 평신도들이 가장 쉽게 묵상하며 적용할 수 있게 디자인 된 이 책자를 본인은 적극 추천한다. 이 책자를 통해 이 땅의 수많은 그리스도인이 진정한 하나님 나라의 백성으로 복음적 삶을 살아가게 될 꿈을 꾸어 본다.

뉴욕장로교회 담임목사 **김학진**

    현대인에게 일상이 되어 버린 분주함은 예수님의 십자가로 향해 있던 우리의 눈을 세상으로 향하게 합니다. 하지만 십자가로부터 우리의 시선이 멀어지면 멀어질수록 구원의 감격은 흐려지고 삶의 고통과 고난의 무게는 가중됩니다. 사순절 기간을 맞이하여 우리의 시선이 예수님의 십자가로 다시금 고정되길 바라는 마음입니다. 이 책을 따라 40일간 그리스도의 십자가를 묵상하다보면, 우리 앞에 있는 모든 고통과 고난이 하늘의 소망과 감사로 변화될 것입니다. 십자가의 능력으로 영혼을 회복시키길 원하는 모든 성도님들에게 이 책을 기쁜 마음으로 추천합니다.

남가주 사랑의 교회 담임목사 **노창수**

    예수님을 바르게 안다는 것은 십자가와 부활의 비밀을 깨닫는 것입니다. 십자가를 만날 때 허물과 죄로 뒤덮인 자신이 보이며 하나님이 독생자 예수님을 세상에 보내신 이유를 깨닫게 됩니다. 부활을 만날 때 진정한 자유를 깨닫고 세상을 이기는 승리를 맛보게 됩니다. 두 교수님은 마태복음 안에서 보석처럼 박혀 있는 예수님의 고난과 부활에 대한 광맥을 캐내어 독자 앞에 펼쳐 놓았습니다. 학자적인 깊이와 실천적 내용을 균형 있게 제시하여 성경을 사랑하는 누구라도 쉽게 이해하고 은혜를 받을 수 있습니다.

    하나님 앞에 금식하며 나아간 예수님처럼 40일 동안 저자들의 주옥같은 말씀을 따라 순례의 여정을 펼치다 보면 예수님의 흘린 눈물과 짙은 땀방울 그리고 십자가에서 흘린 피가 선명하게 다가오게 될 것입니다. 그리고 십자가를 넘어 찬란한 부활의 감격과 영광이 눈 앞에 펼쳐질 것입니다. 그 주님을 만나면 우리 영혼은 하늘의 기쁨에 춤추고 우리 삶은 주님을 따르는 제자의 삶에 한층 더 가까이 나아가게 될 것입니다.

워싱턴중앙장로교회 담임목사, 고든콘웰신학대학원 객원교수 **류응렬**

하나님 나라의 관점으로 마태복음 전체를 해설한 묵상집이 출간되어 반갑고 감사합니다. 마태복음은 예수님의 고난과 부활이라는 날줄과 씨줄로 촘촘하게 짜여있는 진리의 세계를 아름답게 보여줍니다. 학문적 탁월함과 실천적 영성을 두루 갖춘 두 저자의 인도를 따라 40일간 묵상 여행을 떠나신다면, 평생 잊지 못할 사순절이 될 것입니다. 모든 것이 변하는 시대를 살아가는 그리스도인에게 절실히 필요한 것은 변하지 않는 하나님의 말씀입니다. 말씀 안에 길이 있고, 말씀 안에 답이 있습니다. 말씀 묵상을 통해 삶의 길을 찾고, 답을 얻길 원하는 모든 분들에게 이 책을 적극 추천합니다.

은평교회 담임목사 **박지현**

금번에 이충재 박사와 이장렬 박사가 공동으로 「너희는 그의 말을 들으라」라는 제목으로 마태복음을 40일 동안 묵상하고 배울 수 있는 책을 교회진흥원요단출판사에서 출판하게 된 것을 기쁘게 생각한다. 우선 두 분은 복음서 연구 분야에서 인정받는 학자들이시다. 그리고 두 분은 성경을 바른 신학적 관점에서 접근하고 해석하는 귀한 분들이다. 학문적으로 인정받은 학자들이 성도들의 매일 매일의 삶 속에서 꼭 필요한 책을 저술한 것을 통해 그들이 그리스도의 피로 값 주고 산 교회를 얼마나 사랑하는지 짐작할 수 있다. 특히 오늘날 코로나-19 전염병 사태로 인해 교회가 여러 가지 방면으로 힘들어 하는 이때에 말씀으로 충전할 수 있는 귀한 책의 출현은 우리의 마음에 기쁨을 선사하고 감사하는 마음을 갖게 한다. 마태복음은 복음서 중에서도 가장 부피가 많은 책이기 때문에, 성도들이 전체를 순서대로 읽어도 읽은 후에 정리가 잘 안 되는 경향이 있다. 그런데 본서 「너희는 그의 말을 들으라」는 40개의 중요한 주제들을 선별하여 그 내용을 배우고 묵상하도록 안내하고 있기 때문에 마태복음 이해에 크게 도움이 된다. 그러므로 본서는 마태복음의 내용을 잘 정리하여 성도들의 머리 속에 오래 남게 하는 역할을 할 뿐만 아니라 성도들의 신앙의 삶을 고양시키는 역할도 할 수 있다. 본서는 신학적으로 건전할 뿐만 아니라 신앙생활에 크게 도움이 되리라 확신하기에 적극 추천한다.

합동신학대학원대학교 명예교수 **박형용**

　사순절이 돌아와도 대부분의 성도들은 사순절을 그리 중요하게 생각하지 않습니다. 모두가 바쁜 일상을 살아가기에 사순절에 마음을 둘 여유가 없기 때문입니다. 겨우 고난주간 일주일의 특별 새벽기도회나 부활주일을 지키는 정도입니다. 사순절을 지키며 말씀을 묵상하려 해도 그리 쉽지 않습니다. 이 책은 사순절 동안 예수님의 말씀과 삶을 묵상하기 원하는 분들에게 큰 도움이 될 것입니다. 40일 동안 마태복음 통독 묵상으로 사순절 여행을 떠난다면 예수님의 말씀과 삶의 의미를 더욱 깊이 이해하고 마음에 새길 수 있는 귀한 시간이 될 것입니다. 저자의 구절에 대한 깊이 있는 해설과 묵상은 본문을 이해하고 묵상하는데 많은 도움을 줍니다. 묵상을 위한 질문은 실재적인 삶에 적용 가능한 내용이기에 나를 움직이게 합니다. 사순절 묵상 여행을 떠나시기 원하시는 분들에게 정말 귀한 도움이 되는 책입니다.

인랜드교회 담임목사 **안환**

코로나가 모든 것을 멈춰 서게 하는 시대 한복판에 우리는 서 있습니다. 이 시대를 어떻게 살아가야 할 것인가에 대한 많은 책과 이야기들이 있지만 가장 중요한 것은 우리가 하나님의 말씀 앞에 서야 한다는 것입니다. 이제까지 우리는 내 생각과 느낌을 따라 살았음을 고백하며 다시 하나님의 말씀으로 돌아가야 합니다. 특별히 예수님의 고난과 십자가를 바라보는 절기에 더욱더 우리는 말씀으로 돌아가야 합니다.

말씀으로 돌아가게 하는 가장 시의적절한 책 「너희는 그의 말을 들으라: 마태복음 통독과 함께 하는 예수님의 고난과 부활에 대한 40일간의 묵상 Ⅲ」이 출간된 것을 감사하며 축하합니다.

탁월한 신학자일 뿐 아니라 목회적 감성을 가진 이장렬 교수님과 이충재 교수님의 가이드를 통해 성경을 더 깊이 이해하며 묵상하며 삶에 적용할 수 있을 것입니다. 마음을 다해 기쁜 마음으로 모든 분에게 귀한 책을 추천합니다.

성광교회 담임목사 **유관재**

사순절 기간은 주님의 고난을 묵상하고 부활의 영광에 참여하는 은혜의 시간입니다. 코로나 19로 어려웠던 시기에 두 분 교수님의 절기별 묵상 시리즈를 통해 교회를 세울 수 있었습니다. 이번 「너희는 그의 말을 들으라」 역시 성도를 하늘나라 백성이요 교회공동체의 일꾼으로 건강하게 세우는 귀한 책입니다. 온 교우와 함께 묵상할 것이 기대됩니다. 두 저자께서 큰 일을 하셨습니다.

원주 온누리침례교회 담임목사 **이상표**

목차

저자 소개		5
추천사		8
들어가면서	이충재, 이장렬	16
이 책의 구성 및 활용방법	이충재, 이장렬	18

Days 1-30 이충재 22

- Day 1 아담과 하와의 후손, 아브라함과 다윗의 자손 예수 그리스도 · 23
- Day 2 영접하는 이방 땅 동방 박사 vs 핍박하는 헤롯과 예루살렘 · 32
- Day 3 하늘나라가 가까이 왔으니 돌이켜 심판을 피하고 구원을 얻으라 · 42
- Day 4 아담과 하와와 옛 이스라엘이 실패한 시험을 승리로 바꾸시는 예수님 · 51
- Day 5 하늘나라가 가까이 왔으니 돌이키라! 전파하기 시작하다 · 60
- Day 6 팔복, 아홉 가지 돌이킴에 합당한 열매 · 67
- Day 7 예수님이 해석해 주시는 구약 성경의 더 큰(나은) 뜻과 의로 돌이키라 · 76
- Day 8 사람에게 보이려 의를 행하는 외식하는 자들이여 돌이키라
  : 구제, 기도, 금식 · 85
- Day 9 외식하는 자들이여 돌이켜 보물을 땅에 쌓지 말고 하늘에 쌓으라 · 93
- Day 10 외식하며 비판하는 자들이여 돌이켜 황금률을 행하라 · 100
- Day 11 예수님의 산상수훈을 듣고 행하는 지혜로운 제자가
  하늘나라에 들어갑니다 · 108
- Day 12 십자가를 향한 예수님의 황금률 여정의 시작 · 115
- Day 13 예수님 말씀의 권위(권능) · 122
- Day 14 죄를 사하는 예수님 말씀의 권위(권능) · 130
- Day 15 죽은 자를 살리는 예수님의 권위(권능)와 그를 향한 사람들의 믿음 · 137
- Day 16 하늘나라를 전하는 교회가 인류의 희망이다 · 145
- Day 17 뱀같이 지혜롭고 비둘기같이 순결하라 · 153
- Day 18 예수님과 사도들의 전파에 대한 사람들의 반응과 작고 약한
  종의 모습으로 오신 메시아 · 160
- Day 19 돌이키지 않는 이스라엘과 수고하고 무거운 짐 진 자들을
  내게로 오라 부르는 예수님 · 167

Day 20	안식법 vs 자비법	174
Day 21	돌이키지 않는 이스라엘과 돌이키는 이방인	181
Day 22	심판의 바다 위에서 가르치시는 천국 비유	190
Day 23	돌이키는 제자와 돌이키지 않는 자의 오늘과 내일	198
Day 24	감춰진 하늘나라를 발견하고 모든 것을 팔아 돌이키는 제자	205
Day 25	이스라엘을 죽이는 헤롯 왕 vs 이스라엘을 살리는 하나님의 아들 예수님	212
Day 26	예수님은 모든 이방 민족의 구원자입니다	221
Day 27	"너희는 나를 누구라 하느냐?" 반석이신 그리스도 위에 세워진 교회	229
Day 28	"너희는 그의 말을 들으라"	237
Day 29	돌이켜 어린아이와 같이 자기를 낮추어 섬기는 제자들이 모인 교회 공동체	247
Day 30	구원은 사람이 아니라 하나님만 하실 수 있습니다	255

Days 31-40　　이장렬　　263

Day 31	거룩한 반전(Sacred Reversal)	264
Day 32	"내가 마시려는 잔을 너희가 마실 수 있느냐?"	272
Day 33	"주여 우리를 불쌍히 여기소서"	279
Day 34	겸손한 메시아의 예루살렘 입성과 그의 강력한 경고	286
Day 35	성전 지도자들과의 논쟁	293
Day 36	서기관들과 바리새인들을 꾸짖으심	304
Day 37	성전 멸망에 대한 예언과 재림에 관한 가르침	312
Day 38	음모, 배반, 체포 그리고 예수님의 죽음의 의미	324
Day 39	그리스도의 십자가 죽음	335
Day 40	부활하신 예수님 그리고 그의 대위임령	345

참고도서목록 및 함께 읽을 추천도서　　352

　예수님의 고난과 부활을 기념하는 사순절을 가장 잘 보내는 방법은 무엇일까요? 사순절 40일간 마태복음 통독과 함께 예수님의 고난과 부활의 의미를 깊이 묵상하는 것은 어떨까요? 마태복음 통독을 통해 예수님의 탄생부터 부활까지 모든 행적과 가르침을 읽고 묵상한다면 예수님의 고난과 부활의 의미를 더욱 깊이 우리 마음과 삶에 새길 수 있을 것입니다. 이 책은 사순절 40일 동안 마태복음을 통독하며 예수님의 가르침과 고난과 부활을 묵상할 수 있도록 해설합니다. 40일간 정욕과 세상적 삶을 절제하고 오직 하나님의 말씀을 먹는 시간으로 채운다면 여러분의 인생의 전환점이 될 수 있을 것입니다.

　이 책과 함께 40일간 묵상할 마태복음은 예수님의 탄생부터 부활까지 다양한 이야기와 이적과 무엇보다 풍성한 예수님의 가르침을 담고 있습니다. 마태복음이 기록하는 예수님의 행적과 가르침은 "회개하라돌이키라 하늘나라가 가까이 왔느니라"는 말씀으로 시작됩니다4:17. 이는 마태복음이 기록하는 예수님의 사역과 가르침이 하늘나라가 이 땅에 임하였으니 돌이키라는 메시지를 중심으로 전개된다는 것을 알려줍니다. 하늘나라가 그 나라의 왕이신 예수님과 함께 이 땅에 임하였습니다. 예수님은 돌이키라회개하라 전파하시며 하늘나라 제자를 부르십니다4:17-25. 권능으로 이적을 행하시며 사람들로 그에게 돌이켜 따르게 하십니다11:20-21. 예수님은 이 땅을 정복하고 있는 사탄귀신을 내어쫓으며 사로잡힌 백성을 해방하십니다12:28. 무엇보다 예수님은 돌이키라는 명령을 주시고 돌이켜 나와야 할 죄와 불의를 책망하시고 돌이켜 가야 할 선과 의를 가르칩니다마5-7장, 23장 등. 돌이켜 그를 따르는 제자 공동체로 교회를 세우시고16:18 돌이켜 어린 아이들처럼 자기를 낮추어 섬기라고 가르칩니다18:1-6. 마지막으로 하늘나라 왕이신 예수님은 그 나라 백성의 죄를 대속하기 위해 자기를 낮추고 목숨을 희생하는 섬김으로 십자가에 달리십니다. 그러나 무덤에 머무르지 아니하시고 부활하여 하늘과 땅을 다스리는 모든 권세를 받으시고 제자들을 세상 모든 민족에게 파송하십니다.

하나님은 변화산상에서 제자들에게 "너희는 그의 말을 들으라"고 직접 명령하십니다마17:5. 예수님의 말씀을 듣고 묵상하는 것은 하나님이 제자들에게 주신 직접 명령이자 피할 수 없는 숙명과 같은 것입니다. 이 책과 함께 앞으로 40일간의 마태복음 통독 묵상의 여정으로 초대합니다. 이 책과 함께 세상을 향해 "돌이키라 하늘나라가 가까이 왔느니라"라고 전파하시며 십자가로 향하시는 예수님의 행적과 가르침을 통독하고 묵상하며 하나님이 기뻐하시는 사순절을 만들어 가시길 응원합니다.

마지막으로, 본서의 출판을 위해 수고해 주신 교회진흥원요단출판사 이요섭 원장님과 박찬익 출판팀장님, 그리고 모든 스태프분께 진심으로 감사드립니다. 늘 기도해 주시고 격려해 주시는 가족 한 분 한 분께 감사드립니다. 예수님이 지신 십자가를 지고 어려운 시기에도 묵묵히 충성된 발걸음을 떼고 계신 거룩한 하나님의 백성들과 목회자들께 이 부족한 책을 헌정합니다.

2020년 12월 **이충재, 이장렬**

들어가면서

이 책의 구성

본서는 사순절에 초점을 둔, 40일 마태복음 통독 묵상 여정의 길잡이입니다. 그러나 꼭 사순절 기간이 아니더라도 마태복음 전체를 40일간 통독하며 묵상할 수 있도록 해설하고 있습니다. 매일의 묵상 내용은 다음과 같이 구성되어 있습니다.

통독 묵상 길잡이	당일에 읽을 성경 본문과 묵상 내용을 안내하며 격려합니다.
오늘의 본문	당일에 묵상할 성경 본문을 제시합니다.
저자 해설 및 묵상	해당 성경 본문에 대한 저자의 해설 및 저자 묵상을 제시합니다.
마태복음 이해 업그레이드	저자 해설 및 묵상에서 미처 다루지 못한 마태복음 이해를 돕기 위한 추가 설명입니다(총 40일 중 20일에 해당합니다).
묵상과 적용을 위한 질문	본문에 대한 이해, 묵상, 적용을 돕기 위해 저자가 준비한 질문입니다. 질문에 대한 답을 기록할 공간도 제시되었습니다.
나만의 묵상 메모	독자들이 당일 성경 본문을 묵상하면서 누린 은혜를 직접 기록하는 공간입니다.
저자와 함께하는 한 줄 기도	당일 묵상한 성경 본문에 근거하여 저자가 '한 줄 기도'를 제시했습니다.
기도와 결단	독자들이 스스로 기도하고 결단할 수 있도록 격려합니다.

이 책의 활용방법

독자의 상황, 소속 교회 또, 소그룹의 성격과 필요에 따라 이 책을 활용하는 방식이 달라질 수 있으리라 생각합니다. 그러므로 이하에 제시된 활용 순서를 '규칙'이라기보다는 하나의 좋은 예 정도로 이해해 주시면 감사드리겠습니다.

❶ 가급적 아침 일찍 또는 하루 중 가장 잘 집중할 수 있는 시간에 조용한 장소를 찾아 말씀 묵상을 시작합니다. 말씀 묵상의 첫 단추는 기도입니다. 당신의 마음 눈을 열어 성경을 깨닫게 해 달라고 주님께 기도하시기 바랍니다.

❷ 시작 기도를 마친 후, 제시된 '통독 묵상 길잡이'와 '오늘의 본문'을 천천히 기도하는 맘으로 읽습니다. 성경을 읽어 주는 스마트폰 앱을 활용해 오늘의 본문을 들으셔도 좋습니다.

❸ '저자 해설 및 묵상'과 '마태복음 이해 업그레이드'를 정독합니다(총 40일 중 20일에 해당합니다).

❹ '저자 해설 및 묵상'과 '마태복음 이해 업그레이드'를 정독한 후, '묵상과 적용을 위한 질문'에 대한 자신의 답을 손수 적습니다.

❺ 그리고 나서 다시 '오늘의 본문'을 1회혹은 그 이상 기도하는 마음으로 읽습니다. 그 과정에서 말씀이 더욱 심령 깊이 뿌리를 내리게 될 것입니다.

❻ 아직 중요한 단계들이 남았습니다. 먼저, '나만의 묵상 메모' 란에 당일 말씀 묵상을 통해 받은 은혜와 감동의 기록을 남

깁니다.

❼ 그리고 '저자와 함께하는 한 줄 기도'로부터 시작하여, 당일 말씀 묵상에 근거한 독자 자신의 기도와 결단을 합니다.

❽ 묵상한 말씀을 당일의 삶 가운데 적용하고 실천합니다. 묵상한 말씀을 기억하고 주님과 삶 가운데 동행할 때 비로소 말씀 묵상이 완성됩니다.

❾ 가정이나 교회 소그룹에서 이 책자를 사용해서 함께 묵상하시면 더 좋습니다. 가급적 정기적으로 말씀 묵상 나눔 시간을 가지시기를 바랍니다. 적어도 일주일에 1회 묵상 나눔 시간을 가지면 좋겠습니다. 예를 들어 묵상 나눔 시간은 다음과 같이 진행할 수 있습니다.

1. 시작 기도
2. 찬송
3. 한 주간 묵상한 본문(혹은 그 일부) 낭독 혹은 교독
4. 묵상 나눔 (한 주간 말씀 묵상을 통해 가장 많이 은혜를 받은 부분 및 그 이유 그리고 삶 가운데서 묵상한 말씀을 어떻게 실천하고 있는지에 대해 돌아가면서 나누는 시간)
5. 서로를 위해 기도하는 시간
6. 마침 기도/찬송

묵상 모임의 성격과 필요에 따라 위의 순서와 내용은 얼마든지 조정 및 변경이 가능합니다.

특별히 팬데믹의 여파 가운데서, 비대면으로 묵상 나눔을 가지시거나 방역 수칙과 사회적 거리두기를 준수하시는 가운데 묵상 나눔을 가지시기를

바랍니다. 이상의 내용은 주로 실시간 대면 모임 및 실시간 비대면모임을 염두에 두고 제시했으나, 카톡 단톡방이나 페이스북 등을 통해서 비실시간으로 묵상한 내용을 서로 나누는 방법도 얼마든지 가능합니다.

이 책의 구성 및 활용방법

Days 1 - 30

이충재

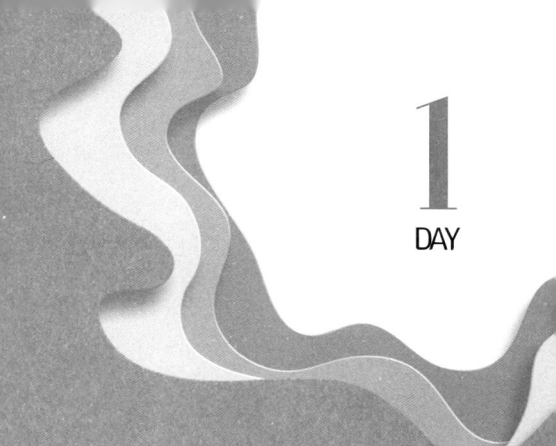

아담과 하와의 후손, 아브라함과 다윗의 자손 예수 그리스도

마태복음 1장

통독 묵상 길잡이

아브라함과 다윗의 자손으로 오신 예수님이란 어떤 의미를 가질까요? 성령으로 잉태하여 세상에 오시는 하나님은 어떤 일을 하시려는 것일까요? 예수님의 말씀을 잘 들어보세요.

오늘의 본문 　마태복음 1장

1 아브라함과 다윗의 자손 예수 그리스도의 계보라
2 아브라함이 이삭을 낳고 이삭은 야곱을 낳고 야곱은 유다와 그의 형제들을 낳고
3 유다는 다말에게서 베레스와 세라를 낳고 베레스는 헤스론을 낳고 헤스론은 람을 낳고
4 람은 아미나답을 낳고 아미나답은 나손을 낳고 나손은 살몬을 낳고
5 살몬은 라합에게서 보아스를 낳고 보아스는 룻에게서 오벳을 낳고 오벳은 이새를 낳고
6 이새는 다윗 왕을 낳으니라 다윗은 우리야의 아내에게서 솔로몬을 낳고
7 솔로몬은 르호보암을 낳고 르호보암은 아비야를 낳고 아비야는 아사를 낳고
8 아사는 여호사밧을 낳고 여호사밧은 요람을 낳고 요람은 웃시야를 낳고
9 웃시야는 요담을 낳고 요담은 아하스를 낳고 아하스는 히스기야를 낳고
10 히스기야는 므낫세를 낳고 므낫세는 아몬을 낳고 아몬은 요시야를 낳고
11 바벨론으로 사로잡혀 갈 때에 요시야는 여고냐와 그의 형제들을 낳으니라
12 바벨론으로 사로잡혀 간 후에 여고냐는 스알디엘을 낳고 스알디엘은 스룹바벨을 낳고
13 스룹바벨은 아비훗을 낳고 아비훗은 엘리아김을 낳고 엘리아김은 아소르를 낳고
14 아소르는 사독을 낳고 사독은 아킴을 낳고 아킴은 엘리웃을 낳고
15 엘리웃은 엘르아살을 낳고 엘르아살은 맛단을 낳고 맛단은 야곱을 낳고
16 야곱은 마리아의 남편 요셉을 낳았으니 마리아에게서 그리스도라 칭하는 예수가 나시니라
17 그런즉 모든 대 수가 아브라함부터 다윗까지 열네 대요 다윗부터 바벨론으로 사로잡혀 갈 때까지 열네 대요 바벨론으로 사로잡혀 간 후부터 그리스도까지 열네 대더라
18 예수 그리스도의 나심은 이러하니라 그의 어머니 마리아가 요셉과 약혼하고 동거하기 전에 성령으로 잉태된 것이 나타났더니
19 그의 남편 요셉은 의로운 사람이라 그를 드러내지 아니하고 가만히 끊고자 하여
20 이 일을 생각할 때에 주의 사자가 현몽하여 이르되 다윗의 자손 요셉아 네 아내 마리아 데려오기를 무서워하지 말라 그에게 잉태된 자는 성령으로 된 것이라
21 아들을 낳으리니 이름을 예수라 하라 이는 그가 자기 백성을 그들의 죄에서 구원할 자이심이라 하니라
22 이 모든 일이 된 것은 주께서 선지자로 하신 말씀을 이루려 하심이니 이르시되
23 보라 처녀가 잉태하여 아들을 낳을 것이요 그의 이름은 임마누엘이라 하리라 하셨으니 이를 번역한즉 하나님이 우리와 함께 계시다 함이라
24 요셉이 잠에서 깨어 일어나 주의 사자의 분부대로 행하여 그의 아내를 데려왔으나
25 아들을 낳기까지 동침하지 아니하더니 낳으매 이름을 예수라 하니라

저자 해설 및 묵상

예수님이 세상에 오신 이유가
아담과 하와에게 주신 하나님의 약속 때문이라고?

　오래전 아담과 하와는 간교한 사탄에게 속아 하나님과 같이 되기를 원하는 마음으로 선악과를 따먹었습니다. 보암직도 하고 먹음직도 하고 지혜롭게 할 만큼 탐스럽게 보이는 선악과를 먹고 하나님처럼 되어 선과 악을 스스로 정하는 높은 주권자의 자리에 오르려고 했습니다창3:5-6. 첫 창조 세상은 죄가 없고 온전했지만, 하나님의 자리에까지 높이 오르려는 사탄의 악한 가치로 가득하게 되었습니다. 그것은 지금도 마찬가지입니다. 사탄은 타락 이후 오늘날까지 세상 공중 권세를 잡고 하나님보다 높은 자리에 올라 스스로 선악을 구별하는 주권자로 살라고 말합니다. 또한, 세상 누구보다 높은 곳에 올라 으뜸이 되고 섬기기보다는 섬김받는 사람이 되라고 말합니다. 세상은 크고 높은 곳에 올라 섬김받는 사람이 으뜸이고 잘 사는 사람으로 여김 받는 사탄의 가치 질서가 지배하는 곳입니다. 그 결과는 죽음입니다. 아담과 하와는 모두 하나님의 심판을 받아 에덴동산에서 쫓겨나 죽게 되었습니다. 그리고 오늘의 세상도 높아지려는 사탄의 가치를 좇아 살며 죽음으로 치닫고 있습니다.

　그러나 이야기는 여기서 끝나지 않습니다. 타락과 심판에 곧이어 성경이 기록하고 있는 중요한 사실 한 가지가 있습니다. 그것은 하나님이 아담과 하와를 심판하심과 동시에 사탄의 머리를 밟아 죽이고 그들을 구원하실 후손씨을 약속해 주신 것입니다창 3:15. 그리고 그들에게 동물을 죽여 가죽옷을 지어 입히시며 그들의 죄를 가려 주신 것입니다. 동물을 죽여 피를 흘리고 가죽옷으로 죄를 가리신 것은 그들의 죄를 대신해 죽고 다시 영원히 살게 하실 구원자를 예표하는 것입니다. 아담과 하와의 후손으로 태어나 사탄의 머리를 밟고 인류의 죄를 대신해 죽어 우리에게 영생을 주실 이 약속하신 후손은 누구일까요? 타락 이후의 성경의 모든 관심은 이 후손씨에 있습니다.

천하 만민을 구원할 아브라함의 자손 예수 그리스도

우리가 알다시피 그분은 아브라함과 다윗의 자손후손으로 오신 예수 그리스도입니다마1:1. 창세기 4장부터 시작되는 아담과 하와의 후손씨의 계보는 노아를 거쳐 아브라함에 이릅니다창5장, 10-11장. 하나님은 아브라함을 불러 그로 말미암아 큰 민족을 이루고 땅의 모든 족속이 복을 얻으리라는 온 인류를 향한 구원의 약속을 주십니다창12:1-3. 하나님은 아브라함에게 네 씨후손로 말미암아 천하 만민이 복을 얻을 것을 약속해 주시며 사탄의 머리를 상하게 하고 온 인류를 구원할 그들의 후손의 약속을 이어 가십니다창 22:18. 하나님은 같은 약속을 아크라함의 아들 이삭과 야곱에게 주시고 그 후손씨의 약속은 이스라엘의 왕 다윗까지 이어집니다. 마태복음은 예수님을 이 아브라함의 자손으로 소개하며 그가 아브라함에게 약속해 주신 세상 모든 민족을 구원하여 복을 얻게 할 약속의 후손임을 알려줍니다.

실제로 마태복음의 모든 내용은 예수님이 사탄을 내어 쫓고 천하 만민을 불러 모아 하늘나라에 들어가는 복을 얻게 하는 이야기입니다마2:1-2, 4:16, 8:5-13, 8:28-34, 15:21-39, 24:14, 28 18-20등. 하늘과 땅의 모든 권세를 내게 주셨으니 세상 모든 민족을 제자 삼으라는 예수님의 지상명령은 그가 사탄을 이기고 세상 권세를 잡아 세상 모든 민족이 영생의 복을 얻게 하는 약속의 성취자임을 보여줍니다마 28:18-20. 하나님이 아담과 하와와 아브라함에게 주신 약속이 이 지상명령에서 최종적으로 성취되는 것입니다. 예수님의 계보 안에 포함된 네 명의 이방인 여인들다말, 라합, 룻, 밧세바은 예수님이 세상 모든 민족을 구원하러 오신 메시아이심을 보여줍니다. 그는 단지 혈통적 이스라엘 사람만을 구하러 오신 분이 아니라 이전에 주신 약속을 따라 사탄을 밟고 세상 모든 민족을 구하러 오신 메시아입니다.

겸손히 목숨 바쳐 섬기는
다윗 왕의 자손 예수 그리스도

예수님은 다윗의 자손이기도 합니다. 예수님이 다윗의 후손이라는 말씀은 그가 다윗 왕과 여러 모습에서 닮아 있는 왕임을 알려 줍니다. 다윗은 크고 높은 골리앗 앞에 선 작고 낮은 아이로 성경에 처음 등장합니다. 골리앗은 힘으로 이스라엘을 지배하고 그들 위에 오르려 합니다. 그러나 다윗은 자기를 낮추어 목숨을 걸고 싸워 이스라엘을 섬깁니다삼상17장. 거인 골리앗은 큰 힘으로 사람들을 지배하고 높은 곳에 올라 섬김 받는 것을 으뜸으로 여기는 세상나라의 대표입니다. 그러나 작은 다윗은 사람들을 위해 자기 목숨을 희생하고 섬기는 것을 으뜸으로 여기는 하늘나라의 대표입니다. 다윗의 후손 예수님이 이와 닮아있습니다. 예수님은 자기를 낮추어 세상에 오시고 십자가에서 자기 목숨을 버리는 희생으로 세상을 섬기고 구원합니다. 그리고 돌이켜 어린아이처럼 자기를 낮추어 섬기는 사람이 하늘나라에서 으뜸이고 먼저라고 가르치십니다마18:1-4, 20:25-28, 21:7-9, 16, 23:11-12등.

또한, 다윗 왕은 예루살렘에 여호와의 법궤를 다시 가져와 이스라엘에 하나님의 임재를 회복하고 그의 말씀을 청종하는 나라가 되게 하였습니다삼하6장. 그리고 구약 선지자들은 다윗의 자손까지이 일어나 정의와 공의로 다스리는 왕이 되고 그 백성을 자비와 사랑으로 섬기는 목자가 될 것을 예언합니다사9:7, 16:5; 렘23:5, 30:9; 겔34:23-24, 37:24. 하나님은 약속대로 다윗의 후손씨인 예수님께 하늘과 땅의 모든 권세왕권를 주어 왕으로 세우십니다마28:18. 예수님은 다윗의 통치 모습과 구약 선지자들의 예언처럼 하나님의 법과 의를 가르치시고 그것으로 다스리십니다마5:17-20등. 목자 없이 방황하는 이스라엘과 이방 백성들을 긍휼히 여기시고 그들을 치료하시고 먹이시고 손으로 돌보시며 사랑과 자비로 다스리는 목자왕가 되어 주십니다마4:23-25, 9:35-38, 14:14-21, 15:22-28등.

임마누엘:
하나님처럼 높아지려는 인간 vs 인간처럼 낮아지신 하나님

하나님이 성령으로 잉태하여 인간의 몸을 입고 세상에 오셨습니다마1:18. 그의 이름은 자기 백성을 그들의 죄에서 구원한다는 의미의 예수입니다마1:21. 그리고 '하나님이 우리와 함께 계시다'라는 의미의 임마누엘입니다마1:23. 그 옛날 첫 인류는 하나님처럼 높아지려 했습니다. 그러나 하나님은 인간처럼 낮아지십니다. 하나님이 자기를 낮추어 인간의 몸을 입고 세상에 오시어 자기 백성을 그들의 죄에서 구원하려 하십니다. 타락한 인류는 여전히 높은 곳에 올라 크고 먼저가 되며 섬기기보다 섬김받으려 합니다. 그러나 예수님은 자비와 사랑의 마음으로 자기 목숨을 버려 희생하고 섬겨 세상을 구합니다. 그는 사탄의 가치로 더러운 세상을 성육신의 겸손, 십자가의 섬김, 희생, 사랑과 자비의 가치로 채워 깨끗하게 하십시다. 예수님이 왕이시며 겸손, 섬김, 희생, 사랑, 자비가 다스리는 나라에서 행복하게 살고 싶습니다.

마태복음 이해 업그레이드 1

14 14 14 족보의 비밀

마태복음은 히브리어 다윗이 나타내는 수인 14를 기준으로 아브라함부터 다윗까지, 다윗부터 바벨론 포로기까지, 포로기부터 그리스도까지 세 부분으로 나누어 계보를 구성합니다. 이는 아브라함에게 주신 하나님의 약속이 다윗에게 이어지고 다윗에게 주신 약속이 바벨론 포로기를 거쳐 예수 그리스도에게서 성취되는 역사를 조명합니다. 특히, 히브리어 단어 다윗이 나타내는 수인 14를 기준으로 하여 예수님이 다윗 언약의 성취자요 다윗과 같은 왕임을 강조합니다. 다윗의 수 14를 통해 하이라이트 되는 바벨론 포로기는 그리스도가 세상을 지배하는 바벨론_{사탄}으로부터 그 나라_{권세}에 사로잡힌 이스라엘과 온 민족을 구원하는 약속된 메시아임을 드러냅니다. 바벨론으로 사로잡혀 간 후부터 "예수님까지"가 아니라 "그리스도까지"라는 표현은 예수님이 첫 창조의 타락 이후 세상에 드리운 죽음과 공중 권세 잡은 사탄의 모든 영향력을 깨뜨리고 온 세상을 구원하는 메시아이심을 다시 한번 강조합니다.

하나님은 다윗의 후손_씨으로 하나님의 집을 짓고 그 왕위를 영원히 견고하게 하시겠다는 약속을 주셨습니다삼하7:12-13. 이 다윗의 수 14로 이루어진 계보는 예수님을 그 후손으로 지목합니다. 하나님이 약속대로 예루살렘 성전에 있던 하나님의 영을 예수님 위에 부어 그의 몸을 새로운 성전으로 세우십니다마3:17. 예수님은 자신의 몸이 하나님의 영이 거하시는 새로운 성전이라고 하십니다마12:6. 하나님이 떠난 빈 껍데기뿐인 예루살렘 성전은 무너집니다마24:1-2. 사람들은 예수님을 죽여 하나님의 전을 무너뜨리지만 예수님은 삼일 후에 부활하여 그 성전을 다시 세우십니다마26:61, 27:40; 요2:19-21. 예수님은 죽음을 이기고 부활하여 하늘과 땅의 모든 권세를 받아 다윗에게 약속하신 영원히 견고한 나라권세를 세우십니다마28:18-20. 이 영원히 견고한 나라는 그 나라의 왕이신 예수님께 돌이켜 그와 그의 모든 가르침을 따르는 제자들이 들어갑니다. 그리고 임마누엘 예수님이 그의 제자들이 하늘나라에 들어가는 세상 끝날까지 항상 함께하십니다.

묵상과 적용을 위한 질문

❶ 아브라함과 다윗의 자손으로 오시는 예수님이 회복하시는 하늘나라를 경험하고 있나요? 어떻게 경험하고 있는지 간략히 적어 보세요.

❷ 하나님보다 높아지려 하고 세상 가장 높은 곳에 올라 섬김 받으려 하는 사탄의 가치가 다스리는 세상의 모습을 적어 보세요. 그와는 반대되는 겸손, 낮춤, 섬김, 희생, 자비 등의 하늘나라 가치가 실현된 모습도 적어 보세요.

나만의 묵상 메모

오늘 묵상을 통해 주신 깨달음에 대해 기록해 보세요.

저자와 함께 하는 한 줄 기도

높아지려는 사탄의 가치가 다스리는 이 세상에서 예수님처럼 낮아지려는 삶을 살게 하소서.

기도와 결단

오늘 묵상한 말씀의 적용과 삶의 결단을 담아 자신의 기도를 드리세요.

---

2 DAY

영접하는 이방 땅 동방 박사
Vs
핍박하는 헤롯과 예루살렘

마태복음 2장

통독 묵상 길잡이

이스라엘에 메시아로 오시는 예수님을 반기는 사람들과 죽이려는 사람들이 있습니다. 그들은 누구이고 왜 그렇게 할까요? 예수님이 어린 시절에 겪으신 일들이 의미하는 것을 무엇일까요? 주의 깊게 말씀을 읽고 묵상해 보세요.

오늘의 본문　　마태복음 2장

1　헤롯 왕 때에 예수께서 유대 베들레헴에서 나시매 동방으로부터 박사들이 예루살렘에 이르러 말하되
2　유대인의 왕으로 나신 이가 어디 계시냐 우리가 동방에서 그의 별을 보고 그에게 경배하러 왔노라 하니
3　헤롯 왕과 온 예루살렘이 듣고 소동한지라
4　왕이 모든 대제사장과 백성의 서기관들을 모아 그리스도가 어디서 나겠느냐 물으니
5　이르되 유대 베들레헴이오니 이는 선지자로 이렇게 기록된 바
6　또 유대 땅 베들레헴아 너는 유대 고을 중에서 가장 작지 아니하도다 네게서 한 다스리는 자가 나와서 내 백성 이스라엘의 목자가 되리라 하였음이니이다
7　이에 헤롯이 가만히 박사들을 불러 별이 나타난 때를 자세히 묻고
8　베들레헴으로 보내며 이르되 가서 아기에 대하여 자세히 알아보고 찾거든 내게 고하여 나도 가서 그에게 경배하게 하라
9　박사들이 왕의 말을 듣고 갈새 동방에서 보던 그 별이 문득 앞서 인도하여 가다가 아기 있는 곳 위에 머물러 서 있는지라
10　그들이 별을 보고 매우 크게 기뻐하고 기뻐하더라
11　집에 들어가 아기와 그의 어머니 마리아가 함께 있는 것을 보고 엎드려 아기께 경배하고 보배합을 열어 황금과 유향과 몰약을 예물로 드리니라
12　그들은 꿈에 헤롯에게로 돌아가지 말라 지시하심을 받아 다른 길로 고국에 돌아가니라
13　그들이 떠난 후에 주의 사자가 요셉에게 현몽하여 이르되 헤롯이 아기를 찾아 죽이려 하니 일어나 아기와 그의 어머니를 데리고 애굽으로 피하여 내가 네게 이르기까지 거기 있으라 하시니
14　요셉이 일어나서 밤에 아기와 그의 어머니를 데리고 애굽으로 떠나가
15　헤롯이 죽기까지 거기 있었으니 이는 주께서 선지자를 통하여 말씀하신 바 애굽으로부터 내 아들을 불렀다 함을 이루려 하심이라

오늘의 본문 **마태복음 2장**

16 이에 헤롯이 박사들에게 속은 줄 알고 심히 노하여 사람을 보내어 베들레헴과 그 모든 지경 안에 있는 사내아이를 박사들에게 자세히 알아본 그 때를 기준하여 두 살부터 그 아래로 다 죽이니

17 이에 선지자 예레미야를 통하여 말씀하신 바

18 라마에서 슬퍼하며 크게 통곡하는 소리가 들리니 라헬이 그 자식을 위하여 애곡하는 것이라 그가 자식이 없으므로 위로 받기를 거절하였도다 함이 이루어졌느니라

19 헤롯이 죽은 후에 주의 사자가 애굽에서 요셉에게 현몽하여 이르되

20 일어나 아기와 그의 어머니를 데리고 이스라엘 땅으로 가라 아기의 목숨을 찾던 자들이 죽었느니라 하시니

21 요셉이 일어나 아기와 그의 어머니를 데리고 이스라엘 땅으로 들어가니라

22 그러나 아켈라오가 그의 아버지 헤롯을 이어 유대의 임금 됨을 듣고 거기로 가기를 무서워하더니 꿈에 지시하심을 받아 갈릴리 지방으로 떠나가

23 나사렛이란 동네에 가서 사니 이는 선지자로 하신 말씀에 나사렛 사람이라 칭하리라 하심을 이루려 함이러라

저자 해설 및 묵상

약속의 후손 메시아를 기다리던 이스라엘이
벌이는 놀랍고 의아한 행위

하나님은 사탄의 머리를 상하게 하여 세상을 구원할 아담과 하와의 후손씨을 약속해 주셨습니다창3장. 하나님은 아브라함과 이삭과 야곱에게 이 후손에 대한 약속을 이어 주십니다창12:1-3, 26:2-4, 35:10-12. 하나님은 다윗에게 하나님의 집을 세우고 영원히 견고한 나라왕권, 권세를 세울 한 가지씨를 이어서 약속해 주십니다삼하7:12-13. 또한, 선지자들을 통해 이 후손이 다윗 왕과 같은 자비와 정의로 다스릴 메시아라고 예언해 주십니다마2:4-6. 매주 회당에 모여 구약성경을 읽고 듣던 이스라엘과 모세오경을 다 외우고 있던 서기관들은 이 약속의 후손을 잘 알고 오래 기다리고 있었습니다. 그리고 드디어 하나님은 약속대로 세상 모든 민족을 구원하여 복을 얻게 할 그의 아들 예수 그리스도를 이 약속의 후손으로 유대 땅에 보내셨습니다. 그런데 이 메시아의 탄생 기사를 적고 있는 마태복음 2장은 여러 가지로 예상하지 못한 놀랍고 의아한 일들을 기록하고 있습니다.

이방인이 먼저 메시아 탄생을 듣고 경배하다

첫째는 이스라엘이 오래 기다리던 이 약속의 후손의 탄생을 유대인은 모르고 있고 이방인 박사가 와서 전해주며 경배하는 것입니다. 아기 예수님이 태어난 지 얼마가 지난 후에 하늘의 별천사를 통해 이 소식을 들은 동방의 박사가 유대인의 왕으로 나신 예수님을 경배하기 위해 예루살렘 헤롯 왕궁에 찾아옵니다. 이 이방인 박사가 유대인의 왕으로 나신 이가 어디 계신지 물으니 이스라엘 왕 헤롯과 예루살렘 성 전체가 소동을 합니다. 유대인의 왕으로 예수님이 나시고 얼마간의 시간이 흘렀지만, 하나님의 도성 곧 시온성에 사는 왕과 종교 지도자들과 백성들이 그 사실을 몰랐던 것입니다. 이 아이러니한 장면은 예수님이 이스라엘만의 메시아가 아니라, 온 세상 천하 만민을 구원하는 메시아라는 사실을 강조해 보여 줍니다. 예수님이 온 인류의 조상인 아담과 하와에게 하나님이 약속하신 사탄의 머리를 상하게 하여 온 인류를 구원할 후손씨이라는 것이 분명해집니다창3:15. 또한, 예수님이 하나님이 아브라함에게 네 씨후손로 말미암아 천하 만민이 복을 얻을 것이라는 약속의 자손이라는 것도 분명해집니다창22:18. 예수님은 사탄과 죽음의 어둠에 속박되어 고통당하는 온 세상을 구원하러 오신 천하 만민을 위한 구원자그리스도이십니다.

메시아가 왕궁이 아닌 시골 동네 베들레헴에 오시다

또 다른 충격적인 사실은 온 세상을 구원하실 메시아이며 다윗에게 약속하신 영원히 견고한 나라를 세우실 왕이 왕궁이 아닌 보잘것없는 베들레헴 작은 시골 동네에 머물고 있었다는 것입니다. 유대인의 왕이 나셨다는 소식은 들었지만, 그분이 정확히 어디에 있는지 몰랐던 이방인 동방 박사는 헤롯을 찾아갔습니다. 왜 헤롯을 찾아갔을까요? 유대인의 왕이 나셨다는 소식을 들었기에 당연히 왕이 거하는 예루살렘 왕궁으로 간 것입니다. 그런데 어찌 된 일인지 왕이 왕궁에 없고 그 나라에서 가장 작고 보잘것없는 마을에 있습니다마2:5-6. 왕이 왕궁이 아닌 가장 작고 보잘것없는 고을에 머무는 나라는 어떤 나라일까요?

　세상 나라의 왕은 가장 높고, 화려하고, 크고, 웅장한 왕궁에 거합니다. 그는 많은 돈과 군사력을 축적하고 백성들 위에 군림하며 섬김을 받습니다. 이것이 세상을 지배하고 있는 가치 기준입니다. 그러나 하늘나라 왕인 예수님은 낮고, 수수하고, 작은 집에 거합니다. 그는 세상 왕들과 같이 높고 큰 왕궁에 누워 군림하는 왕이 아닙니다. 그는 자기를 낮추고 가진 것을 백성에게 나누어주며 희생하고 섬기는 왕입니다.마18:1-4, 20:25-28, 21:7-9, 16, 23:11-12. 헤롯 대왕이 머무는 거대하고 화려한 예루살렘 궁과 그가 다스리는 이스라엘은 예수님이 왕인 하늘나라와 너무나 이질적입니다. 그렇기 때문에 예수님은 예루살렘 궁전에 계실 수 없었습니다. 예수님은 세상 왕이라면 거할 수 없는 베들레헴 작은 마을 작은 집에 계십니다. 이런 예수님을 보면서도 그를 업신여기지 않고 왕으로 인정하며 엎드려 경배하고 그에 합당한 황금, 유향, 몰약의 예물을 드린 이방인 동방 박사의 믿음이 참 큽니다.

이스라엘 왕은 메시아를 죽이려 하고
유대교 지도자들은 동조하다

　더 놀라운 이야기는 유대인의 왕으로 나신 어린 예수님의 소식을 들은 이스라엘 왕 헤롯이 그를 죽이려 한 것입니다. 또한, 헤롯과 함께 예루살렘에 있던 유대 종교 지도자들이 예수님에 대해 아무런 관심을 보이지 않고 오히려 어린 예수를 죽이려 하는 헤롯을 막아서지 않는 것입니다. 혹 그들이 동방박사의 말을 믿지 않았다고 하더라도 적어도 예수님에 대해 자세히 알아보는 것이 지당했을 것입니다. 이후에 예루살렘의 유대 지도자들인 대제사장, 서기관, 바리새인, 사두개인들은 헤롯과 짝을 이루어 예수님을 죽이려 합니다. 아마도 이것이 하나님이 예수 그리스도의 탄생을 먼저 이스라엘과 예루살렘의 유대인 지도자들에게 알리지 않은 이유일 것입니다. 만약 그랬다면 그들은 예수님이 태어났다는 소식을 듣자마자 죽였을 것입니다. 하나님은 아기 예수님을 보호하기 위해 요셉과 함께 애굽으로 피하게 하십니다.

오늘 예수님이 태어나실 수 있는 곳은 어디일까?

만약 오늘 예수님이 태어나신다면 어디에서 태어나실까요? 하늘나라와는 이질적인 예루살렘 왕궁에서 태어나실 수 없었던 예수님은 건물이 크고 사람이 많고 힘이 있고 돈이 많은 것을 추구하거나 자랑하는 교회나 가정에는 태어나실 수 없을 것입니다. 오히려, 하늘나라 가치와 가까운 작고 겸손하며 가진 것을 나누어 섬기는 가난한 곳에 태어나실 것입니다. 그리고 이 세상 사회에서 낮고 작고 소외되고 어려운 곳에 오실 것입니다. 오셔서 안아주시고 때로는 같이 울어 주시고 영생이 있는 하늘나라로 이끄실 것입니다. 우리 교회가, 우리 가정이, 그리고 우리 각 개인이 하늘나라의 가치로 충만해 예수님이 태어나 머무실 수 있는 곳이길 기도합니다.

마태복음 이해 업그레이드 2

애굽에 내려갔다가 나사렛으로 돌아오신 예수님

하나님은 헤롯의 위협으로부터 아기 예수를 보호하기 위해 애굽으로 피하였다가 헤롯이 죽은 후 다시 돌아오게 하십니다. "애굽으로부터 내 아들을 불렀다 함을 이루려 하심이라"라는 말씀이 알려주듯이 어린 예수님을 통해 옛 출애굽 사건을 성취하는 새 출애굽입니다.마2:15; 호11:1. 이스라엘의 옛 출애굽은 애굽에서 죽을 처지에 놓인 이스라엘을 구원하는 사건입니다. 그뿐만 아니라 하나님이 아브라함과 그 후손 이스라엘에 약속하신 세상 모든 민족이 구원의 복을 얻게 할 한 후손씨을 보호하는 사건입니다. 이와 마찬가지로 어린 예수님의 새 출애굽은 이스라엘과 천하 만민이 구원의 복을 얻게 할 약속의 후손씨인 예수님을 지키고 보호하기 위한 것입니다. 차이가 있다면 옛 출애굽은 오실 약속의 후손씨을 보호한 것이고, 새 출애굽은 그 약속의 후손이자 약속의 실체성취로 오신 예수 그리스도를 최종적으로 보호한 것입니다. 하나님이 새 출애굽을 통해 보호하신 예수 그리스도는 약속대로 천하 만민이 돌이켜 구원의 복을 얻게 하십니다.마28:18-20.

안타깝게도 애굽으로 피한 아기 예수님을 제외한 베들레헴 지경의 두 살 아래 아기들은 헤롯에 의해 죽임당합니다. 마태복음2:18에 인용된 예레미야 31:15-17은 이 비극적인 사건에 대한 하나님의 위로와 죽임당해 잃어버린 아이들이 돌아올 것에 대한 소망을 예언합니다. 하나님은 예레미야를 통해 지금은 자녀가 죽은 일로 슬퍼하나 눈물을 멈추라고 하십니다. 강한 자들로부터 야곱이스라엘을 구원하여 속량하시고 넘치는 복을 주어 시온에서 풍성한 잔치와 찬송과 근심없는 기쁨의 안식을 주실 것을 약속하십니다. 또한, 대적의 땅에서 자녀가 돌아올 것이라 약속해 주십니다. 예레미야는 하나님이 이스라엘과 유다 집에 새 언약을 맺으실 것이라고 예언합니다렘31:31-33. 하나님은 "내가 나의 법을 그들의 속에 두며 그들의 마음에 기록하여 나는 그들의 하나님이 되고 그들은 내 백성이 될 것이라"는 약속을 주십니다. 그리고 그 약속의 말씀대로 예수님을 보내어 이스라엘과 유다와 모든 민족에게 그의 몸과 피를 먹고 마시게 하는 새 언약을 주십니다. 그리고 여호와가 그들의 하나님이 되고 그들은 하나님의 백성이 되는 복을 얻게 하십니다 마26:26-28.

애굽에서 돌아오신 예수님은 나사렛이란 곳에 사시며 나사렛 사람이라 불리게 됩니다. 헤롯의 아들 아켈라오가 왕이 된 것을 듣고 두려워 나사렛에 가서 살았다는 말씀이 암시하듯 나사렛은 사람의 손길이 닿지 않는 깊은 시골에 위치한 보잘것없고 작은 마을이었습니다. 한 나라의 왕이 작고 보잘것없는 시골 사람으로 불리우는 아이러니한 상황입니다. 이는 예수님이 왕이신 하늘나라의 가치와 기준을 보여줍니다. 세상 나라의 왕은 높고 크고 먼저이며 군림하며 섬김을 받는 유명한 존재입니다. 하지만 하늘나라 왕은 이 세상의 가치가 뒤엎어진 낮고 작은, 그러나 겸손히 섬기는 왕입니다. 세상 나라의 왕과 고관들은 백성을 마음대로 다스리고 권세를 부리지만 하늘나라의 왕과 그의 제자들은 그렇지 않습니다. 그 나라에서는 누구든지 크고자 하는 자는 섬기는 자가 되고 으뜸이 되고자 하는 자는 종이 되어야 합니다. 하늘나라 왕이신 예수님은 섬김 받는 것이 아니라 도리어 섬기려 하며 자기 목숨을 내어주며 섬기십니다 20:25-28.

묵상과 적용을 위한 질문

❶ 온 세상을 구원하기 위해 세상 가장 낮은 자리에서 목숨을 희생하고 섬기기 위해 태어나는 예수님을 맞아들일 수 있는 교회나 집은 어떤 모습이어야 할까요? 간략히 적어 보세요.

❷ 가장 높고 큰 왕궁이 아니라 베들레헴 시골에서 태어나시고, 크고 화려한 세상의 중심지가 아니라 외지고 작은 시골 동네 나사렛 출신이라 불리는 왕이 다스리는 나라는 어떤 모습일지 적어 보세요.

_____

_____

나만의 묵상 메모
오늘 묵상을 통해 주신 깨달음에 대해 기록해 보세요.

_____

_____

저자와 함께 하는 한 줄 기도
겸손하신 예수님이 왕이신 하늘나라에서 겸손히 섬기는 제자로 살게 하소서.

기도와 결단
오늘 묵상한 말씀의 적용과 삶의 결단을 담아 자신의 기도를 드리세요.

_____

3
DAY

하늘나라가 가까이 왔으니 돌이켜 심판을 피하고 구원을 얻으라

마태복음 3장

통독 묵상 길잡이

예수님에 앞서 하나님이 세상에 보내신 이가 있으니 침례(세례) 요한입니다. 요한이 어떤 하나님의 말씀을 전파하는지 잘 들어보세요. 특히, 요한이 어떻게 예수님을 소개하는지 그리고 예수님과 어떤 대화를 나누는지 귀 기울여 들어보세요.

오늘의 본문   마태복음 3장

1 그 때에 침례세례 요한이 이르러 유대 광야에서 전파하여 말하되
2 회개하라 천국이 가까이 왔느니라 하였으니
3 그는 선지자 이사야를 통하여 말씀하신 자라 일렀으되 광야에 외치는 자의 소리가 있어 이르되 너희는 주의 길을 준비하라 그가 오실 길을 곧게 하라 하였느니라
4 이 요한은 낙타털 옷을 입고 허리에 가죽 띠를 띠고 음식은 메뚜기와 석청이었더라
5 이 때에 예루살렘과 온 유대와 요단 강 사방에서 다 그에게 나아와
6 자기들의 죄를 자복하고 요단 강에서 그에게 침례세례를 받더니
7 요한이 많은 바리새인들과 사두개인들이 침례세례 베푸는 데로 오는 것을 보고 이르되 독사의 자식들아 누가 너희를 가르쳐 임박한 진노를 피하라 하더냐
8 그러므로 회개에 합당한 열매를 맺고
9 속으로 아브라함이 우리 조상이라고 생각하지 말라 내가 너희에게 이르노니 하나님이 능히 이 돌들로도 아브라함의 자손이 되게 하시리라
10 이미 도끼가 나무 뿌리에 놓였으니 좋은 열매를 맺지 아니하는 나무마다 찍혀 불에 던져지리라
11 나는 너희로 회개하게 하기 위하여 물로 침례세례를 베풀거니와 내 뒤에 오시는 이는 나보다 능력이 많으시니 나는 그의 신을 들기도 감당하지 못하겠노라 그는 성령과 불로 너희에게 침례세례를 베푸실 것이요
12 손에 키를 들고 자기의 타작 마당을 정하게 하사 알곡은 모아 곳간에 들이고 쭉정이는 꺼지지 않는 불에 태우시리라
13 이 때에 예수께서 갈릴리로부터 요단 강에 이르러 요한에게 침례세례를 받으려 하시니
14 요한이 말려 이르되 내가 당신에게서 침례세례를 받아야 할 터인데 당신이 내게로 오시나이까
15 예수께서 대답하여 이르시되 이제 허락하라 우리가 이와 같이 하여 모든 의를 이루는 것이 합당하니라 하시니 이에 요한이 허락하는지라
16 예수께서 침례세례를 받으시고 곧 물에서 올라오실새 하늘이 열리고 하나님의 성령이 비둘기 같이 내려 자기 위에 임하심을 보시더니
17 하늘로부터 소리가 있어 말씀하시되 이는 내 사랑하는 아들이요 내 기뻐하는 자라 하시니라

저자 해설 및 묵상

돌이키라회개하라는 구약 선지자들의
외침으로 시작하는 마태복음

예수님의 탄생과 어린 시절을 기록하는 마태복음 1-2장은 구약 이야기로 가득합니다. 이는 예수님의 탄생이 창세기로 시작해서 말라기서까지 이어지는 전체 구약 여정의 최종 목적지이기 때문입니다. 오늘 읽은 마태복음 3장 역시 구약의 이야기로 가득합니다. 특히, 구약시대의 마지막 선지자라고 할 수 있는 침례세례 요한의 등장은 우리의 관심을 구약 선지서로 향하게 합니다. 구약에 등장하는 수많은 선지자가 가장 많이 외친 말이 있다면 무엇일까요? 크게 두 가지가 있습니다. 첫째는 죄에서 돌이켜 여호와의 심판을 피하라는 것입니다. 하나님은 반복적으로 이스라엘에게 축복의 약속을 주시고 그 약속을 성실하게 이루시는 은혜를 베풀어 오셨습니다. 하지만 이스라엘은 끊임없이 하나님을 떠나 우상을 섬기는 패역한 길로 갔습니다. 한때 그들은 못을 박아 성전 문을 닫고 그 안의 기구들에는 먼지가 가득 쌓이기도 했습니다. 하나님은 바벨론을 비롯한 주변 강대국들을 사용하여 이스라엘을 심판하면서도 그의 선지자들을 지속해서 보내어 그들을 돌이키셨습니다. 하나님은 창조주를 떠나 우상을 섬기는 이방 나라들에도 선지자들을 보내 돌이킴을 선포하기도 하셨습니다예 요나.

구약의 마지막과 신약의 시작은 돌이키라는 명령이다

전체 구약 성경의 마지막 두 구절은 여호와의 날, 즉 최후 심판과 종말의 날이 이르기 전에 선지자 엘리야가 와서 자녀들의 마음을 여호와께 돌이키고 그들이 심판당하지 않게 할 것이라는 예언입니다. 말4:5-6입니다. "보라 여호와의 크고 두려운 날이 이르기 전에 내가 선지자 엘리야를 너희에게 보내리니 그가 아버지의 마음을 자녀에게로 돌이키게 하고 자녀들의 마음을 그들의 아버지에게로 돌이키게 하리라 돌이키지 아니하면 두렵건데 내가 와서 저주로 그 땅을 칠까 하노라 하시니라." 이 돌이킴에 대한 말씀을 마지막으로 모든 구약이 마치고 신약이 시작되는 첫 장면에 낙타 털옷을 입고 허리에 가죽 띠를 띠고 메뚜기와 석청을 먹는 엘리야 선지자와 같은 형상을 한 사람이 등장합니다마3:4 참고; 왕하1:8. 광야에서 천국이 가까이 왔으니 돌이키라 외치는 침례세례 요한입니다. 구약의 마지막 예언의 말씀이 신약의 첫 장면에서 성취되는 것입니다. 약속을 신실하게 지키시는 좋으신 하나님은 예언대로 엘리야를 보내 돌이킴을 선포하며 자녀들이 심판을 피하고 구원을 얻게 하는 은혜를 베푸십니다.

침례세례 요한의 설교:
돌이킴, 심판의 날, 새로운 하나님 백성, 예수 그리스도

침례세례 요한의 등장은 말라기의 예언대로 크고 두려운 여호와의 날, 즉 하늘나라가 이르기 직전임을 의미합니다. 요한은 예언대로 하늘나라가 가까이 왔음을 선포합니다마3:2. 좋은 열매 맺지 않는 나무마다 찍혀 불에 던져지는 저주가 그 땅을 치기 직전이니 돌이키고 그에 합당한 열매를 맺으라고 선포합니다마3:10. 일차적으로 요한이 말하는 좋은 열매 맺지 않는 나쁜 나무는 당시 이스라엘의 지도자들인 바리새인과 사두개인들을 말합니다. 요한은 그들은 아브라함의 자손이 아니라 독사의 자식이라 부릅니다.

이는 그들이 뱀의 모습으로 나타나 첫 창조 세계를 타락시킨 사탄의 후손임을 말하는 것입니다마3:7-9. 요한은 그들에게 이 돌 들로도 아브라함의 자손을 일으키리라 말합니다. 진정한 하나님의 백성은 육적인 아브라함의 혈통에 의한 것이 아니라 이 세상 모든 민족 누구라도 마음과 삶을 돌이키고 그에 합당한 좋은 열매를 맺는 사람임을 선포합니다마28:18-20. 하나님의 백성이 새롭게 정의됩니다. 그들은 오직 하늘나라와 그 나라의 왕이신 예수님께 돌이켜 그에 합당한 열매를 맺는 사람들입니다.

요한은 자기 뒤에 오시는 예수님을 소개합니다. 예수님은 성령과 불로 침례세례를 주고 손에 키를 들고 자기 타작마당을 정하게 하사 알곡은 모아 곳간에 넣으시고 쭉정이는 꺼지지 않는 불에 태우는 크고 두려운 여호와의 날, 즉 하늘나라를 임하게 하시는 분이라고 선언합니다3:10, 13. 예수님은 첫 창조 세계의 타락 이후 세상 공중 권세를 잡은 뱀으로 나타난 사탄의 머리를 상하게 하고 그 독사의 자식들을 물리칠 약속된 메시아입니다. 그는 아브라함과 다윗의 자손으로 오시어 세상 모든 민족 천하 만민이 복을 얻게 하는 메시아이며 다윗과 같이 작고 낮은 모습으로 자비와 공평과 정의로 하늘과 땅을 영원히 다스리실 하늘나라 왕이십니다. 예수님께 돌이켜회개하여 그에 합당한 열매를 맺는 알곡은 모아 곳간에 넣으시고 그렇지 않은 악한 쭉정이는 꺼지지 않는 불에 태워 심판하실 것입니다3:10, 13.

구원과 위로의 날이 이 땅에 임하다

구약의 선지자들이 가장 많이 외친 또 다른 말이 있다면 그것은 하나님의 자녀들을 위한 구원과 위로의 날에 대한 예언입니다. 하나님은 이사야 선지자를 통해 "외치는 자의 소리여 광야에서 여호와의 길을 예비하며 사막에서 하나님의 대로를 평탄하게 하라"고 말씀하십니다사40:3. 하나님 백성의 노역의 때가 끝나고 죄악이 사함받는 구원의 날이 임하였음을 선포하며 그들을 위로하라고 하십니다사40:1-2. 또한, 여호와께서 임하시고 그의 영광이 나타나며 모든 육체가 그것을 보게 될 것이라고 하십니다사40:4-5, 10. 이사야서의 예언대로 광야의 외치는 소리인 침례세례 요한이 등장합니다마3:3. 그는 예언의 말씀대로 하나님의 백성들에게 구원과 위로가 임하는 날, 즉 하늘나라가 가까이 왔으니 돌이키라 선포하며 그날을 준비하게 하십니다마3:2. 그리고 요한은 예수님이 하나님의 백성들을 노역에서 해방하고 그들의 죄를 사하시고 위로하실 분이라고 선포합니다. 예수님은 성령으로 잉태하여 이 땅에 오신 성육신하신 여호와 하나님이시며 여호와의 영광의 본체이십니다마3:11-14. 요한의 선언대로 예수님은 그에게 돌이켜 따르는 사람은 성령으로 침례세례를 주시어 구원하시고 위로하실 것입니다. 모든 이스라엘 사람들이 인정하던 하나님의 선지자 침례 요한이 예수님을 메시아로 증언하며 소개합니다. 요한이 그리스도로 증언하는 예수님을 누구도 부인할 수 없습니다.

마태복음 이해 업그레이드 3

죄 없는 예수님이 돌이킴회개의 침례세례를 받는 이유는?

침례세례 요한이 하늘나라가 가까이에 임하였으니 돌이키라 외치니 많은 사람이 죄를 고백하며 침례세례를 받습니다. 죄를 고백하며 물에 몸을 담갔다 나오는 침례_{세례}는 노아 때에 죄로 가득한 세상에 임한 전 세계적 홍수와 같습니다. 물에 잠기는 것은 죽음의 심판을 상징합니다. 그리고 물에서 죽지 않고 다시 나오는 것은 죄를 씻어 깨끗하게 되고 새 생명을 얻는 일을 상징합니다. 그런데 죄 없으신 예수님이 돌이킴_{회개}을 위한 침례_{세례}를 받으러 나오십니다. 죄 없으신 분이 오시니 요한이 막아섭니다. 하지만 예수님은 모든 의를 이루는 것이 합당하다고 말씀하시며 침례_{세례}를 받으십니다. 예수님이 말씀하시는 모든 의_{옳음}란 언제나 옳은 하나님의 모든 말씀_뜻을 말합니다. 다시 말해, 모든 의는 모든 하나님의 말씀, 즉 성경 전체를 종합적으로 가리킵니다.

언제나 옳은_{의로운} 하나님의 말씀인 성경 전체를 무엇으로 종합할 수 있을까요? 그것은 예수 그리스도를 통해 세상을 구원하는 것입니다. 즉, 모든 의는 예수님이 세상의 모든 죄를 대신해 죽고 구원하는 것입니다. 예수님은 아담과 하와의 타락 이후 하나님이 약속해 주신 사탄의 머리를 상하게 할 후손_씨과 그들의 죄를 가리기 위해 입혀 주신 가죽옷이 상징하는 대속 제물이며, 아브라함과 이삭과 야곱에게 약속하신 천하 만민이 복을 얻게 할 한 후손_씨이며, 다윗에게 약속하신 겸손하고 섬기는 영원한 왕_{나라}이며, 선지자들을 통해 예언하신 세상 죄를 지고 가는 어린 양이십니다. 그러므로, 죄 없으신 예수 그리스도가 세상 모든 죄인이 받아야 할 돌이킴_{회개}의 침례_{세례}를 받으시는 것은 그가 세상 모든 죄인을 대신해 죽고 그들을 돌이켜 생명을 구원하는 모든 의를 이루시는 것을 보여줍니다.

예수님이 침례_{세례}를 받으시고 물에서 올라오자마자 하늘이 열리고 성령이 비둘기 같이 예수님위에 내려옵니다. 예수님이 세상 모든 죄인의 대표자로서 돌이킴을 위한 침례세례를 받으니 세상을 향해 닫혔던 하늘의 문이 열리고 하나님의 임재가 이 땅에 회복되는 놀라운 사건이 벌어집니다마3:16. 이는 마치 노아 때의 홍수와 같습니다. 온 세상이 물에 잠겨 모든 죄인이 죽고 이후에 물이 말라 드러난 새 하늘과 새 땅 위를 노아가 날려 보낸 비둘기가 날았던 것처럼, 예수님이 세상 모든 죄인을 대신해 물에 잠겨 죽으시고 새 하늘과 새 땅을 회복하시니 성령이 비둘기같이 그 위에 임하십니다. 죄 없으신 예수님의 침례세례 받으심은 그가 모든 죄인을 대신해 죽으시고 이 땅에 하나님의 임재를 회복하고 영생을 주시는 구원의 역사입니다. 그는 세상을 사랑하고 구원하기를 원하시는 하나님의 뜻을 이루는 하나님이 사랑하고 기뻐하는 아들입니다. 그는 하나님과 세상 사이를 화목하게 하고 평화를 만드는 하나님의 아들입니다마3:17.

묵상과 적용을 위한 질문

❶ 이 땅에 임하는 하늘나라를 준비하도록 보냄 받은 침례세례 요한은 돌이키라 선포합니다. 여러분이 돌이켜야 하는 것은 무엇인지 적어 보세요.

❷ 여러분은 좋은 열매를 맺는 좋은 나무인가요? 그렇다면 여러분이 맺고 있는 좋은 열매를 한두 가지 적어 보세요.

나만의 묵상 메모

오늘 묵상을 통해 주신 깨달음에 대해 기록해 보세요.

저자와 함께 하는 한줄 기도

마음과 행실을 선하고 아름답게 돌이켜 주님 오시는 날을 준비하여 기쁨으로 맞이하게 하소서.

기도와 결단

오늘 묵상한 말씀의 적용과 삶의 결단을 담아 자신의 기도를 드리세요.

4 DAY

아담과 하와와
옛 이스라엘이 실패한 시험을
승리로 바꾸시는 예수님

마태복음 4:1-16

통독 묵상 길잡이

예수님은 공생애 사역을 시작하기에 앞서 광야에서 40일을 금식하시고 사탄에게 시험받으십니다. 광야에서의 금식과 시험은 아담과 하와와 옛날 광야에서 40년간 지내며 시험받은 이스라엘을 떠오르게 합니다. 예수님이 공생애를 시작하기 전에 어떤 일을 겪으시는지 귀 기울여 들어보세요.

오늘의 본문   마태복음 4:1-16

1 그 때에 예수께서 성령에게 이끌리어 마귀에게 시험을 받으러 광야로 가사
2 사십 일을 밤낮으로 금식하신 후에 주리신지라
3 시험하는 자가 예수께 나아와서 이르되 네가 만일 하나님의 아들이어든 명하여 이 돌들로 떡덩이가 되게 하라
4 예수께서 대답하여 이르시되 기록되었으되 사람이 떡으로만 살 것이 아니요 하나님의 입으로부터 나오는 모든 말씀으로 살 것이라 하였느니라 하시니
5 이에 마귀가 예수를 거룩한 성으로 데려다가 성전 꼭대기에 세우고
6 이르되 네가 만일 하나님의 아들이어든 뛰어내리라 기록되었으되 그가 너를 위하여 그의 사자들을 명하시리니 그들이 손으로 너를 받들어 발이 돌에 부딪치지 않게 하리로다 하였느니라
7 예수께서 이르시되 또 기록되었으되 주 너의 하나님을 시험하지 말라 하였느니라 하시니
8 마귀가 또 그를 데리고 지극히 높은 산으로 가서 천하 만국과 그 영광을 보여
9 이르되 만일 내게 엎드려 경배하면 이 모든 것을 네게 주리라
10 이에 예수께서 말씀하시되 사탄아 물러가라 기록되었으되 주 너의 하나님께 경배하고 다만 그를 섬기라 하였느니라
11 이에 마귀는 예수를 떠나고 천사들이 나아와서 수종드니라
12 예수께서 요한이 잡혔음을 들으시고 갈릴리로 물러가셨다가
13 나사렛을 떠나 스불론과 납달리 지경 해변에 있는 가버나움에 가서 사시니
14 이는 선지자 이사야를 통하여 하신 말씀을 이루려 하심이라 일렀으되
15 스불론 땅과 납달리 땅과 요단 강 저편 해변 길과 이방의 갈릴리여
16 흑암에 앉은 백성이 큰 빛을 보았고 사망의 땅과 그늘에 앉은 자들에게 빛이 비치었도다 하였느니라

저자 해설 및 묵상

세 가지 질문

　세 가지 질문으로 오늘 해설 및 묵상을 시작하려 합니다. 첫째, 여러분은 하나님 한 분으로 충분하신가요? 하나님이 주신 말씀을 추구하며 순종하는 인생으로 충분하신가요? 아니면 나를 배부르게 하고 살찌우는 먹을 것만 있으면 충분하신가요? 둘째, 여러분은 하나님이 주신 생명을 그분께 다시 돌려 드릴 수 있나요? 아니면 내가 사는 것이 먼저이고, 심지어 내가 살기 위해 하나님의 능력을 사용하려 하나요? 셋째, 여러분은 하나님을 천하 모든 만물과 여러분을 지으시고 다스리시는 분으로 경배하며 섬기고 있나요? 아니면 하나님이 아니라 여러분이 천하 만물을 다스리는 주인이 되려 하나요? 이 세 가지 질문에 어떻게 답하시겠습니까? 그리고 실제로 오늘 본문의 말씀처럼 이 세 가지 질문과 같은 시험이 여러분의 삶에 찾아온다면 어떻게 하시겠습니까? 여러분은 지금 이 순간 하나님의 말씀에 순종하며 그에게 목숨을 드리며 하나님을 주인으로 섬기며 살고 있나요?

첫 번째 시험: 돌을 떡으로 만들어 먹으라

　오늘 본문에서 이 세 가지 질문에 대한 예수님은 답을 들어볼 수 있습니다. 첫째, 마귀는 사십일을 금식한 후 주리신 예수님께 돌을 떡으로 만들어 먹으라고 하십니다. 예수님은 돌을 떡으로 만드실 힘과 능력이 있으십니다. 그러나 예수님은 사람이 떡으로만 살 것이 아니요 오직 하나님의 모든 말씀으로 살 것이라고 답하십니다신8:3. 이는 그의 힘과 능력으로 먹고사는 일이 아니라 하나님의 말씀에 순종하는 일에 사용할 것이라는 말씀입니다. 예수님의 삶의 목적과 방향은 먹고 사는 일에 있지 않습니다. 오직 하나님의 말씀에 따라 사는 것에 있습니다. 예수님은 제자들에게 무엇을 먹을까 무엇을 입을까 말하지 말고 오직 하나님의 의와 하나님의 나라를 구하라고 가르치십니다. 즉, 오직 하나님의 말씀을 알고 순종하며, 하나님의 나라, 즉 하나님의 다스림에 복종하는 삶을 살라고 가르치십니다. 예수님이 먼저 그렇게 사셨습니다. 예수님은 그의 힘과 능력으로 떡이 아니라 언제나 하나님의 말씀을 추구하는 인생을 사셨습니다. 그리고 하나님의 말씀에 순종하여 세상 천하 만민을 구원하기 위해 십자가에서 죽으십니다. 예수님에게는 아버지 하나님이 전부이며 그분으로 충분합니다.

두 번째 시험: 살리는지 죽이는지 뛰어내려 보라

둘째, 마귀는 성전 꼭대기에 예수님을 세우고 하나님이 그를 구하실 것이니 뛰어내려 보라고 시험합니다. 예수님은 주 너의 하나님을 시험하지 말라고 하시며 사탄의 시험을 거부합니다 신6:16. 모든 목숨은 하나님이 만드신 것이고 그의 소유이기 때문에 누구라도 그것을 하나님이 살리는지 시험할 수 없습니다. 하나님이 생명의 주인이기에 그가 죽이면 죽는 것이요 살리면 사는 것입니다. 하나님이 그를 살리는지 시험하지 말라는 예수님의 말씀이 바로 이런 뜻입니다. 그의 생명의 주인이 하나님이고 그의 살고 죽는 모든 권세가 주 하나님께 있으니 시험할 수 없다고 고백하는 것입니다. 이를 바꾸어 말하면, 예수님은 그의 생명의 주인이신 하나님께 죽기까지 순종할 수 있다는 고백입니다. 실제로 예수님은 자신의 생명을 귀한 것으로 여기지 아니하시고 그 주인이신 아버지 하나님의 뜻에 따라 십자가에 달려 죽으십니다.

세 번째 시험: 사탄을 경배하고 사탄의 세상을 얻으라

 셋째, 마귀는 예수님을 가장 높은 산 위에 세우고 천하만국과 그 영광을 보여주며 엎드려 자기를 경배하면 이 모든 것을 주겠다고 시험합니다. 사탄이 보여준 천하만국은 그가 공중 권세 잡고 다스리는 세상 모든 나라를 일컫습니다. 예수님은 주 너의 하나님만 경배하고 그를 섬기라 하신 말씀을 선포하며 하나님을 향한 헌신을 고백하고 사탄을 물리치십니다신6:13. 사탄은 창세기 3장에서 아담과 하와에게 비슷한 유혹을 하였고 성공했습니다. 사탄은 하와에게 선악과를 먹으면 하나님처럼 되고 하나님처럼 높은 곳에 앉아 스스로 선악을 분별하는 주권자가 될 것이라고 거짓말을 하였습니다. 아담과 하와는 자기를 낮추어 하나님을 섬기기보다는 하나님과 같이 높은 곳에 올라 스스로 다스리는 자가 되기 위해 선악과를 따먹었습니다. 결국, 그들은 에덴에서 쫓겨나 높은 곳에 올라 섬김받는 것을 으뜸으로 여기는 사탄의 가치가 지배하는 세상에 살게 되었습니다. 사탄은 동일한 시험으로 예수님을 유혹하나 그는 하나님의 종의 신분과 낮은 곳에서 섬기고 경배하는 자리를 버리지 않습니다. 예수님은 천하만국을 얻기 원하지 않으십니다. 오히려 천하만국을 섬기기 원하십니다. 예수님은 종이 되어 천하 만민의 죄를 대신해 자기 목숨을 제물로 내어주고 그들을 구원하기를 원하십니다.

세상 모든 민족을 비추는 생명의 빛 예수

 마지막으로 예수님의 시험이 끝난 후 기록된 마4:12-16은 예수님이 이방인을 포함한 온 세상 천하 만민의 구원자이심을 선포합니다. 예수님은 시험받으신 후 이스라엘인과 이방인이 모여 사는 스불론과 납달리 지경 해변가의 가버나움에 가서 사십니다. 이는 이사야의 예언대로 예수님이 스불론과 납달리 땅과 요단강 저편 해변 길과 이방의 갈릴리에 사는 천하 만민의 메시아이심을 보여줍니다. 예수님은 흑암에 앉은 백성에게 큰 빛이시며 사망의 땅과 그늘에 앉은 모든 민족을 비추는 빛이십니다. 모든 세상은 아담의 범죄와 사람들의 죄악으로 인한 사망의 어둠에 있습니다. 사탄의 권세, 즉 어둠의 정권이 세상을 지배하고 있습니다. 그러나, 예수님이 오시어 옛 실패를 승리로 바꾸시고 세상에 생명의 빛을 비추십니다. 오직 예수님만이 빛이요 평강이시며, 모든 세상 권세를 가지시고 우리를 이 어둠에서 구원하실 구원자이십니다. 예수님을 믿고 따르십시오. 그의 말씀으로 우리 영혼과 삶을 가득 채우시고 육체적 욕심과 세상의 욕망에 대해서는 철저히 금식하십시오. 여러분의 인생 전부와 생명까지도 여러분의 것으로 여기지 아니하고 하나님 것으로 여겨 그분께 전심으로 헌신하십시오.

마태복음 이해 업그레이드 4

아담과 하와, 광야의 이스라엘이 실패한 시험을 예수님이 승리로 바꾸시다

예수님이 당하신 세 가지 사탄의 시험은 인류 역사의 시작점에서 아담과 하와가 당한 사탄의 시험과 같습니다. 하나님은 아담과 하와를 만드시고 그들을 위해 예비하신 아름답고 멋진 에덴에서 영원히 살도록 하셨습니다. 그리고 선악과를 먹으면 죽으리라 말씀하셨습니다. 그런데 뱀의 형상으로 나타난 사탄은 선악과를 먹어도 절대 죽지 않으며, 오히려 눈이 밝아져 하나님과 같이 되고 더는 하나님이 정해 주시는 선악에 따라야 하는 신분이 아니라 스스로 선악을 결정하는 주권자가 될 것이라고 속여 말합니다. 애석하게도 하와는 선악과를 보고 먹음직하고 보암직하고 지혜롭게 할 만큼 탐스럽게 여겨 먹습니다. 아담과 하와는 선악과는 취하고 하나님의 말씀은 버렸습니다. 그들은 하나님을 생명의 주인으로 여기지 않고 스스로 주인이 되어 살려 했습니다. 그들은 하나님과 같이 되어 높은 자리에 올라 스스로 다스리고 그 영광을 받으며 살려 했습니다.

아담과 하와는 사탄의 시험에 넘어져 타락하였고 그 결과 온 세상은 죽음의 어둠으로 가득하게 되었습니다. 그러나 예수 그리스도가 이 땅에 오시어 아담과 하와의 실패를 승리로 바꾸십니다. 예수님이 아담의 실패를 승리로 바꾸셔서 온 세상에 가득하게 된 죽음의 어둠을 몰아내고 생명의 빛으로 밝히십니다 롬5:14-15. 또한, 높은 곳에 올라 섬김받는 것을 으뜸으로 여기는 사탄의 가치를 세상에서 지우십니다. 오히려 그와 정반대인 겸손히 낮추어 종이 되고 사랑으로 섬기며 희생하는 것을 으뜸으로 여기는 하늘나라의 가치를 이 땅에 새겨 넣으십니다 마18:1-4. 사탄이 권세 잡은 세상의 왕과 사람들은 높은 곳에 올라 군림하며 섬김을 받으려 합니다. 그로인해 그 나라에는 언제나 슬픔, 원망, 불평등, 애통함과 고통이 넘칩니다. 그러나 하늘나라 왕이신 예수님은 자기를 겸손히 낮추어 하나님과 사람들을 섬기고 그 나라 사람들도 그를 본받아 겸손히 하나님과 서로를 섬깁니다. 그래서 그 나라에는 언제나 기쁨, 고마움, 찬양과 즐거움이 넘칩니다.

또한, 예수님이 광야에서 40일을 금식하신 후 받으신 시험은 옛 이스라엘이 광야에 40년간 받은 시험과 깊은 관련이 있습니다. 하나님은 옛 이스라엘을 광야에서 40년을 지내게 하시며 그들을 낮추시고 시험하사 그 마음이 하나님의 명령**말씀**을 지키는지 지키지 않는지 확인하십니다**신8:2-3**. 안타깝게도 출애굽 첫 세대는 광야의 시험에 실패하여 약속의 땅 가나안에 들어가지 못했습니다. 그들은 광야 40년간 떡을 구하고 하나님 말씀에는 불순종하였습니다. 그들은 생명의 주인이신 하나님께 그들의 목숨을 온전히 의탁하지 아니하고 자기 목숨을 염려하여 하나님을 시험하였습니다. 또한, 황금 송아지를 만들며 하나님이 아닌 우상에게 엎드려 경배하였습니다. 그러나 오늘 예수님은 옛 이스라엘의 실패를 승리로 바꾸십니다. 모든 시험을 이기시고 그를 믿는 자들로 약속의 땅에 들어가게 하십니다.

기억해야 할 것은 예수님이 시험마다 사탄을 물리치며 선포하신 신명기 6:13, 6:16, 8:3이 약속의 땅 가나안에 들어가는 이스라엘의 새로운 세대에게 주시는 말씀이라는 것입니다. 다시 말해, 이 세 구절은 예수님께 돌이켜 그와 함께 약속의 땅에 들어가는 새로운 세대인 우리들의 귓가에 들려주시는 말씀입니다. "떡으로만 아니라 오직 하나님의 말씀으로 살라, 하나님을 시험치 말고 너희 생명을 온전히 하나님께 의탁하라, 오직 하나님만 경배하고 섬기라." 광야에서 40일간 금식하신 예수님의 시간은 이 광야같은 세상에서 살아가는 우리의 시간을 나타내는 것과 같습니다. 예수님이 광야의 40일 동안 **그리고 그의 공생애 동안** 자신을 위해 먹고 마시는 것은 금식하시고 오직 하나님의 말씀만 먹고 순종하셨습니다. 우리도 광야와 같은 세상에서 사는 날 동안 세상의 것들은 금식하고 오직 하나님의 말씀만 먹고 마시며 그것으로 영혼과 삶을 채우고 살아야 합니다. 예수님이 우리의 모본이시니 그의 걸음만 쫓으면 됩니다.

묵상과 적용을 위한 질문

❶ 여러분은 앞선 세 가지 질문에 어떻게 답하시겠습니까? 간략히 적어 보세요.

❷ 여러분이 금식해야 할 하나님의 말씀과는 반대되고 이질적인 세상의 것들은 무엇인지 적어 보세요.

_____

_____

_____

나만의 묵상 메모
오늘 묵상을 통해 주신 깨달음에 대해 기록해 보세요.

_____

_____

_____

저자와 함께 하는 한 줄 기도
예수님처럼 하나님의 말씀만 먹게 하시고 그 외의 세상 것들은 금식하게 하소서.

기도와 결단
오늘 묵상한 말씀의 적용과 삶의 결단을 담아 자신의 기도를 드리세요.

_____

5 DAY

하늘나라가 가까이 왔으니 돌이키라! 전파하기 시작하다

마태복음 4:17-5:1

통독 묵상 길잡이

드디어 예수님의 공생애가 시작됩니다. 그분의 첫 말씀은 무엇일까요? 예수님은 하늘나라가 가까이에 왔으니 돌이키라 전파하기 시작하십니다. 돌이킴 회개이란 무엇일까요? 예수님은 왜 그리고 무엇을 돌이키라고 하실까요? 돌이키라 선포하자마자 가르치시는 산상수훈이 돌이킴의 구체적인 내용 아닐까요? 예수님의 말씀을 잘 들어 보세요.

오늘의 본문   마태복음 4:17-5:1

17 이 때부터 예수께서 비로소 전파하여 이르시되 회개하라 천국이 가까이 왔느니라 하시더라
18 갈릴리 해변에 다니시다가 두 형제 곧 베드로라 하는 시몬과 그의 형제 안드레가 바다에 그물 던지는 것을 보시니 그들은 어부라
19 말씀하시되 나를 따라오라 내가 너희를 사람을 낚는 어부가 되게 하리라 하시니
20 그들이 곧 그물을 버려 두고 예수를 따르니라
21 거기서 더 가시다가 다른 두 형제 곧 세베대의 아들 야고보와 그의 형제 요한이 그의 아버지 세베대와 함께 배에서 그물 깁는 것을 보시고 부르시니
22 그들이 곧 배와 아버지를 버려 두고 예수를 따르니라
23 예수께서 온 갈릴리에 두루 다니사 그들의 회당에서 가르치시며 천국 복음을 전파하시며 백성 중의 모든 병과 모든 약한 것을 고치시니
24 그의 소문이 온 수리아에 퍼진지라 사람들이 모든 앓는 자 곧 각종 병에 걸려서 고통 당하는 자, 귀신 들린 자, 간질하는 자, 중풍병자들을 데려오니 그들을 고치시더라
25 갈릴리와 데가볼리와 예루살렘과 유대와 요단 강 건너편에서 수많은 무리가 따르니라

5장
1 예수께서 무리를 보시고 산에 올라가 앉으시니 제자들이 나아온지라

저자 해설 및 묵상

예수님은 공생애 시작부터 마지막까지 돌이키라 선포한다

　세상 모든 민족을 구원하러 오신 예수 그리스도께서 이제 공생애 사역을 시작하십니다. 예수 그리스도가 이제 그 입을 열어 첫 말씀을 선포하십니다. "돌이키라회개하라 하늘나라가 가까이 왔느니라마4:17." 마태복음 3장의 침례세례 요한의 선포에서도 살펴보았지만, 악한 세상을 심판하고 하나님의 자손을 구원하는 하늘나라가 임하였습니다. 예수님은 이 땅에 임한 하늘나라 그 자체이며 그 나라의 왕입니다. 그가 악한 세상과 그것을 지배하는 사탄을 심판하고 천하 만민을 구원할 것입니다. "하늘나라가 가까이 왔으니 돌이키라회개하라"라는 첫 말씀의 주동사는 "돌이키라회개하라"입니다. 다시 말해, 예수님은 하늘나라가 임한 것보다 "돌이키는 것회개"에 강조점을 두고 선포하신 것입니다. 하늘나라 왕이신 예수님께 돌이키는 것이 천하 만민이 구원을 얻는 길입니다.

　개역개정 성경에는 4:17의 첫 부분을 "비로소 전파하여 이르시되"라고 번역하였지만, 더 좋은 번역은 "전파하기 시작하여에룩사토 이르시되"입니다. 즉, 마4:17은 "그때로부터 예수님이 전파하기 시작하여 이르시되 하늘나라가 가까이에 임하였으니 돌이키라"가 되는 것입니다. 전파하기 시작하였다는 표현은 예수님이 그의 공생애 사역을 돌이키라는 선포로 시작하셨을 뿐만 아니라 공생애 사역 기간 내내 반복하셨다는 것을 알려줍니다. 즉, 돌이키라는 명령은 예수님 전체 공생애 사역의 요약이며 그 목적이라는 것을 알 수 있습니다. 예수님은 세상 모든 민족, 천하 만민이 돌이켜 하늘나라에 들어가 영생을 얻기를 원하십니다.

돌이키는 것회개은 제자가 되는 것이다

　돌이키라 혹은 회개하라는 것은 정확히 어떤 의미일까요? 돌이킴회개을 의미하는 헬라어 단어 메타노에오는 한 사람의 마음과 행위, 곧 전인격과 그에 따른 삶을 180도 돌이키는 것을 의미합니다. 일반적으로 생각하는 회개돌이킴는 죄를 뉘우치고 죄 짓는 일을 멈추는 정도로 이해됩니다. 하지만 엄밀히 말해 성경이 말하는 돌이킴회개은 마음과 그에 따른 행위를 악에서 선으로, 죄에서 의로, 세상에서 하나님께로 돌이키는 것입니다. 회개돌이킴의 완성은 과거의 모든 악한 마음과 삶을 버리고 하나님과 그의 말씀을 우리의 마음과 삶 전체에 담아내는 것입니다. 그러니 돌이킴은 예수님의 제자가 되는 것이라고도 말 할 수 있습니다. 오늘 본문 마4:17–23에서 돌이키라 전파하기 시작하신 예수님이 먼저 네 명의 제자들을 찾아가 나를 따르라 부르시는 것은 우연이 아닙니다. 이는 예수님이 말씀하시는 돌이킴이 그를 따르는 제자가 되는 것과 깊이 연결되어 있다는 것을 시사합니다. 사실, 돌이키라는 말과 나를 따르라는 부름은 그 의미가 다르지 않습니다. 돌이켜 나를 따르라는 예수님의 말씀에 제자들은 모든 일을 멈추고 가진 모든 것을 뒤로하고 예수님을 따라나섭니다. 이전의 모든 삶에서 돌이켜 나와 예수님을 따르는 제자의 삶으로 돌이켜 갑니다. 이 모습이 성경이 말하는 돌이킴 혹은 회개의 전형입니다. 돌이킴 곧 회개란 이전의 삶에서 예수님과 동행하는 제자의 삶으로 완전히 돌이키는 것입니다. 여러분은 이전의 삶을 완전히 돌이켜 예수님의 제자로 살고 있나요?

돌이킨 제자는 작고 병약한 사람들을 낚는 어부이다

예수님은 돌이켜 그를 따르는 제자들을 사람을 낚는 어부가 되게 하겠다고 말씀합니다. 그리고 그들과 함께 복음을 전파하시며 백성 중의 모든 병과 모든 약한 것을 먼저 고치십니다. 예수님이 공생애 사역을 시작하며 먼저 병들고 약한 백성들을 찾아가신 것은 그의 마음과 공생애 사역의 초점이 세상에서 소외되고 헐벗고 굶주린 사람들을 향해 복음을 전파하고 그들을 자비로 보살피며 하늘나라로 돌이키게 하는 것임을 알려줍니다 마9:35-36, 25:31-46. 또한, 예수님께 돌이켜 그를 따르는 제자로서 사람을 낚는 어부가 되는 것이 먼저는 약하고 병든 백성들을 보살피고 그들에게 복음을 전하여 돌이키게 하는 것임을 알게 합니다.

산상수훈은 돌이켜야 할 내용, 즉 돌이킴에 합당한 열매마3:8에 대한 가르침이다

예수님이 돌이켜 나를 따르라 전파하기 시작하고 이스라엘과 이방 땅 곳곳에서 작고 연약한 소외된 자들을 돌보고 고치시니 수많은 무리가 예수님을 따릅니다마4:25. 이제 예수님은 산에 올라 그들을 가르칩니다마5:1. 우리에게 익숙한 산상수훈입니다. 산상수훈에는 우리가 날마다 기도하며 구하는 하나님의 말씀과 뜻이 가득합니다. 산에서 말씀을 선포하는 예수님의 모습은 시내산에서 하나님의 말씀을 받은 옛 이스라엘과 모세의 모습을 연상시킵니다. 이는 예수님의 말씀이 곧 하나님의 말씀이요, 그와 동일한 권위를 가지고 있는 것임을 알려줍니다. 산상수훈 모든 말씀을 듣고 놀라며 그의 가르침이 권위 있는 자와 같다고 고백하는 사람들이 이를 확인해 줍니다마7:28-29. 산상수훈은 옛 모세를 통해 선포된 하나님의 말씀율법을 새 모세이신 예수님이 그 입을 열어 다시 선포하시는 것입니다. 옛것을 대체하거나 폐하는 것이 아니라 그 깊고 온전한 뜻을 밝혀 완전하게 알려주시는 것입니다마 5:17. 그도 그럴 것이 당시 유대교 지도자들을 비롯한 이스라엘은 율법과 선지자의 말씀을 오해하고 자기들의 의와 영광을 위해 작위적으로 해석하고 사람들을 지옥으로 인도하고 있었기 때문입니다마23:13, 15.

여기에 예수님이 산상수훈을 가르치시는 특별한 이유가 있습니다. 돌이키라 전파하기 시작하신 예수님이 그의 첫 가르침인 산상수훈에서 제자들이 어디에서 돌이켜 나와야 하고 어디로 돌이켜 가야 하는지 혹은 그들이 구체적으로 무엇을 돌이켜야 하고 무엇으로 나아가야 하는지 가르칩니다. 산상수훈은 돌이킴에 합당한 열매에 대한 가르침이라고도 할 수 있습니다. 돌이키라 선포만 하고 돌이킴의 내용을 가르치지 않는다면 그 선포는 공허한 것이 될 것입니다. 예수님을 향한 우리의 돌이킴은 단번에 이루어지는 것이지만, 동시에 다차원적이고 다방면에 걸쳐 있기 때문에 그에 대한 구체적인 가르침이 필요합니다. 하나님의 말씀에 따라 돌이켜 나와야 할 악과 죄의 목록과 돌이켜 가야 할 선과 의의 구체적인 목록이 필요합니다. 하나님의 말씀의 온전한 의미에 대해 가르치는 산상수훈이 바로 이 돌이킴의 목록이며 돌이킴에 합당한 열매의 내용입니다. 산상수훈의 말씀을 배우고 알아야 예수님과 하나님의 선과 의를 향한 우리의 돌이킴이 길을 잃지 않을 수 있습니다.

묵상과 적용을 위한 질문

❶ 여러분은 전심을 예수님과 하늘나라로 돌이키셨나요? 전심을 돌이키고 그에 따른 구체적인 삶의 모습들도 돌이키셨나요? 혹시 그렇지 못한 영역이 있다면 무엇인지 적어 보세요.

❷ 여러분이 생각하는 돌이킴 회개의 완성형은 어떤 모습인가요? 간략히 적어 보세요.

_____

_____

나만의 묵상 메모
오늘 묵상을 통해 주신 깨달음에 대해 기록해 보세요.

_____

_____

저자와 함께 하는 한 줄 기도
예수님께 돌이켜 제자가 되며 병약한 사람들을 돌이켜 구원을 얻게 하는 사람 낚는 어부가 되게 하소서.

기도와 결단
오늘 묵상한 말씀의 적용과 삶의 결단을 담아 자신의 기도를 드리세요.

_____

6 DAY

팔복, 아홉 가지 돌이킴에 합당한 열매

마태복음 5:1-16

통독 묵상 길잡이

돌이키라 선포하기 시작하신 예수님은 가장 먼저 팔복 말씀으로 알려진 아홉 가지 복과 아홉 가지 행복한 사람에 대해 가르치십니다. 예수님이 가르치시는 아홉 가지 복과 아홉 가지 행복한 삶은 어떤 모습일까요? 그리고 그것은 돌이킴과 어떤 관련이 있는 것일까요? 예수님의 말씀을 잘 들어보세요.

오늘의 본문   마태복음 5:1-16

1 예수께서 무리를 보시고 산에 올라가 앉으시니 제자들이 나아온지라
2 입을 열어 가르쳐 이르시되
3 심령이 가난한 자는 복이 있나니 천국이 그들의 것임이요
4 애통하는 자는 복이 있나니 그들이 위로를 받을 것임이요
5 온유한 자는 복이 있나니 그들이 땅을 기업으로 받을 것임이요
6 의에 주리고 목마른 자는 복이 있나니 그들이 배부를 것임이요
7 긍휼히 여기는 자는 복이 있나니 그들이 긍휼히 여김을 받을 것임이요
8 마음이 청결한 자는 복이 있나니 그들이 하나님을 볼 것임이요
9 화평하게 하는 자는 복이 있나니 그들이 하나님의 아들이라 일컬음을 받을 것임이요
10 의를 위하여 박해를 받은 자는 복이 있나니 천국이 그들의 것이라
11 나로 말미암아 너희를 욕하고 박해하고 거짓으로 너희를 거슬러 모든 악한 말을 할 때에는 너희에게 복이 있나니
12 기뻐하고 즐거워하라 하늘에서 너희의 상이 큼이라 너희 전에 있던 선지자들도 이같이 박해하였느니라
13 너희는 세상의 소금이니 소금이 만일 그 맛을 잃으면 무엇으로 짜게 하리요 후에는 아무 쓸 데 없어 다만 밖에 버려져 사람에게 밟힐 뿐이니라
14 너희는 세상의 빛이라 산 위에 있는 동네가 숨겨지지 못할 것이요
15 사람이 등불을 켜서 말 아래에 두지 아니하고 등경 위에 두나니 이러므로 집 안 모든 사람에게 비치느니라
16 이같이 너희 빛이 사람 앞에 비치게 하여 그들로 너희 착한 행실을 보고 하늘에 계신 너희 아버지께 영광을 돌리게 하라

저자 해설 및 묵상

하늘나라 행복한 삶으로 돌이키라

예수님이 돌이켜 나를 따르라 선포하시니 제자들이 그에게 돌이켜 따랐습니다. 그리고 예수님은 산에 올라 그들을 가르칩니다. 그는 먼저 팔복으로 알려진 아홉 가지 복과 그 복이 있는 자의 삶의 모습에 대한 말씀을 주십니다마5:3-12. 예수님께 돌이킨 제자들에게 주시는 말씀이기에 돌이킨 제자들이 받는 복에 대한 말씀이며 돌이킴에 합당한 열매 맺는 제자의 삶의 모습에 대한 말씀입니다. 사실 "~복이 있나니"라 번역된 헬라어 '마카리오스'는 단순히 복이 있다는 의미를 넘어 받은 복을 누리며 사는 행복한 상태 혹은 잘 사는 상태를 가리키는 단어입니다. "행복한 사람이니"라고 번역하기도 합니다France. 그러므로 이 말씀은 예수님께 돌이킨 제자들이 아홉 가지 복을 받고 돌이킴에 합당한 열매 맺으며 사는 행복한 삶에 대한 가르침이라고 할 수 있습니다.

돌이킨 제자가 받는 아홉 가지 복과 돌이킴에 합당한 열매 맺는 행복한 제자의 모습

첫째, 예수님은 심령이 가난한 자가 복이 있는 사람, 즉 행복한 사람이라고 말합니다. 제자들은 그 마음과 삶을 세상 모든 것에서 예수님께 돌이켰기에 그 심령은 세상 것에 대해 가난합니다. 오히려 하늘나라와 예수님으로 심령이 부합니다. 세상에 대하여 가난한 심령이기에 그들은 세상 물질을 쌓아두지 아니하고 세상 높은 자리를 탐내지 아니하고 세상의 명예를 찾지 않습니다. 오히려 물질은 나누어주고, 낮은 자리를 종의 자리로 여겨 섬기기 좋아합니다. 그래서 이들은 세상이 명예롭다고 하기 보다는 하나님이 명예롭게 여기실 만한 자리(섬기고 돕는 일이 있는 자리)를 찾습니다. 어쩌면 세상은 그들을 행복하지 않다 말하겠지만, 예수님은 그들이 행복하다고 말합니다. 왜냐하면 그들이 세상은 버렸지만 하늘나라는 얻었기 때문입니다.

둘째, 예수님은 애통해 하는 자가 복이 있는 사람, 즉 행복한 사람이라고 말합니다. 세상은 힘으로 이웃을 억압하여 애통하게 하지만 돌이킨 제자들은 약자의 입장에서 애통해하며 하나님께 기도합니다. 세상은 애통해하는 그들을 행복하지 않다 말하겠지만, 주님은 그들이 행복한 사람이라고 말씀하십니다. 왜냐하면 애통해하는 자들에게 도움이 임할 것이기 때문입니다. "위로를 받을 것임이요"라고 번역된 헬라어 '파라칼레오'는 '도움을 구하다'라는 의미입니다. 그러므로 위로를 받을 것이란 말씀은 도움을 입을 것이라는 의미로 이해할 수 있습니다. 하나님이 심판 날에 애통하는 자들을 도와 그들을 애통하게 한 악인들을 심판하여 위로하실 것입니다.

셋째, 예수님은 온유한 자(겸손한 자)가 행복한 사람이라고 말합니다. "온유한 자"라 번역된 헬라어 '프라우스'는 '겸손한 자', '가난한 자'라는 의미입니다. 이 단어는 나귀 타신 예수님을 겸손하다고 묘사할 때도 사용되었습니다(마21:5). 세상은 부를 쌓고 높은 자리에 올라 자랑하며 군림하려 하지만 돌이킨 제자들은 가난하고 낮은 겸손의 자리에서 가진 것을 나누어 주며 온유하게 섬깁니다. 세상은 가난하고 낮은 자리에서 겸손히 섬기는 사람을 행복하다 말하지 않겠지만, 주님은 그들이 행복하고 잘 사는 사람이라고 말씀하십니다. 왜냐하면 그들이 하늘나라에 들어가 그곳의 땅을 기업으로 얻어 부하게 될 것이기 때문입니다.

　넷째, 예수님은 의에 주리고 목마른 자가 행복한 사람이라고 말합니다. 불의한 세상은 하나님을 버리고 온갖 의롭지 않은 짓을 하지만 돌이킨 제자들은 의에 주리고 목말라 하나님의 의로운 뜻을 행합니다. 그들은 세상 죄를 대신하여 목숨을 희생하는 하나님의 의를 행하신 예수님처럼 사람을 섬기는 의를 구하고 행합니다. 세상은 섬기는 그들을 행복하지 않다 말하겠지만 주님은 그들이 행복한 사람이라고 하십니다. 왜냐하면 그들이 하나님의 의, 즉 그 아들을 대속 제물로 내어 주시는 의로운 사랑을 받아 배부르고 충만하여질 것이기 때문입니다.

　다섯째, 예수님은 긍휼히 여기는 자가 행복한 사람이라고 말합니다. 세상은 가난하고 헐벗고 굶주리고 낮은 곳에서 소외당하는 작고 약한 사람을 무시하고 우습게 여깁니다. 하지만 돌이킨 제자들은 예수님처럼 그들을 긍휼히 여기며 구제합니다. 세상은 가난하고 약한 사람들을 보며 자기보다 못하다고 여기며 행복해하지만 예수님은 그들을 형제자매와 같이 동등하게 여기며 긍휼을 베푸는 제자들이 행복하고 잘 사는 인생이라 말씀하십니다. 왜냐하면, 긍휼히 여기지 않는 자들은 심판을 당하나 긍휼히 여기는 제자들은 하나님께 긍휼히 여김 받아 구원을 얻고 구제를 받을 것이기 때문입니다.

　여섯째, 예수님은 마음이 청결한 자가 행복한 사람이라고 말합니다. 세상은 사람들에게 보이기 위해 겉은 깨끗하게 하지만 마음은 죄로 더럽습니다. 하지만, 돌이킨 제자들은 겉모습만이 아니라 마음까지도 죄로 더럽히지 않고 하나님의 말씀을 지킴으로 청결하게 합니다. 그 내면이야 어떻든 외적으로 드러나는 죄를 짓지 않으면 충분하다고 생각하며 사는 외식하는 사람은 행복하고 잘 사는 사람이 아닙니다. 오히려 그 마음까지도 악한 것으로 더럽히지 않으려 늘 살피는 제자들이 행복하고 잘 사는 사람입니다. 왜냐하면 그들만이 하나님을 볼 것이기 때문입니다.

일곱째. 예수님은 화평케 하는 자가 행복한 사람이라고 말합니다. 세상은 하나님과 불화가 있고 사람과도 그러합니다. 하지만, 돌이킨 제자들은 하나님과 사람을 사랑하며 예수님처럼 목숨을 내어주는 섬김으로 평화를 만듭니다. 세상은 하나님과 이웃과 평화를 누리며 살아가기보다는 싸워 이기려고 합니다. 싸워 더 많이 가지려 하고 더 높이 오르려 합니다. 그리고 그것을 행복이며 잘 사는 삶이라고 생각합니다. 하지만 예수님은 하나님과 사람 앞에 자기를 낮추어 섬기며 평화를 만드는 사람이 행복하고 잘 사는 사람이라고 말합니다. 왜냐하면 그들만이 평화를 만드는 하나님의 아들이라 일컬음 받을 것이기 때문입니다.

여덟째와 아홉째, 예수님은 의와 예수님을 위해 핍박받는 사람이 행복한 사람이라고 말합니다. 세상은 의로움를 가벼이 여기고 구하지 않습니다. 하지만 돌이킨 제자들은 하나님의 의를 위해 박해를 받을 만큼 중요하게 여깁니다. 또한, 세상은 예수님을 죽이지만, 제자들은 그를 인해 욕을 듣고 박해당하고 거짓으로 악한 말을 들을 만큼 사랑합니다. 제자들이 비록 의와 예수님을 위해 박해를 당하고 어렵고 힘든 삶을 살더라도 그들이 행복하고 잘 사는 사람입니다. 왜냐하면 그들이 하늘나라를 받고 그 나라에서 많은 보상도 받을 것이기 때문입니다.

마태복음 이해 업그레이드 5

세상의 빛과 소금은 이 아홉 가지 복을 받고 아홉 가지 돌이킴에 합당한 인생을 사는 제자들이다

예수님은 그에게 돌이켜 이 아홉 가지 복을 받고 돌이킴에 합당한 열매를 맺으며 행복하게 사는 제자들을 세상의 소금과 빛이라고 부르십니다^{마5:13-16}. 소금과 빛에 대한 다양한 의미들이 있지만 가장 기본적인 것은 세상에 없어서는 안되는 것들이라는 점입니다. 제자들은 이 세상에 없어서는 안되는 아주 중요한 존재입니다. 특히, 예수님은 소금이 맛을 내고 빛을 비추는 것을 제자들의 착한^{헬) 칼로스} 행실로 비유하고 그것을 사람들이 보고 하나님께 영광을 돌리게 하라고 명하십니다^{마5:16}. 제자들 뿐만 아니라 그들의 착한 행실 역시 이 세상에 없어서는 안되는 아주 중요한 것입니다.

그렇다면 소금이 맛을 내고 빛을 비추는 것이 묘사하는 제자들의 착한 행실은 정확히 어떤 것일까요? 가장 먼저는 바로 앞서 가르치신 아홉 가지 돌이킴에 합당한 열매 맺는 제자의 모습일 것입니다^{마5:3-12}. 소금과 빛의 비유가 이 가르침 바로 뒤에 나와 제자들뿐만 아니라 제자들이 행하는 아홉 가지 돌이킴에 합당한 열매 맺는 삶의 모습을 비유하기 때문입니다. 그리고 "착한 행실"이라는 표현은 앞선 마태복음 3장에서 돌이킴^{회개}에 합당한 열매와 그것을 가리키는 좋은^{헬) 칼로스} 열매를 나타내는 표현으로 등장합니다^{마3:8, 10}. 이는 오늘 본문의 "착한 행실"이 예수님께 돌이킨 제자들이 맺는 돌이킴에 합당한 열매를 의미한다는 것을 알게 합니다.

예수님이 돌이킨 제자들에게 주시는 이 아홉 가지 복은 세상이 주는 복과 전혀 다른 모습입니다. 그리고 돌이킴에 합당한 열매 맺는 아홉 가지 행복하고 잘 사는 제자의 삶도 세상이 말하는 행복과 잘 사는 삶과는 거리가 멉니다. 세상이 아닌 하늘나라의 복과 그 나라 백성의 행복이기 때문입니다. 여러분은 세상의 복과 행복을 구하고 있나요? 아니면 하늘나라의 복과 행복을 구하고 있나요? 세상 것을 구하고 있다면 돌이키십시오. 진정한 복은 예수님께 돌이켜 받는 하늘나라의 복이며 참된 행복은 예수님이 가르치는 돌이킴에 합당한 제자의 삶입니다. 이 아홉 가지 돌이킴에 합당한 착한 행실을 나타내는 예수님의 제자가 세상의 빛과 소금입니다.

묵상과 적용을 위한 질문

❶ 여러분이 생각하는 행복한 사람이란 어떤 사람인가요? 여러분이 가지고 있는 잘 사는 삶에 대한 기준은 무엇인지 적어 보세요. 그것은 오늘 예수님의 말씀과 일치하는 것들인가요?

❷ 예수님의 제자이며 세상의 빛과 소금으로서 여러분이 행할 수 있는 좋은 행실들을 적어 보세요.

___

___

나만의 묵상 메모
오늘 묵상을 통해 주신 깨달음에 대해 기록해 보세요.

___

___

___

저자와 함께 하는 한 줄 기도
주님이 가르치신 행복하고 잘 사는 제자의 아홉 가지 삶을 누리며 세상에서 빛과 소금으로 행하게 하옵소서.

기도와 결단
오늘 묵상한 말씀의 적용과 삶의 결단을 담아 자신의 기도를 드리세요.

___

7 DAY

예수님이 해석해 주시는 구약 성경의 더 큰(나은) 뜻과 의로 돌이키라

마태복음 5:17-48

통독 묵상 길잡이

예수님이 하나님의 말씀인 율법과 선지자를 폐하러 왔다고 말하는 사람들이 있습니다. 과연 그럴까요? 예수님은 그것을 이루러 오셨다고 말씀하시며 더 나은 의를 가르치십니다. 예수님이 재해석해 주시는 구약 말씀과 더 나은 의에 대한 가르침을 잘 들어보세요.

오늘의 본문　　마태복음 5:17-48

17 내가 율법이나 선지자를 폐하러 온 줄로 생각하지 말라 폐하러 온 것이 아니요 완전하게 하려 함이라
18 진실로 너희에게 이르노니 천지가 없어지기 전에는 율법의 일점 일획도 결코 없어지지 아니하고 다 이루리라
19 그러므로 누구든지 이 계명 중의 지극히 작은 것 하나라도 버리고 또 그같이 사람을 가르치는 자는 천국에서 지극히 작다 일컬음을 받을 것이요 누구든지 이를 행하며 가르치는 자는 천국에서 크다 일컬음을 받으리라
20 내가 너희에게 이르노니 너희 의가 서기관과 바리새인보다 더 낫지 못하면 결코 천국에 들어가지 못하리라
21 옛 사람에게 말한 바 살인하지 말라 누구든지 살인하면 심판을 받게 되리라 하였다는 것을 너희가 들었으나
22 나는 너희에게 이르노니 형제에게 노하는 자마다 심판을 받게 되고 형제를 대하여 라가라 하는 자는 공회에 잡혀가게 되고 미련한 놈이라 하는 자는 지옥 불에 들어가게 되리라
23 그러므로 예물을 제단에 드리려다가 거기서 네 형제에게 원망들을 만한 일이 있는 것이 생각나거든
24 예물을 제단 앞에 두고 먼저 가서 형제와 화목하고 그 후에 와서 예물을 드리라
25 너를 고발하는 자와 함께 길에 있을 때에 급히 사화하라 그 고발하는 자가 너를 재판관에게 내어 주고 재판관이 옥리에게 내어 주어 옥에 가둘까 염려하라
26 진실로 네게 이르노니 네가 한 푼이라도 남김이 없이 다 갚기 전에는 결코 거기서 나오지 못하리라
27 또 간음하지 말라 하였다는 것을 너희가 들었으나
28 나는 너희에게 이르노니 음욕을 품고 여자를 보는 자마다 마음에 이미 간음하였느니라
29 만일 네 오른 눈이 너로 실족하게 하거든 빼어 내버리라 네 백체 중 하나가 없어지고 온 몸이 지옥에 던져지지 않는 것이 유익하며
30 또한 만일 네 오른손이 너로 실족하게 하거든 찍어 내버리라 네 백체 중 하나가 없어지고 온 몸이 지옥에 던져지지 않는 것이 유익하니라
31 또 일렀으되 누구든지 아내를 버리려거든 이혼 증서를 줄 것이라 하였으나

오늘의 본문 마태복음 5:17-48

32 나는 너희에게 이르노니 누구든지 음행한 이유 없이 아내를 버리면 이는 그로 간음하게 함이요 또 누구든지 버림받은 여자에게 장가드는 자도 간음함이니라
33 또 옛 사람에게 말한 바 헛 맹세를 하지 말고 네 맹세한 것을 주께 지키라 하였다는 것을 너희가 들었으나
34 나는 너희에게 이르노니 도무지 맹세하지 말지니 하늘로도 하지 말라 이는 하나님의 보좌임이요
35 땅으로도 하지 말라 이는 하나님의 발등상임이요 예루살렘으로도 하지 말라 이는 큰 임금의 성임이요
36 네 머리로도 하지 말라 이는 네가 한 터럭도 희고 검게 할 수 없음이라
37 오직 너희 말은 옳다 옳다, 아니라 아니라 하라 이에서 지나는 것은 악으로부터 나느니라
38 또 눈은 눈으로, 이는 이로 갚으라 하였다는 것을 너희가 들었으나
39 나는 너희에게 이르노니 악한 자를 대적하지 말라 누구든지 네 오른편 뺨을 치거든 왼편도 돌려 대며
40 또 너를 고발하여 속옷을 가지고자 하는 자에게 겉옷까지도 가지게 하며
41 또 누구든지 너로 억지로 오 리를 가게 하거든 그 사람과 십 리를 동행하고
42 네게 구하는 자에게 주며 네게 꾸고자 하는 자에게 거절하지 말라
43 또 네 이웃을 사랑하고 네 원수를 미워하라 하였다는 것을 너희가 들었으나
44 나는 너희에게 이르노니 너희 원수를 사랑하며 너희를 박해하는 자를 위하여 기도하라
45 이같이 한즉 하늘에 계신 너희 아버지의 아들이 되리니 이는 하나님이 그 해를 악인과 선인에게 비추시며 비를 의로운 자와 불의한 자에게 내려주심이라
46 너희가 너희를 사랑하는 자를 사랑하면 무슨 상이 있으리요 세리도 이같이 아니하느냐
47 또 너희가 너희 형제에게만 문안하면 남보다 더하는 것이 무엇이냐 이방인들도 이같이 아니하느냐
48 그러므로 하늘에 계신 너희 아버지의 온전하심과 같이 너희도 온전하라

저자 해설 및 묵상

더 나은 큰 의로 돌이키라

예수님은 돌이키라 명령하시고 그 구체적인 목록 혹은 열매를 산상수훈에서 가르칩니다. 특히, 산상수훈의 중심부인 마5:17-7:12은 아주 자세하고 상세하게 돌이켜야 할 것과 돌이킴에 합당한 열매를 가르칩니다. 마5:17-20은 이 중심부를 시작하는 서론입니다. 예수님은 율법과 선지자, 즉 전체 구약 성경을 완전하게 이루려 한다고 말씀하시며 가르침을 시작합니다. 완전하게 이루려 한다는 것은 예수님 당시 종교 지도자들이 구약 말씀을 불완전하게 이루고 있었음을 시사합니다. 그들은 구약 하나님 말씀을 자의적으로 해석하고 그들이 만든 전통보다 못하게 여기고 있었습니다. 율법을 외식적으로 실천하며 자기 영광을 얻는 수단으로 사용하고 있었습니다. 그렇기 때문에 예수님은 돌이키라 선포하시며 그들의 죄악상을 나열하고 그들이 돌아가야 할 바르고 진정한 하나님의 뜻을 가르칩니다. 예수님은 이를 바리새인과 서기관보다 '더 큰 의' 혹은 '더 나은 의'라고 부르십니다.

여섯 가지 예수님의 안티테제

예수님은 마5:21-48에서 돌이켜 나와야 할 잘못된 말씀 해석과 적용, 그리고 말씀보다 중하게 여기는 사람의 전통을 여섯 가지로 나누어 말씀하십니다. 그리고 동시에 돌이켜 가야 할 '더 큰 의', 즉 하나님이 말씀에 담아 주신 더 크고 진정한 뜻을 가르쳐 주십니다. 첫째, 예수님은 살인하지 말라는 말씀의 진정한 뜻은 살인하지 않는 것을 넘어서 형제에게 노하지도 말고 라가라 하거나 미련한 놈이라고 말하지 않는 것이라고 가르칩니다. 살인하지 않았다고 자신을 스스로 의롭게 여기며 형제에게 노하고 욕을 한다면 그것은 하나님의 의가 아닙니다. 살인한 것과 같은 지옥 불에 들어갈 죄입니다. 예수님은 형제와 화목하지 않고 드리는 제물은 하나님이 받지 않으신다고 가르치며 형제와 고발할 일이 있거든 속히 화해하라 명령하십니다. 살인하지 말라는 말씀에 담긴 진정한 하나님의 뜻의 형제를 사랑하라는 것입니다.

둘째, 간통간음하지 말라는 말씀의 진정한 뜻은 간통하지 않는 것뿐만 아니라, 음욕을 품고 다른 사람의 아내를 쳐다보지도 않는 것이라고 가르칩니다. 간통간음하지 않았다고 자신을 의롭게 여기면서 마음으로는 음욕을 가지고 다른 남자의 아내를 보았다면 그 역시 지옥 불에 던져질 간통이니 돌이켜야 합니다. 간통죄를 짓게 하는 것이 눈이면 빼버리고 손이면 잘라버리고 하늘나라에 들어가는 것이 유익하다고 가르칩니다. 간통하지 말라는 말씀에 담긴 더 큰 하나님의 뜻의 형제를 존중하고 그의 아내를 존중하며 사랑하는 것입니다.

셋째, 예수님은 아내를 버리려거든 이혼 증서를 주라는 율법을 해석해 주시며 음행한 이유 없이 아내를 버리면 안 된다는 것이 진정한 하나님의 뜻의이라고 가르칩니다. 간통간음한 것 외에는 하나님이 짝지어주신 것을 사람이 갈라놓을 수 없습니다. 간통이 아닌 이유로 아내를 버리면 합법적으로 이혼한 것이 아닙니다. 그렇기 때문에 만일 그 여인에게 장가든 남자가 있다면 이혼하지 않은 여인과 관계를 맺는 것이기에 둘 다 간통하게 되는 것입니다. 예수님은 이혼 증서를 주라는 율법의 명령은 사람들의 완악함으로 버림당한 여인을 보호하기 위한 것이라고 가르칩니다마19:3-9참고. 간통 이외의 이유로 아내를 버리려 하는 것은 돌이켜야 할 죄입니다. 하나님이 짝지어 주신 남편과 아내가 이혼하지 않고 서로 용서하고 용납하며 사랑하는 것이 더 크고 진정한 하나님의 뜻/의입니다.

넷째, 예수님은 헛맹세서원를 하지 말고 맹세서원한 것을 지키라는 말씀을 해석해 주시며 하늘, 예루살렘, 머리로도 맹세서원하지 말고 옳다 혹은 아니라고 말하는 것이 하나님의 뜻의이라고 가르칩니다. 맹세서원의 율법에 담긴 하나님의 뜻의은 피조물인 사람이 하나님의 이름과 그가 창조하신 것들을 망령되이 일컬으며 자신의 알량한 주장에 힘을 싣는 것이 아닙니다. 오히려 자기 자신의 명예와 신용을 근거로 책임감을 느끼고 옳음과 옳지 않음을 고백하는 것입니다. 피조물인 인간이 창조주이신 하나님의 것을 가지고 마치 자기 것인 양 일컬으며 맹세서원하는 것은 돌이켜야 할 악입니다.

다섯째, 눈은 눈으로, 이는 이로 갚으라는 말씀에 담긴 하나님의 진정한 뜻은 악한 자를 대적하지 않는 것이라고 가르칩니다. 눈은 눈으로 이는 이로 갚으라는 말씀은 눈을 해하고 이를 해하는 악에 강력하고 합당한 심판을 선포하여 그 악을 근절하려는 의도를 담은 법입니다. 악을 근절하는 것뿐만 아니라 악이 없는 사랑과 평화가 넘치는 세상을 만들기 위한 목적으로 주신 말씀입니다. 예수님은 오른뺨을 치면 왼편도 돌려대고, 고발하여 속옷을 가지고자 하는 자에게 겉옷도 내어주고, 억지로 오리를 가게 하거든 십리까지 가주고, 구하는 자에게 주고, 꾸고자 하는 자에게 꾸어 주어 악이 없는 평화를 만들라고 가르칩니다. 눈은 눈으로 이는 이로 갚으라는 말씀의 더 크고 깊은 하나님의 뜻의은 서로에게 악을 행하지 말고 오히려 사랑하고 섬기며 평화롭게 지내라는 것입니다. 서로 사랑하고 평화를 만드는 명령은 잊고 오직 눈은 눈으로 이는 이로 복수하는 것에만 관심이 있다면 돌이켜야 합니다.

여섯째, 예수님은 이웃을 사랑하고 원수를 미워하라는 말씀에 담긴 진정한 하나님의 뜻의은 원수를 사랑하며 박해하는 자를 위해 기도하라는 것이라고 가르칩니다. 원수를 미워하라는 말씀은 원수가 될 만한 악을 행하는 사람에게 강력하고 합당한 심판을 선포하여 원수가 되는 일 자체를 근절하려는 의도를 담은 법입니다. 원수를 미워하라는 말씀의 더 뜻의은 이웃과 원수가 되지 말고 서로 사랑하여 평화를 만들라는 것입니다. 이웃은 사랑하지만, 원수는 미워하고 있다면 돌이켜야 합니다. 하나님이 먼저 이웃을 사랑하고 원수도 사랑하는 전체적인 사랑과 인격의 모본을 보이십니다. 하나님은 악인과 선인 전체에게 해를 비추시고 의로운 자와 불의한 자 전체에게 비를 내리시며 이웃과 원수의 구분 없는 사랑을 실천하십니다.

다태복음 이해 업그레이드 6

아버지가 전체적인 사랑을 하듯이 너희도 전체적인 사랑을 하라

예수님은 하늘에 계신 너희 아버지의 전체적이심 같이 너희도 전체적이라는 선언으로 여섯 개의 돌이켜 나와야 할 것들과 돌이켜 가야 할 합당한 열매에 대한 가르침을 마칩니다 마5:48. 일반적으로 하나님의 "온전하심"과 너희도 "온전하라"로 번역하는 헬라어 단어 '텔레이오스'는 전체적인, 완성된, 마쳐진 등의 의미를 나타냅니다. '온전함'보다는 '전체적인'으로 번역하기도 합니다 Pennington. 예수님은 이 단어를 사용하여 선인과 악인, 그리고 의인과 불의한 사람 전체에게 구별없이 빛을 비추시고 비를 내리시는 하나님을 묘사합니다. 하나님은 이웃과 원수를 구별하지 않고 세상 전체에 사랑을 베푸시는 전체적인 분이십니다. 무엇보다 그는 자기의 아들 예수 그리스도를 세상 전체를 위한 대속 제물로 내어주신 전체적인 분이십니다. 예수님은 우리에게도 이웃은 사랑하고 원수는 미워하는 반쪽 사랑이 아니라, 이웃과 원수를 모두 사랑하는 전체적인 사람이 되라고 명령하십니다. 그것이 하나님의 말씀에 담긴 더 큰 의미며 뜻입니다.

묵상과 적용을 위한 질문

❶ 예수님이 가르치시는 더 큰나온 의/뜻에 비추어 여러분이 돌이켜 나와야 할 악과 돌이켜 가야 할 선이 있다면 무엇인지 적어 보세요.

❷ 선인과 악인, 의인고 불의한 자 전체에게 빛과 비를 주시는 전체적인 하나님처럼 여러분이 전체적으로 행하는 것은 무엇인가요?

___

___

___

나만의 묵상 메모

오늘 묵상을 통해 주신 깨달음에 대해 기록해 보세요.

___

___

___

저자와 함께 하는 한 줄 기도

악인과 선인, 의인과 불의한 자 전체에게 사랑을 베푸시는 하나님처럼 전체적인 사랑을 베푸는 제자가 되게 하소서.

기도와 결단

오늘 묵상한 말씀의 적용과 삶의 결단을 담아 자신의 기도를 드리세요.

___

8 DAY

사람에게 보이려 의를 행하는 외식하는 자들이여 돌이키라
: 구제, 기도, 금식

마태복음 6:1-18

통독 묵상 길잡이

세상을 위해 목숨도 희생하실 만큼 사랑이 많은 예수님이셨지만, 그가 싫어하는 한 부류의 사람들이 있었습니다. 바로 외식하는 사람들입니다. 예수님이 어떤 외식을 책망하고 돌이키라고 명령하는지 예수님의 말씀을 잘 들어보세요.

오늘의 본문　　마태복음 6:1-18

1　사람에게 보이려고 그들 앞에서 너희 의를 행하지 않도록 주의하라 그리하지 아니하면 하늘에 계신 너희 아버지께 상을 받지 못하느니라
2　그러므로 구제할 때에 외식하는 자가 사람에게 영광을 받으려고 회당과 거리에서 하는 것 같이 너희 앞에 나팔을 불지 말라 진실로 너희에게 이르노니 그들은 자기 상을 이미 받았느니라
3　너는 구제할 때에 오른손이 하는 것을 왼손이 모르게 하여
4　네 구제함을 은밀하게 하라 은밀한 중에 보시는 너의 아버지께서 갚으시리라
5　또 너희는 기도할 때에 외식하는 자와 같이 하지 말라 그들은 사람에게 보이려고 회당과 큰 거리 어귀에 서서 기도하기를 좋아하느니라 내가 진실로 너희에게 이르노니 그들은 자기 상을 이미 받았느니라
6　너는 기도할 때에 네 골방에 들어가 문을 닫고 은밀한 중에 계신 네 아버지께 기도하라 은밀한 중에 보시는 네 아버지께서 갚으시리라
7　또 기도할 때에 이방인과 같이 중언부언하지 말라 그들은 말을 많이 하여야 들으실 줄 생각하느니라
8　그러므로 그들을 본받지 말라 구하기 전에 너희에게 있어야 할 것을 하나님 너희 아버지께서 아시느니라
9　그러므로 너희는 이렇게 기도하라 하늘에 계신 우리 아버지여 이름이 거룩히 여김을 받으시오며
10　나라가 임하시오며 뜻이 하늘에서 이루어진 것 같이 땅에서도 이루어지이다
11　오늘 우리에게 일용할 양식을 주시옵고
12　우리가 우리에게 죄 지은 자를 사하여 준 것 같이 우리 죄를 사하여 주시옵고
13　우리를 시험에 들게 하지 마시옵고 다만 악에서 구하시옵소서 (나라와 권세와 영광이 아버지께 영원히 있사옵나이다 아멘
14　너희가 사람의 잘못을 용서하면 너희 하늘 아버지께서도 너희 잘못을 용서하시려니와
15　너희가 사람의 잘못을 용서하지 아니하면 너희 아버지께서도 너희 잘못을 용서하지 아니하시리라
16　금식할 때에 너희는 외식하는 자들과 같이 슬픈 기색을 보이지 말라 그들은 금식하는 것을 사람에게 보이려고 얼굴을 흉하게 하느니라 내가 진실로 너희에게 이르노니 그들은 자기 상을 이미 받았느니라
17　너는 금식할 때에 머리에 기름을 바르고 얼굴을 씻으라
18　이는 금식하는 자로 사람에게 보이지 않고 오직 은밀한 중에 계신 네 아버지께 보이게 하려 함이라 은밀한 중에 보시는 네 아버지께서 갚으시리라

저자 해설 및 묵상

예수님이 유일하게 경멸하신 외식하는 사람들

　예수님은 당시 사람들이 부정하다 여겨 멀리하던 문둥병자, 세리, 죄인, 창녀, 눈 멀어 구걸하는 자, 냄새나고 헐벗은 자들과 함께 하셨습니다. 그들을 긍휼히 여겨 손으로 만져 치유하시고 돌보아 주셨습니다. 이토록 사랑과 자비가 충만하신 예수님이지만, 그가 멀리하며 경멸하던 한 부류의 사람들이 있었습니다. 그들은 외식하는 자, 즉 위선자들입니다마6:2, 5, 16, 7:5. 외식하는 자들이란 사람에게 보이려고 의를 행하고 그것으로 사람에게서 영광을 받으려는 사람들입니다. 그들은 입술로는 하나님을 공경한다 말하고 겉으로는 하나님의 의를 행하지만 그 말과 행위가 나오는 마음은 하나님에게서 멉니다마15:8. 하나님의 말씀을 이용해 자기 이득을 취하는 하나님을 기만하는 거짓 백성이요, 하나님의 영광을 자기 것으로 도둑질하는 부정한 죄인들입니다.

산상수훈의 중심 주제: 외식에서 진실로 돌이키라

　돌이키라 선포하기 시작하시고 바로 이어지는 산상수훈에서 돌이켜야 할 악한 열매와 돌이켜 맺어야 할 착한좋은 열매를 가르치시는 예수님은 이 외식의 문제를 산상수훈에서 가장 중심적인 주제로 가르칩니다마6:2, 5, 16, 7:5. 예수님은 마태복음 5, 6, 7장으로 구성된 산상수훈의 절반 이상의 분량을 차지하는 6, 7장에서 외식의 문제를 고발하고 돌이켜 바르게 의를 행하는 것을 가르치십니다. 오늘 읽은 6:1 – 18이 그 시작입니다.

예수님은 먼저 구제, 기도, 금식에 관한 외식을 지적하고 돌이키라 명하십니다. 외식하는 사람들은 하나님이 명령하신 구제, 기도, 금식을 철저하고 성실하게 행합니다. 하지만 그들의 마음은 의로운 하나님의 말씀을 이용하여 자기를 사람에게 보이고 그들에게 영광을 받으려는 기만으로 가득합니다. 외식하는 사람들은 구제하며 사람들에게 알리기 위해 나팔을 붑니다. 외식하는 사람들은 사람들에게 보이기 위해 회당과 큰 거리에 서서 기도합니다. 외식하는 사람들은 금식하며 사람들에게 인정받기 위해 슬픈 기색을 하며 얼굴을 흉하게 합니다. 예수님은 하나님을 기만하는 외식의 죄악에서 돌이키라 명하십니다. 그들의 전체 마음과 행위를 하나님께 돌이키라 명하십니다. 사람에게 보여 사람의 영광을 얻으려고 구제, 기도, 금식을 행하지 말고 돌이켜 하나님만 보시도록 은밀히 행하고 하나님이 은밀히 주시는 상을 기다리라고 명하십니다.

하나님과 비밀을 만들라

오직 하나님과 나만이 알도록 은밀히 의를 행하고 오직 하나님과 나만 아는 하나님의 은밀한 보상을 기다리라는 말씀은 하나님과 나 사이에 비밀을 만들라는 말씀입니다. 하나님과 많은 비밀을 만들수록 나와 하나님의 관계는 깊어지고 풍성해집니다. 하나님과 나만 아는 은밀한 이야기들이 쌓여 갈수록 우리의 관계의 창고도 풍성히 쌓여 갑니다. 비밀을 만들기 원하시는 하나님의 마음은 깊고 풍성한 사랑의 관계를 만들고 싶다는 것입니다. 나와 너 사이에 다른 사람이나 물질을 두지 말고 서로만 바라보며 마음을 주고받는 사랑을 나누자는 것입니다. 하나님은 우리 마음자리에 당신 외의 다른 사람이나 우상이 섞이는 것을 원하지 않으십니다.

기도로 하나님과 비밀을 만들라

하나님과 나 사이에 비밀을 만들어 가는 가장 좋은 방법은 하나님과 비밀 대화를 하는 것입니다. 하나님과 나만 아는 비밀 대화는 바로 기도입니다. 예수님은 골방에 들어가 하나님께 은밀히 기도하라, 즉 하나님과 비밀 대화를 하라고 말씀하십니다. 그리고 우리에게 기도를 가르치시며 하나님과 깊이 있고 비밀스러운 대화를 나누도록 도우십니다. 이방인은 그들의 우상 신에게 중언부언하며 주문을 외우듯이 기도합니다. 이방신은 인격적인 존재가 아니라 인간의 바램이 만들어낸 허상이기 때문입니다. 존재하지 않는 신에게 많은 말로 오랜 시간 기도하며 자기 마음의 안심을 찾으면 그만입니다. 하지만 하나님은 인간이 만들어낸 허상이 아니며 인간을 만드신 창조주입니다. 그는 인격을 가지고 계신 하나님이며 그의 형상대로 만드신 우리와 인격 대 인격으로 진솔한 마음을 담아 비밀 대화를 하기 원하십니다. 다른 사람이 들으라고 하는 것이 아니라 오직 서로에게만 집중하여 하나님과 내가 진실되게 마음을 나누는 것입니다. 하나님과 많은 비밀을 만들어 깊고 풍성한 관계를 만들어 가시길 바랍니다.

마태복음 이해 업그레이드 7

주기도문

예수님이 가르쳐주시는 하나님과 우리의 비밀스러운 기도는 하늘에 계신 아버지의 이름이 거룩히 여김 받기를 바라는 간구로 시작합니다. 일반적으로 나의 바람을 하나님께 아뢰는 것으로 이해되는 기도와 달리 예수님은 먼저 하나님을 위해 간구하는 것으로 기도를 시작하게 하십니다. "거룩"이라 번역된 헬라어 '하기오스'는 앞서 살펴본 마5:48의 "온전하심"이라 번역된 헬라어 '텔레이오스'의 유의어입니다. 두 단어 모두 구약 히브리어의 '전체가 드려진', '완전히 봉헌된', '전적으로 헌신 된'을 의미하는 '카도쉬'와 '타밈' 등에 상응하는 단어입니다Pennington. 거룩하신 하나님은 선인과 악인 그리고 의인과 불의한 사람 모두에게 빛을 비추고 비를 내리는 세상 전체를 사랑하는 분을 의미합니다마5:48. 하나님은 온 세상을 창조하고 다스리며 모두에게 사랑을 베푸는 분입니다. 그러나 세상은 그를 모르거나 이스라엘만의 하나님이라고 하였습니다. 어떤 사람은 그를 일컬어 누구는 구원하고 누구는 버리는 하나님이라 말합니다. 사실이 아닙니다. 예수님은 이런 상황에서 하나님의 이름이 거룩히전체적이라 여김 받기 원한다는 기도를 드립니다. 이는 하나님의 이름이 전체 세상을 사랑하고 전체 세상에 자비를 베푸시는 '전체적인' 하나님으로 찬송 받으시길 원한다는 간구입니다. 하나님은 세상 전체를 창조하시고 세상 모든 이들을 사랑하시고 그들을 위해 자신의 전부라고 할 수 있는 아들 예수 그리스도를 내어주는 전체적인거룩하신 하나님입니다.

이 전체적이신 하나님이 다스리는 하늘나라는 어떤 모습일까요? 예수님은 하나님의 나라가 이 땅에 임하고 그의 뜻이 하늘에서처럼 땅에서도 이루어지도록 기도하라고 가르칩니다. 백성을 대신해 자기 아들을 내어주는 왕이 다스리는 하나님의 나라가 이 땅에 임한다면 세상에는 어떤 일이 벌어질까요? 높은 곳에 앉아 섬김을 받으려는 것이 아니라 자기를 낮추어 아들의 목숨도 내어주며 섬기는 하나님의 뜻이 세상에 이루어진다면 세상은 어떻게 변할까요? 생각만 해도 좋습니다. 서로서로 섬기고 서로를 위해 목숨을 내어주는 사랑을 하고 자기가 대접받기 원하는 대로 남을 대접하는 하늘나라가 될 것입니다.마7:12.

이어서 예수님은 일용할 양식과 죄 사함을 구하라고 가르칩니다. 하늘의 새도 먹이시고 들풀도 입히시는 하나님은 누구든지 구하는 자에게 일용할 양식을 주실 것입니다. 또한, 우리가 우리에게 죄 지은 자를 용서하는 것과 같이 우리 죄를 용서해 달라 기도하면 사하여 주실 것입니다. 그것이 그의 아들을 세상에 보내어 십자가에 죽이시는 이유입니다. 마지막으로 예수님은 사탄의 시험에 들지 않게 하고 악에서 구해달라고 기도하라고 가르칩니다. 예수님이 이미 사탄의 시험에서 승리하시고 악을 물리치셨기에마4:1-11 그의 안에 머물러 있다면 시험에 들 일이 없고 이미 악에서도 구함을 얻은 것입니다.

묵상과 적용을 위한 질문

❶ 여러분은 사람에게 보이려고 하나님의 의로운 말씀을 행한 적이 있나요? 사람들에게 칭찬을 받기 위해 구제, 기도, 금식 등을 한 적이 있나요?

❷ 하나님과 나만의 비밀을 만들어 관계를 긴밀히 하기 위해 어떤 의로운 행실을 할 수 있을까요?

나만의 묵상 메모

오늘 묵상을 통해 주신 깨달음에 대해 기록해 보세요.

저자와 함께 하는 한 줄 기도

하나님과 비밀을 만들어 깊은 관계를 맺게 하시고 예수님처럼 목숨을 내어주며 섬기는 의를 이루며 살게 하소서.

기도와 결단

오늘 묵상한 말씀의 적용과 삶의 결단을 담아 자신의 기도를 드리세요.

9 DAY

외식하는 자들이여 돌이켜 보물을 땅에 쌓지 말고 하늘에 쌓으라

마태복음 6:19-34

통독 묵상 길잡이

외식하는 자들은 돈을 섬기고 이 땅에 보물을 쌓아 두기에 이 땅만 바라보고 삽니다. 그러나 예수님은 하나님을 섬기고 하늘에 보물을 쌓아 두어 하늘을 바라보며 살라고 하십니다. 어떻게 사는 것이 하나님을 섬기고 하늘에 보물을 쌓는 삶일까요? 예수님의 말씀에 귀 기울여 보세요.

오늘의 본문　마태복음 6:19-34

19　너희를 위하여 보물을 땅에 쌓아 두지 말라 거기는 좀과 동록이 해하며 도둑이 구멍을 뚫고 도둑질하느니라
20　오직 너희를 위하여 보물을 하늘에 쌓아 두라 거기는 좀이나 동록이 해하지 못하며 도둑이 구멍을 뚫지도 못하고 도둑질도 못하느니라
21　네 보물 있는 그 곳에는 네 마음도 있느니라
22　눈은 몸의 등불이니 그러므로 네 눈이 성하면 온 몸이 밝을 것이요
23　눈이 나쁘면 온 몸이 어두울 것이니 그러므로 네게 있는 빛이 어두우면 그 어둠이 얼마나 더하겠느냐
24　한 사람이 두 주인을 섬기지 못할 것이니 혹 이를 미워하고 저를 사랑하거나 혹 이를 중히 여기고 저를 경히 여김이라 너희가 하나님과 재물을 겸하여 섬기지 못하느니라
25　그러므로 내가 너희에게 이르노니 목숨을 위하여 무엇을 먹을까 무엇을 마실까 몸을 위하여 무엇을 입을까 염려하지 말라 목숨이 음식보다 중하지 아니하며 몸이 의복보다 중하지 아니하냐
26　공중의 새를 보라 심지도 않고 거두지도 않고 창고에 모아들이지도 아니하되 너희 하늘 아버지께서 기르시나니 너희는 이것들보다 귀하지 아니하냐
27　너희 중에 누가 염려함으로 그 키를 한 자라도 더할 수 있겠느냐
28　또 너희가 어찌 의복을 위하여 염려하느냐 들의 백합화가 어떻게 자라는가 생각하여 보라 수고도 아니하고 길쌈도 아니하느니라
29　그러나 내가 너희에게 말하노니 솔로몬의 모든 영광으로도 입은 것이 이 꽃 하나만 같지 못하였느니라
30　오늘 있다가 내일 아궁이에 던져지는 들풀도 하나님이 이렇게 입히시거든 하물며 너희일까보냐 믿음이 작은 자들아
31　그러므로 염려하여 이르기를 무엇을 먹을까 무엇을 마실까 무엇을 입을까 하지 말라
32　이는 다 이방인들이 구하는 것이라 너희 하늘 아버지께서 이 모든 것이 너희에게 있어야 할 줄을 아시느니라
33　그런즉 너희는 먼저 그의 나라와 그의 의를 구하라 그리하면 이 모든 것을 너희에게 더하시리라
34　그러므로 내일 일을 위하여 염려하지 말라 내일 일은 내일이 염려할 것이요 한 날의 괴로움은 그 날로 족하니라

저자 해설 및 묵상

땅에 보물을 쌓지 말고 돌이켜 하늘에 보물을 쌓으라

외식하는 사람들은 하나님이 아니라 사람에게 보이려고 의를 행합니다. 그것을 통해 하나님이 하늘에서 주시는 상이 아니라 사람이 이 땅에서 주는 영광과 상을 얻으려 합니다. 그들은 하나님을 섬기는 것으로 보이지만 오히려 하나님을 이용해 자기 자신을 섬기고 자신을 위해 이 땅에 보물을 쌓는 악한 사람들입니다. 이 땅에 보물을 쌓아 자기 안전을 확보하려 합니다. 자기 백성을 먹이고 입히시는 좋으신 하나님에 대한 믿음이 없으니 땅에 보물을 쌓아야 안심하고 살 수 있습니다. 또한, 그들은 이 세상에 보물을 쌓아 세상의 높은 자리에 오르려 합니다. 높은 곳에 앉아 지배하고 다스리며 섬김 받고 싶기 때문입니다. 그들은 자기를 낮추어 세상을 섬기러 오신 예수님처럼 자기를 낮추어 이웃을 섬기고 보물을 나누어 주는 의로운 뜻에는 관심이 없습니다.

그러나 진실한 예수님의 제자들은 하나님만 볼 수 있게 은밀히 의로운 말씀에 순종합니다. 그들은 은밀히 하나님과 이웃을 섬겨 하나님이 은밀히 주시는 상을 얻으려 합니다. 그들은 진실한 마음으로 의를 행하여 하늘에 보물을 쌓는 사람들입니다. 그들은 그들을 먹이시고 입히시는 하나님을 믿기에 자기 안위를 염려하여 이 땅에 보물을 쌓아 두지 않습니다마6:19-20. 또한, 그들은 이 세상에 보물을 쌓아 높은 자리에 오르려고 하지 않습니다. 하늘나라 백성은 높은 곳에 앉아 지배하고 다스리며 섬김 받고 싶어 하지 않기 때문입니다. 오히려 자기를 낮추어 세상을 섬기러 오신 예수님처럼 자기를 낮추어 이웃을 섬기고 그들을 위해 보물을 나누어 주길 원합니다. 사회의 높은 자리에 오르지 말라는 것이 아닙니다. 어느 자리에서든 자기를 낮추어 섬기는 것이 하나님의 의입니다.

보물이 있는 곳에 마음이 가기 마련이다

이 땅에 보물을 쌓는 사람은 그의 보물이 있는 이 땅에 그 마음을 둡니다. 그러나 이 땅은 영원하지 않고 곧 사라집니다. 이 땅에 쌓은 보물을 모두 팔아 가난한 자들에게 나누어 주고 예수님을 따라야 합니다. 그렇지 않으면 그 보물이 있는 이 땅에 여전히 마음이 남아 그것과 함께 사라질 것입니다. 그러나 하늘에 보물을 쌓는 제자는 그 보물이 있는 하늘에 그 마음을 둡니다. 하나님이 계신 하늘과 그곳에 쌓은 보물은 영원합니다. 하늘에 보물을 쌓아 두었기에 제자의 마음은 늘 하늘에 있고 그곳을 동경합니다. 동경하는 마음이 커지면 커질수록 더욱 하늘을 기대하고 기다리게 됩니다. 하늘을 향한 마음이 커질수록 마음과 시선이 땅으로 돌아갈 가능성이 작아집니다. 이 땅으로 마음과 삶을 다시 돌이켜 그것과 함께 멸망 당할 일이 없어집니다. 그러니 보물을 하늘에 쌓아 하늘에 계속 마음과 삶을 두게 하는 것이 무엇보다 중요합니다.

진실한 눈과 진실한 몸을 가진 진실한 제자
vs 악한 눈과 악한 몸을 가진 외식하는 자

여기에 우리가 밝고 좋은(선한) 눈을 가져야 할 필요성이 있습니다. 눈은 전체 몸의 부분 중 등불 같은 것입니다. 등불 같은 눈이 성하면 온몸을 밝게 비출 수 있습니다. "성하면"이라 번역된 헬라어 '하플르수'는 '단순한', '진실한'을 의미합니다. 그러니 이 말씀은 눈이 진실하면 온몸도 진실하다는 말씀으로 이해할 수 있습니다. 밝고 진실한 눈으로 온 몸을 밝고 진실하게 비추는 사람은 진실한 마음으로 하나님을 섬기고 의를 행하여 하늘에 보물을 쌓는 진실한 제자입니다. 그러나 만약 등불 같은 눈이 어두우면 온몸을 어둡게 만듭니다. "어두운"이라 번역된 헬라어 '포네로스'는 '악한'을 의미합니다. 그러니 이 말씀은 눈이 악하면 온몸을 더욱 악하게 한다는 말씀입니다. 어둡고 악한 눈으로 온몸을 더욱 어둡고 악하게 만드는 사람은 겉으로는 하나님을 섬기고 의를 행하나 속으로는 자신과 재물을 섬기며 이 땅에 보물을 쌓는 거짓된 외식하는 사람입니다마6:19-23. 여러분은 진실한 눈과 몸을 소유한 진실한 제자인가요?

돈재물을 섬기는 일에서 돌이켜 하나님을 섬기라

예수님은 한 사람이 두 주인을 섬길 수 없고 이를 미워하고 저를 사랑하는 것처럼 하나님과 돈을 겸하여 섬길 수 없다고 말씀하십니다마16:24. 이 말씀은 겉으로는 하나님을 섬기는 것처럼 보이지만 속으로는 돈재물을 섬기는 외식하는 자들을 향한 고발입니다. 돈재물을 섬기는 외식하는 사람들은 그 땅에 쌓은 보물들로 높은 곳에 올라 성공한 삶을 사는 것으로 보입니다. 하지만, 이 땅에 쌓은 보물들은 좀과 동록으로 인해 상하게 되고 도둑이 구멍을 뚫고 훔쳐 가서 모두 사라질 것입니다. 반면, 진실로 하나님을 섬기며 하늘에 보물을 쌓는 제자들은 지금은 땅에 쌓은 보물이 없고 낮은 곳에서 섬기는 보잘것없는 삶을 사는 것으로 보입니다. 하지만, 그들이 하늘에 쌓은 보물들은 영원히 보존될 것입니다. 그러므로 하나님을 섬기는 진실한 제자가 진정으로 행복하고 잘 사는 사람입니다.

염려하지 말고 하나님의 나라와 그의 의만 구하라

　진실한 제자들이라도 땅에 쌓아둔 보물이 없으니 어려움이 닥칠 때면 믿음이 약해지고 무엇을 먹을까 무엇을 입을까 염려에 사로잡힐 수 있습니다마16:30. 예수님은 그를 좇아 수고스러운 섬김의 삶을 사는 제자들에게 위로와 격려의 말씀을 주십니다. 마6:25-32를 다시 읽어 보십시오. 예수님은 이 말씀을 통하여 제자들이 아무런 염려 없이 오직 하나님의 나라와 그의 의를 구하는 순종의 삶을 살아갈 수 있도록 용기를 북돋아 주십니다. 명심하십시오. 제자들이 할 일은 먹을 것, 입을 것, 그리고 내일을 염려하는 것이 아닙니다. 오직 주어진 오늘 하루 하나님의 나라와 의를 구하며 온종일 수고하며 고생하는 것으로 충분합니다마6:25-34.

묵상과 적용을 위한 질문

❶ 여러분은 땅에 보물을 쌓아 높은 곳에 올라 섬김 받기 원하나요? 아니면 하나님의 뜻대로 자기를 낮추어 타인을 섬기며 하늘에 보물을 쌓기를 원하시나요? 여러분은 어디에 어떤 보물을 쌓아 두었나요?

❷ 여러분의 재물과 행위로 하나님을 섬기고 이웃에게 나누어 하늘에 보물을 쌓는 구체적인 계획을 적어보세요.

_____

_____

나만의 묵상 메모

오늘 묵상을 통해 주신 깨달음에 대해 기록해 보세요.

_____

_____

_____

저자와 함께 하는 한 줄 기도

외식하는 것이 아니라 진실한 눈과 몸으로 진실하게 하나님을 섬기는 제자가 되게 하소서.

기도와 결단

오늘 묵상한 말씀의 적용과 삶의 결단을 담아 자신의 기도를 드리세요.

_____

10
DAY

외식하며 비판하는 자들이여 돌이켜 황금률을 행하라

마태복음 7:1-12

통독 묵상 길잡이

외식하며 비판하는 사람은 누구일까요? 그들은 어떤 심판을 받을까요? 개와 돼지는 누구를 상징할까요? 어떻게 외식하지 않고 하나님의 말씀율법과 선지자을 진실하게 실천할 수 있을까요? 하나님의 말씀 전체를 요약하는 황금률에 대해 들어보셨나요? 오늘 말씀을 주의 깊게 읽어보세요.

오늘의 본문   마태복음 7:1-12

1. 비판을 받지 아니하려거든 비판하지 말라
2. 너희가 비판하는 그 비판으로 너희가 비판을 받을 것이요 너희가 헤아리는 그 헤아림으로 너희가 헤아림을 받을 것이니라
3. 어찌하여 형제의 눈 속에 있는 티는 보고 네 눈 속에 있는 들보는 깨닫지 못하느냐
4. 보라 네 눈 속에 들보가 있는데 어찌하여 형제에게 말하기를 나로 네 눈 속에 있는 티를 빼게 하라 하겠느냐
5. 외식하는 자여 먼저 네 눈 속에서 들보를 빼어라 그 후에야 밝히 보고 형제의 눈 속에서 티를 빼리라
6. 거룩한 것을 개에게 주지 말며 너희 진주를 돼지 앞에 던지지 말라 그들이 그것을 발로 밟고 돌이켜 너희를 찢어 상하게 할까 염려하라
7. 구하라 그리하면 너희에게 주실 것이요 찾으라 그리하면 찾아낼 것이요 문을 두드리라 그리하면 너희에게 열릴 것이니
8. 구하는 이마다 받을 것이요 찾는 이는 찾아낼 것이요 두드리는 이에게는 열릴 것이니라
9. 너희 중에 누가 아들이 떡을 달라 하는데 돌을 주며
10. 생선을 달라 하는데 뱀을 줄 사람이 있겠느냐
11. 너희가 악한 자라도 좋은 것으로 자식에게 줄 줄 알거든 하물며 하늘에 계신 너희 아버지께서 구하는 자에게 좋은 것으로 주시지 않겠느냐
12. 그러므로 무엇이든지 남에게 대접을 받고자 하는 대로 너희도 남을 대접하라 이것이 율법이요 선지자니라

저자 해설 및 묵상

외식하는 자여 심판하지 말고 사랑하라

　예수님은 외식하는 자들에게 너희가 비판을 받지 아니하려거든 비판하지 말라고 말씀하십니다마7:1. 그리고 그들의 눈 속에 있는 들보는 깨닫지 못하고 형제 눈 속의 티는 보고 비판하는 외식을 책망하십니다마7:3-5. 사실, 개역개정 한글성경에 "비판"이라 번역된 헬라어 '크리노'는 '심판하다', '정죄하다', '판결하다'라는 의미를 갖는 법정 용어입니다. 그러니 먼저 분명히 해야 할 것은 예수님이 단순히 형제자매를 비판하지 말라고 하시는 것이 아니라, 하나님만 앉을 수 있는 높은 판사석에 스스로 앉아 자기의 큰 죄는 모른척하며 형제자매의 작은 죄를 보고 심판하지 말라고 하신다는 것입니다. 예수님은 외식하는 바리새인과 서기관이 모세의 자리와 회당의 높은 자리에 앉아 무거운 짐을 사람의 어깨에 지운다고 책망하기도 합니다마23:2-5. 외식하는 자들은 진실한 마음으로 죄를 미워하고 사랑으로 형제자매의 죄를 지적하여 돌이키려 하는 것이 아닙니다. 오히려 형제자매의 작은 죄를 심판하며 사람에게 자기를 옳게 보여 영광을 얻으려는 것입니다. 만일 그들이 진실로 죄를 미워하고 형제자매의 죄를 돌이키려 했다면 이미 그들 눈의 들보와 같은 큰 죄를 깨달아 알고 돌이켰을 것입니다.

　외식하는 사람은 겉으로는 하나님의 율법을 지키지만, 그 마음은 하나님과 멉니다. 외식하는 사람은 그 가슴팍에 하나님의 율법 책을 끼고는 살지만, 그 가슴속에는 율법이 새겨져 있지 않습니다. 그러니 율법에 담아 주신 하나님의 마음도 그 가슴속에 없습니다. 율법에 담긴 하나님의 마음은 무엇일까요? 그것은 예수님이 전체 율법을 요약해 주시듯이 하나님을 사랑하고 이웃을 사랑하는 마음입니다. 그러나 외식하는 사람의 가슴속에는 하나님과 이웃을 향한 사랑의 마음이 없습니다. 그들은 하나님이 아니라 자기를 사랑합니다. 그들은 이웃을 사랑하기보단 미워하고 정죄하는데 빠릅니다. 이 외식하는 사람의 사랑 없는 마음이 가장 명확히 드러나는 일이 형제자매의 눈 속의 티를 보고 자기 영광을 위해 외식으로 심판하는 것입니다. 외식하는 사람들은 그 입으로 율법을 말하고 겉으로 보이는 율법은 지키지만, 그 가슴속에는 율법에 담아 주신 사랑, 섬김, 겸손, 자비, 정의, 믿음은 없습니다마23:23.

심판한 대로 심판당하고 사랑한 대로 사랑받으리라

예수님은 이 외식하는 자들이 형제자매를 심판한 대로 심판받고 헤아린 대로 헤아림을 받을 것이라고 선포합니다. 이들이 심판하고 정죄하는 기준은 형제자매의 눈 안에 있는 작은 티입니다. 눈 안의 작은 티를 기준으로 형제자매를 죄인이요 상종할 수 없는 사람으로 심판해 버립니다. 그들 마음에 하나님을 사랑하고 이웃을 사랑하는 율법의 깊은 뜻은 찾아볼 수 없습니다. 오히려, 형제자매의 작은 실책을 정죄하고 심판하는 미움과 악만 보입니다. 외식하는 자들이 사랑과 용서 없이 형제자매의 작은 티를 심판하고 정죄한 것처럼 하나님도 사랑과 용서 없이 그들의 작은 잘못을 정죄하고 심판하실 것입니다. 이 외식하는 사람의 눈에는 티와 비교할 수 없이 큰 들보가 들어있습니다. 그렇기에 그들이 형제자매의 작은 티를 심판한 것과는 비교할 수 없이 크고 끔찍한 심판을 당할 것입니다.

황금률 하나님과 황금률 백성

예수님은 마태복음 7:7-12에서 황금률로 잘 알려진 말씀을 마지막으로 외식에 대한 산상수훈 중심부의 가르침을 마칩니다. 예수님은 7:12에서 남에게 대접을 받고자 하는 대로 남을 대접하라는 황금률의 말씀으로 내가 받고자 하는 가장 좋은 것으로 남에게 주라고 명령하십니다. 그리고 앞선 7:7-11에서 하나님을 황금률의 모본으로 가르치십니다. 성경 순서대로 말하자면, 예수님은 7:7-11에서 대접받기를 원하는 대로 가장 좋은 것을 주시는 하늘 아버지 하나님의 성품을 가르치고, 그것을 7:12에서 황금률로 요약해 주십니다. 예수님은 7:12의 황금률을 "그러므로"라고 시작하시며 황금률이 7:7-11의 결론임을 잘 보여줍니다. 하나님은 구하는 자에게 주시고 찾는 자에게 발견하게 하시고 두드리는 자에게 열어 주십니다. 떡을 달라는 아들에게 돌을 주거나 생선을 달라는 아들에게 뱀을 주는 아버지는 없습니다. 하늘에 계신 우리 아버지 하나님은 구하는 그의 자녀들에게 가장 좋은 것으로 주십니다. 하나님은 그가 대접받고자 하는 가장 좋은 것으로 우리를 대접하시는 황금률의 하나님입니다. 예수님은 이 황금률이 모든 율법과 선지자, 즉 전체 구약 성경이 말씀하는 것이라고 하십니다. 전체 구약 성경을 쓰신 하나님이 그 안에 자신의 성품이며 그 모범인 황금률을 핵심으로 담아 주신 것입니다. 이 황금률을 제일 법으로 형제자매에게 실천하는 나라가 하늘나라입니다.

하나님은 아들 예수로 우리를 대접하며 황금률을 실행하신다

마지막으로 우리가 기억해야 할 것이 있습니다. 하나님은 그가 줄 수 있는 가장 좋은 것으로 우리에게 주시며 황금률을 실천하셨다는 것입니다.

그의 아들 예수 그리스도입니다. 예수님 역시 이 황금률에 따라 그가 줄 수 있는 가장 좋은 것인 자기 목숨을 우리에게 주셨습니다. 자기 아들을 남에게 내어준 하나님과 자기 목숨으로 남을 섬기는 예수님이 남에게 대접받기 원하는 대로 남을 대접하라는 황금률 그 자체이며 모본입니다. 황금률 그 자체이신 예수님이 모든 율법과 선지자이며 그 안에 담긴 하나님의 뜻과 의입니다. 아버지 하나님은 가장 좋은 것으로 주시겠다고 약속하시며 구하고, 찾고, 두드리라고 하십니다. 여러분은 무엇을 구하시겠습니까? 예수님은 먼저 하나님의 나라와 그의 의를 구하라고 하셨습니다마6:33. 예수님이 왕이신 하늘나라와 그 나라를 움직이는 제일 법인 황금률과 그 모본인 예수님을 구하십시오. 그리고 황금률의 모본이신 예수님이 십자가에서 보여주신 낮춤, 겸손, 희생, 섬김이라는 하나님의 의를 구하십시오. 하나님이 후히 주실 것입니다.

마태복음 이해 업그레이드 8

외식하는 사람이 개와 돼지이다

예수님은 외식으로 형제자매를 심판하는 사람이 같은 심판을 당할 것이라고 선포하십니다마7:1-5. 그리고 그들이 당할 큰 심판을 다음 절에서 바로 이어 선포하십니다. 예수님은 거룩한 것을 개에게 주지 말고 진주를 돼지에게 주지 말라고 하십니다마7:6. 예수님은 누구를 가리켜 개와 돼지라고 부르시는 것일까요? 일반적으로 개와 돼지는 율법이 부정하다 정한 동물이며 하나님을 섬기지 않는 이방인을 가리킵니다. 하지만 예수님이 오늘 본문 7:6에서 말씀하시는 개와 돼지는 그가 산상수훈 6-7장 전체에 걸쳐 책망하시는 외식하는 이스라엘 사람으로 보는 것이 문맥상 가장 자연스럽습니다. 이방인을 묘사하던 개와 돼지를 이스라엘 사람에게 사용하신 것이 어색하게 느껴질 수 있을 것입니다. 하지만, 예수님이 지적하신 대로 하나님을 섬기는 것으로 보이지만 사실은 하나님을 섬기지 않는 외식하는 이스라엘 사람과 하나님을 섬기지 않는 이방인은 다를 것이 없습니다. 오히려 외식하며 자기 영광을 위해 하나님을 이용하고 기만하는 이스라엘이 더욱 악합니다. 그렇기에 하나님을 섬기지 않는 외식하는 이스라엘을 이방인처럼 개와 돼지로 부르는 것이 어색하지 않습니다.

거룩한 것과 진주는 가장 넓은 의미에서 거룩하신 하나님과 진주로 비유된 하늘나라로 이해할 수 있을 것입니다 마5:48, 6:9, 13:45-46. 예수님은 외식하는 이스라엘 사람을 그들이 개와 돼지 같이 여기던 이방인처럼 더럽다고 하시고, 그들에게 거룩하신 하나님과 그의 아들이 주는 구원과 하늘나라를 주지 말라는 가장 참혹한 심판을 선언하시는 것입니다. 예수님은 여기에서 멈추지 아니하시고 외식하는 이스라엘이 거룩한 것과 진주를 발로 밟고 돌이켜 그 자비로운 전달자를 상하게 할 것이라고 하십니다. 이 말이 옳습니다. 외식하는 이스라엘은 하나님의 선택을 받아 거룩하신 하나님을 기업으로 받고 그 나라의 백성이 되었지만, 하나님과 그의 말씀을 발로 밟아 기만하며 돌이켜 하나님과 율법을 이용해 자기 이득을 취하며 하나님의 이름을 상하게 하는 배신자, 혹은 패역한 자들입니다. 또한, 이 외식하는 이스라엘 바리새인과 서기관은 거룩한 것과 진주를 전달해 주는 하나님의 아들 예수님과 그의 제자들을 발로 밟고 돌이켜 찢어 상하게 하여 핍박하고 결국 십자가에서 죽이는 더러운 자들입니다.

묵상과 적용을 위한 질문

❶ 여러분은 눈에 들어간 먼지만큼 작은 형제자매의 잘못을 심판하고 정죄한 경험을 적어보세요. 만약 예수님이라면 어떻게 하셨을까요?

❷ 여러분이 하나님께 받은 가장 좋은 것은 무엇인가요? 여러분이 남에게 대접받고자 하는 대로 남에게 대접할 수 있는 가장 좋은 것은 무엇인가요?

_____

_____

_____

나만의 묵상 메모
오늘 묵상을 통해 주신 깨달음에 대해 기록해 보세요.

_____

_____

_____

저자와 함께 하는 한 줄 기도
외식의 죄에서 벗어나 황금률의 모범이신 예수님을 따라 목숨으로 이웃을 섬기게 하소서.

기도와 결단
오늘 묵상한 말씀의 적용과 삶의 결단을 담아 자신의 기도를 드리세요.

_____

11 DAY

예수님의 산상수훈을 듣고 행하는 지혜로운 제자가 하늘나라에 들어갑니다

마태복음 7:13-29

통독 묵상 길잡이

예수님이 산상수훈을 마치시며 두 가지 길과 두 가지 선지자와 두 가지 나무에 대해 말씀하십니다. 그리고 사람이 살고 죽는 일이 달린 반석 위에 집을 짓는 지혜와 모래 위에 집을 짓는 어리석음에 대해 말씀하십니다. 이것들이 무엇을 의미하는지 예수님이 이런 말씀을 왜 주시는지 잘 들어보세요.

오늘의 본문　　마태복음 7:13-29

13 좁은 문으로 들어가라 멸망으로 인도하는 문은 크고 그 길이 넓어 그리로 들어가는 자가 많고
14 생명으로 인도하는 문은 좁고 길이 협착하여 찾는 자가 적음이라
15 거짓 선지자들을 삼가라 양의 옷을 입고 너희에게 나아오나 속에는 노략질하는 이리라
16 그들의 열매로 그들을 알지니 가시나무에서 포도를, 또는 엉겅퀴에서 무화과를 따겠느냐
17 이와 같이 좋은 나무마다 아름다운 열매를 맺고 못된 나무가 나쁜 열매를 맺나니
18 좋은 나무가 나쁜 열매를 맺을 수 없고 못된 나무가 아름다운 열매를 맺을 수 없느니라
19 아름다운 열매를 맺지 아니하는 나무마다 찍혀 불에 던져지느니라
20 이러므로 그들의 열매로 그들을 알리라
21 나더러 주여 주여 하는 자마다 다 천국에 들어갈 것이 아니요 다만 하늘에 계신 내 아버지의 뜻대로 행하는 자라야 들어가리라
22 그 날에 많은 사람이 나더러 이르되 주여 주여 우리가 주의 이름으로 선지자 노릇 하며 주의 이름으로 귀신을 쫓아 내며 주의 이름으로 많은 권능을 행하지 아니하였나이까 하리니
23 그 때에 내가 그들에게 밝히 말하되 내가 너희를 도무지 알지 못하니 불법을 행하는 자들아 내게서 떠나가라 하리라
24 그러므로 누구든지 나의 이 말을 듣고 행하는 자는 그 집을 반석 위에 지은 지혜로운 사람 같으리니
25 비가 내리고 창수가 나고 바람이 불어 그 집에 부딪치되 무너지지 아니하나니 이는 주추를 반석 위에 놓은 까닭이요
26 나의 이 말을 듣고 행하지 아니하는 자는 그 집을 모래 위에 지은 어리석은 사람 같으리니
27 비가 내리고 창수가 나고 바람이 불어 그 집에 부딪치매 무너져 그 무너짐이 심하니라
28 예수께서 이 말씀을 마치시매 무리들이 그의 가르치심에 놀라니
29 이는 그 가르치시는 것이 권위 있는 자와 같고 그들의 서기관들과 같지 아니함일러라

저자 해설 및 묵상

산상수훈이 대조하며 돌이키라는 것들

예수님은 황금률을 마지막으로 산상수훈의 모든 가르침을 마칩니다. 예수님이 산상수훈에서 가르치신 내용을 되돌아보니 서로 다른 두 개의 의의 길 혹은 서로 다른 두 가지 삶에 대한 대조가 뚜렷이 보입니다. 또한, 이 대조되는 의의 길과 삶을 가르치는 선생인 예수님과 당시 종교 지도자바리새인과 서기관 등에 대한 대비도 뚜렷이 보입니다. 예수님은 지금까지 하늘나라에 들어가는 '더 나은큰 의와' 하늘나라에 들어가지 못하는 외식과 거짓 의의 대조마5:17-48, 은밀히 의를 행하는 진실한 백성과 사람에게 보이려 의를 행하는 외식하는 백성의 대조마6:1-17, 하나님을 섬기는 사람과 재물돈을 섬기는 외식하는 사람의 대조, 하나님의 의와 그의 나라를 먼저 구하는 좋은 백성과 먹을 것, 입을 것, 마실 것 등을 먼저 구하는 믿음 없는 사람의 대조마6:19-34, 형제자매의 티를 자비로 보아주는 백성과 정죄하고 심판하기에 바쁜 외식하는 사람의 대조마7:1-6 등을 가르치셨습니다. 그리고 마지막으로 이 모든 가르침을 구약율법과 선지자 말씀에 하나님이 핵심으로 담아 주신 황금률로 요약하며 마치십니다마7:7-12.

대조되는 이미지들로 돌이키라 명령하며 마치는 산상수훈

예수님은 지금까지 가르치신 이 여러 대조들을 다양한 은유와 비유로 묘사하며 산상수훈을 마치십니다. 그것을 통해 그와 그의 가르침이 당시 악한 종교 지도자와 그들의 거짓 가르침과는 달리 멸망을 피하고 영생을 주는 참 지혜이며 진리임을 알려줍니다. 또한, 비유를 통해 지금까지 가르친 말씀을 제자들이 듣고 행하도록 격려합니다.

좁은 문과 협착한 길 vs 큰 문과 넓은 길

　첫째, 예수님은 그와 그의 가르침을 생명으로 인도하는 좁은 문과 협착한 길로 묘사합니다. 그리고 외식하는 종교 지도자와 그들의 가르침은 멸망으로 인도하는 큰 문과 넓은 길로 묘사하며 대조합니다^{마5:20, 7:13-14}. 생명으로 인도하는 좁은 문과 협착한 길은 예수님이 가르치시며 행하시는 더 나은^큰 의의 길을 나타냅니다. 앞서 예수님이 가르치신 '더 나은^큰 의'의 길은 사람이 주는 영광은 없고 낮은 곳에서 은밀히 섬기는 어렵고 고생스러운 길입니다. 그렇기에 찾는 사람이 적습니다. 하지만, 이 길은 겸손, 친절, 정의, 사랑으로 서로를 섬기는 좋고 아름다운 사람들이 가득한 좁고 협착한 길입니다. 이와 대조되는 멸망으로 인도하는 큰 문과 넓은 길은 외식하는 종교 지도자들이 가르치며 행하는 외식하는 의의 길을 묘사합니다. 외식하는 사람이 가는 거짓된 의의 길은 사람에게서 영광을 얻고 높은 자리에 올라 섬김받는 쉽고 편한 길입니다. 그렇기에 찾는 사람이 많습니다. 하지만, 이 길은 서로 높아지려 멸시하고 불의와 무자비로 지배하고 섬김받으려 하는 못되고 나쁜 사람들이 가득한 크고 넓은 길입니다. 생명으로 인도하는 좁은 길과 멸망으로 인도하는 넓은 길 중 좋은 길은 생명으로 인도하는 길입니다. 예수님과 그의 가르침을 따라가는 길입니다. 그 길과 문으로 들어가세요.

참 선지자 vs 거짓 선지자

둘째, 예수님은 참 선지자인 자신과 거짓 선지자인 외식하는 종교 지도자를 대조하십니다. 참 선지자이신 예수님은 하나님의 말씀을 옳게 풀어 가르치며 사람을 생명으로 인도하고 목숨을 내어주는 사랑으로 섬깁니다 마5:17-48. 그러나 외식하는 종교 지도자는 양의 옷을 입은 노략질 하는 이리입니다. 그들은 하나님의 말씀을 틀리게 가르치며 자신이 영광과 이득을 얻기 위해 하나님의 말씀을 이용합니다. 그 겉은 하나님의 거룩한 말씀을 말하는 양의 탈을 썼지만, 그 속은 말씀을 이용해 사람을 죽이고 약탈하는 이리입니다. 양의 탈을 쓴 이리인 외식하는 지도자들을 멀리하고 자기 목숨을 내어주는 참 선지자 예수님과 그의 진리의 말씀을 따라야 합니다.

좋은 열매 좋은 나무 vs 나쁜 열매 나쁜 나무

셋째, 예수님은 좋은 열매 맺는 좋은 나무와 나쁜 열매 맺는 나쁜 나무를 대조하십니다. 아름답고 좋은 열매를 맺는 좋은 나무는 예수님과 그의 가르침을 행하는 것을 묘사합니다. 하지만 나쁜 열매 맺는 나쁜 나무는 외식하는 사람과 그들의 외식하는 행위를 나타냅니다. 그들은 주여, 주여 하며 선지자 노릇 하며 그 이름으로 권능도 행하지만, 불법을 행하는 자입니다. 나쁜 나무인 외식하는 사람은 그들이 맺는 나쁜 열매를 통해 구별할 수 있습니다. 외식하는 사람이 맺는 나쁜 열매는 불법입니다. 불법은 예수님이 산상수훈에서 가르치신 외식하는 사람의 행위들입니다. 예수님이 가르침을 행하는 아름다운 열매를 맺지 않는 모든 나쁜 나무는 찍혀 불에 태워질 것입니다. 그러니 하나님의 참 백성은 예수님과 그가 가르치시는 하나님의 법황금률을 믿고 따르며 행하는 사람들입니다.

반석 위에 집을 짓는 지혜를 가지라

　마지막으로 예수님은 반석 위에 집을 짓는 지혜로운 사람과 모래 위에 집을 짓는 어리석은 사람을 대조하십니다. 예수님은 산상수훈 말씀을 듣고 행하는 사람은 반석 위에 집을 지은 지혜로운 사람 같다고 비유하십니다. 그들은 예수님께 돌이켜 산상수훈의 말씀을 듣고 하나님의 '더 나은 큰 의'를 행하는 아름다운 제자들입니다. 이와는 대조적으로 예수님은 산상수훈 말씀을 듣고 행하지 않는 사람은 모래 위에 집을 지은 어리석은 사람 같다고 비유하십니다. 그들은 예수님이 산상수훈에서 반복해서 지적하신 외식의 악함을 듣고도 돌이키지 않는 나쁜 사람들입니다. 여전히 사람에게 보이기 위해 의를 행하며 자기 이득을 위해 하나님의 말씀을 이용하고 기만하는 사람입니다. 비가 오고 창수가 나며 바람이 불어 부딪혀도 반석 위의 집은 무너지지 않습니다. 하지만 모래 위의 집은 아주 심하게 무너집니다. 이것이 외식하는 사람의 최후입니다. 여러분은 어떤 행위를 하며 사시겠습니까? 우리를 먼저 찾아오시어 나를 따르라 부르신 예수님께 온 마음과 삶을 돌이켜 진실한 제자로 살아가십시오.

묵상과 적용을 위한 질문

❶ 좁고 협착하여 찾는 이가 적은 생명으로 인도하는 길을 가는 사람들이 누릴 수 있는 행복과 감사는 무엇이 있을까요?

❷ 양의 탈을 쓴 노략질 하는 이리와 나쁜 나무로 비유된 외식하는 사람이 맺는 나쁜 열매는 무엇이 있을까요? 반면 좋은 열매 맺는 아름다운 나무는 어떤 열매를 맺을까요?

___

___

나만의 묵상 메모
오늘 묵상을 통해 주신 깨달음에 대해 기록해 보세요.

___

___

저자와 함께 하는 한 줄 기도
반석 위에 집을 짓는 지혜로운 사람 같이 예수님의 말씀에 순종하여 영생을 얻고 멸망을 피하는 지혜로운 사람이 되게 하소서.

기도와 결단
오늘 묵상한 말씀의 적용과 삶의 결단을 담아 자신의 기도를 드리세요.

___

12 DAY

십자가를 향한 예수님의 황금률 여정의 시작

마태복음 7:28-8:17

통독 묵상 길잡이

산상수훈 말씀의 권위는 과연 어떤 것일까요? 산에서 내려오신 예수님이 그 말씀의 권위(권능)를 말씀을 통해 이적과 기적을 행하시며 보여주십니다. 예수님이 그의 말씀으로 어떤 놀라운 표적을 행하시는지 잘 들어보세요.

오늘의 본문 마태복음 7:28-8:17

28 예수께서 이 말씀을 마치시매 무리들이 그의 가르치심에 놀라니
29 이는 그 가르치시는 것이 권위 있는 자와 같고 그들의 서기관들과 같지 아니함일러라

8장
1 예수께서 산에서 내려 오시니 수많은 무리가 따르니라
2 한 나병환자가 나아와 절하며 이르되 주여 원하시면 저를 깨끗하게 하실 수 있나이다 하거늘
3 예수께서 손을 내밀어 그에게 대시며 이르시되 내가 원하노니 깨끗함을 받으라 하시니 즉시 그의 나병이 깨끗하여진지라
4 예수께서 이르시되 삼가 아무에게도 이르지 말고 다만 가서 제사장에게 네 몸을 보이고 모세가 명한 예물을 드려 그들에게 입증하라 하시니라
5 예수께서 가버나움에 들어가시니 한 백부장이 나아와 간구하여
6 이르되 주여 내 하인이 중풍병으로 집에 누워 몹시 괴로워하나이다
7 이르시되 내가 가서 고쳐 주리라
8 백부장이 대답하여 이르되 주여 내 집에 들어오심을 나는 감당하지 못하겠사오니 다만 말씀으로만 하옵소서 그러면 내 하인이 낫겠사옵나이다
9 나도 남의 수하에 있는 사람이요 내 아래에도 군사가 있으니 이더러 가라 하면 가고 저더러 오라 하면 오고 내 종더러 이것을 하라 하면 하나이다
10 예수께서 들으시고 놀랍게 여겨 따르는 자들에게 이르시되 내가 진실로 너희에게 이르노니 이스라엘 중 아무에게서도 이만한 믿음을 보지 못하였노라
11 또 너희에게 이르노니 동서로부터 많은 사람이 이르러 아브라함과 이삭과 야곱과 함께 천국에 앉으려니와
12 그 나라의 본 자손들은 바깥 어두운 데 쫓겨나 거기서 울며 이를 갈게 되리라
13 예수께서 백부장에게 이르시되 가라 네 믿은 대로 될지어다 하시니 그 즉시 하인이 나으니라
14 예수께서 베드로의 집에 들어가사 그의 장모가 열병으로 앓아 누운 것을 보시고
15 그의 손을 만지시니 열병이 떠나가고 여인이 일어나서 예수께 수종들더라
16 저물매 사람들이 귀신 들린 자를 많이 데리고 예수께 오거늘 예수께서 말씀으로 귀신들을 쫓아 내시고 병든 자들을 다 고치시니
17 이는 선지자 이사야를 통하여 하신 말씀에 우리의 연약한 것을 친히 담당하시고 병을 짊어지셨도다 함을 이루려 하심이더라

저자 해설 및 묵상

하늘나라 왕의 가르침 산상수훈

산상수훈의 말씀을 들은 수많은 사람이 충격적으로 매우 놀랐습니다. 예수님이 그들의 서기관과 같지 않고 권위 있는 자 같이 가르쳤기 때문입니다7:28-8:1. "권위"라 번역된 헬라어 '엑수시아'는 왕의 권위, 다스리는 권세를 의미합니다8:9, 9:6, 8, 10:1, 28:18. 즉, 산상수훈을 들은 사람들이 예수님의 가르침을 왕이 선포하는 가르침으로 생각했다는 것입니다. 이는 산상수훈이 단순한 가르침이나 교훈이 아니라는 것을 알려 줍니다. 이 땅에 임한 하늘나라 왕이신 예수님이 하늘나라가 임하였으니 돌이키라 선포하시고 사람들이 돌이켜 행해야 할 그 나라의 법을 선포하신 것입니다4:17. 예수님의 말씀대로 산상수훈은 그것을 듣고 행하는 자는 생명으로 인도받고 그렇지 않은 자는 불에 던져져 멸망 당하는 강력한 힘을 가진 법입니다7:13-14, 19, 27.

하늘나라 제일 법 '황금률'

특별히, 예수님은 전체 산상수훈을 황금률로 요약하시고 그것을 하늘나라 제일의 법으로 선포합니다. "남에게 대접을 받고자 하는 대로 너희도 남을 대접하라"라는 법을 행하면 살고 그렇지 않으면 죽는 것입니다. 한 사람을 살고 죽이는 왕의 권세로 백성들에게 황금률이라는 무거운 짐을 지우는 것은 아닙니다11:28-30. 왜냐하면, 황금률은 한 사람과 공동체를 참된 행복으로 이끄는 가장 탁월하고 아름다운 법이기 때문입니다. 하늘나라 백성 된 사람들이 모여 서로에게 대접받기 원하는 대로 대접하는 좋은 삶을 산다면 그 나라는 사랑과 기쁨과 찬양이 넘치는 곳이 될 것임이 분명하기 때문입니다. 황금률을 통해 사람들은 이 땅에서 그토록 동경하는 하늘나라를 맛보게 될 것입니다. 그의 백성들이 이 행복한 삶을 살기 원하시는 만큼 강력한 어조로 그의 백성이 황금률을 행하도록 하시는 것입니다.

예수님의 황금률 여정

산상수훈을 마친 예수님은 이제 산에서 내려와 그가 가르치신 말씀을 직접 실천하는 여정을 시작하십니다. 남이 나에게 행하여 주기 원하는 대로 남에게 행하라 가르치시고 그것을 본인이 직접 시연하기 시작하는 것입니다. 예수님의 황금률 여정의 시작입니다. 그는 말뿐인 왕이 아니요 그의 말대로 그가 대접받기 원하는 대로 그의 백성을 먼저 대접하는 왕입니다. 무엇보다 중요한 것은 예수님의 황금률 여정이 십자가를 향하고 있다는 것입니다. 십자가는 예수님이 자기 목숨으로 세상 모든 사람을 대접하신 곳입니다. 이 십자가를 향해가는 예수님의 모든 황금률의 여정은 목숨으로 남을 대접하는 자기 부인과 섬김 위에 세워지는 것입니다. 또한, 예수님은 산에서 내려와 산상수훈 말씀의 권위를 말씀으로 치유하는 권능으로 증명합니다. 그가 세상을 구원하는 메시아이며 그와 그의 말씀이 실제로 사람을 살리고 악인을 심판하는 힘이 있음을 세상으로 밝히 보게 하십니다.

산상수훈 말씀의 권위를 말씀으로 치유하는 권능으로 증명하다

가장 먼저 예수님께 한 나병환자가 찾아왔습니다. 당시 나병은 그 어떤 질환보다 사람들이 혐오하고 멀리하던 병이며 구약 율법이 부정하다 정한 병입니다. 이 나병환자는 예수님을 주라고 부르며 주께서 원하시면 자신을 깨끗게 하실 수 있다고 합니다. 그의 말 속에는 이미 예수님이 자신을 다스리는 주인이며 나병까지도 다스리는 권세가 있으신 분이라는 믿음이 담겨 있습니다. 예수님은 아무도 손대지 않는 나병환자를 손으로 만져 깨끗하게 하십니다. 구약 율법이 정한 부정한 병인 나병을 씻어 정하게 하십니다. 그리고 제사장에게 보여 그가 더는 부정한 사람이 아니요 정함 받은 하나님의 백성임을 입증하게 하십니다. 예수님은 율법이 말하는 부정한 것을 정하게 하시어 그가 더러운 죄를 씻는 메시아임을 보이십니다.

이스라엘에는 없는 이방인 백부장의 큰 믿음

예수님은 나병환자에 이어 이방인 백부장을 만납니다. 당시 이방인은 나병환자 못지않게 더러운 개와 돼지로 여겨지는 존재입니다. 그 역시 예수님을 주여라고 부르며 그의 하인의 중풍병을 고쳐주시기를 간구합니다. 백부장은 예수님께 그의 집으로 오실 필요 없이 말씀으로만 중풍병을 고쳐달라 말합니다. 그가 그의 아래 있는 군사를 말로 이것저것을 행하게 하듯이 예수님도 그의 아래 있는 중풍병을 말씀으로 명하여 고쳐달라 간구합니다. 그의 말속에는 예수님의 말씀의 권위에 대한 믿음이 담겨 있습니다. 백부장의 이 말은 예수님 말씀이 모든 병을 다스리는 힘과 권위를 갖고 있다는 것을 선명히 보여줍니다. 예수님은 그와 그의 말의 권위를 믿는 이방인 백부장의 큰 믿음을 놀랍게 여겨 칭찬하십니다. 그리고 동시에 이스라엘 중 아무에게서도 이만한 믿음을 보지 못하였다고 말하며 믿음 없는 이스라엘은 질책합니다.

예수님은 동서로부터, 즉 땅 이 끝에서부터 저 끝에 흩어져 사는 모든 민족 중에 많은 사람이 그에게 이르러 아브라함과 이삭과 야곱과 함께 하늘나라에 앉을 것이라고 선포합니다. 반면, 하나님 나라의 본 백성인 이스라엘은 그 나라에서 쫓겨나게 될 것이라고 선포하십니다. 이는 오직 예수 그리스도를 믿는 믿음으로 세상 모든 민족이 구원을 얻을 것이라는 명확한 진술입니다. 아무리 아브라함과 이삭과 야곱의 육체적 자손인 이스라엘 사람이라고 할지라도 예수 그리스도를 믿는 사람만이 하늘나라에 들어갑니다. 예수님은 세상 천하 만민을 구원하시는 온 세상의 구원자입니다.

작고 약한 여인을 우선하여 치유하시는 예수님

마지막으로 예수님은 나병환자, 이방인 등과 같이 당시 가장 낮고 작게 여겨지던 부류 중 하나인 여인을 손으로 만져 치유하십니다. 베드로의 장모입니다. 예수님은 세상이 낮고 작게 여기며 멸시하고 천대하는 사람들을 친히 손으로 만져 치유하시는 자비를 베푸십니다. 차별 없이 오히려 먼저 낮고 작은 곳에서 멸시 천대받는 자들의 병을 말씀으로 치유하시고, 손으로 만져 치유하시며 예수님을 믿는 모든 사람에게 생명과 구원을 주십니다. 또한, 예수님은 말씀으로 모든 귀신을 내어 쫓으시고 병든 자들을 고쳐 주십니다. 그들에게 주님이 줄 수 있는 가장 좋은 것인 생명과 구원을 베푸시는 황금률을 실천하십니다. 예수님은 선지자 이사야의 예언대로 연약한 모든 것을 담당하시고 병을 짊어지시는 구원자메시아이십니다.

묵상과 적용을 위한 질문

❶ 여러분은 예수님이 선포하신 산상수훈과 그 요약인 황금률의 말씀을 나를 살고 죽이는 절대적인 법으로 여기고 계시는가요? 아니면 해도 그만, 안 해도 그만인 법으로 여기나요?

❷ 예수님의 황금률에 따라 그가 주실 수 있는 가장 좋은 것인 목숨을 내어 주며 우리를 섬기십니다. 여러분이 실행한 황금률을 적어 보세요.

나만의 묵상 메모
오늘 묵상을 통해 주신 깨달음에 대해 기록해 보세요.

저자와 함께 하는 한 줄 기도
예수님과 함께 황금률의 여정을 따라가며 황금률을 시연하는 인생이 되게 하소서.

기도와 결단
오늘 묵상한 말씀의 적용과 삶의 결단을 담아 자신의 기도를 드리세요.

13 DAY

예수님 말씀의 권위(권능)

마태복음 8:18-34

통독 묵상 길잡이

예수님의 말씀의 권능(권위)은 어떤 것일까요? 오늘 말씀을 읽고 묵상하며 병자를 고치고 바람과 바다도 순종하고 귀신들도 떠는 예수님 말씀의 능력과 권세를 확인해 보세요.

오늘의 본문　　마태복음 8:18-34

18 예수께서 무리가 자기를 에워싸는 것을 보시고 건너편으로 가기를 명하시니라
19 한 서기관이 나아와 예수께 아뢰되 선생님이여 어디로 가시든지 저는 따르리이다
20 예수께서 이르시되 여우도 굴이 있고 공중의 새도 거처가 있으되 인자는 머리 둘 곳이 없다 하시더라
21 제자 중에 또 한 사람이 이르되 주여 내가 먼저 가서 내 아버지를 장사하게 허락하옵소서
22 예수께서 이르시되 죽은 자들이 그들의 죽은 자들을 장사하게 하고 너는 나를 따르라 하시니라
23 배에 오르시매 제자들이 따랐더니
24 바다에 큰 놀이 일어나 배가 물결에 덮이게 되었으되 예수께서는 주무시는지라
25 그 제자들이 나아와 깨우며 이르되 주여 구원하소서 우리가 죽겠나이다
26 예수께서 이르시되 어찌하여 무서워하느냐 믿음이 작은 자들아 하시고 곧 일어나사 바람과 바다를 꾸짖으시니 아주 잔잔하게 되거늘
27 그 사람들이 놀랍게 여겨 이르되 이이가 어떠한 사람이기에 바람과 바다도 순종하는가 하더라
28 또 예수께서 건너편 가다라 지방에 가시매 귀신 들린 자 둘이 무덤 사이에서 나와 예수를 만나니 그들은 몹시 사나워 아무도 그 길로 지나갈 수 없을 지경이더라
29 이에 그들이 소리 질러 이르되 하나님의 아들이여 우리가 당신과 무슨 상관이 있나이까 때가 이르기 전에 우리를 괴롭게 하려고 여기 오셨나이까 하더니
30 마침 멀리서 많은 돼지 떼가 먹고 있는지라
31 귀신들이 예수께 간구하여 이르되 만일 우리를 쫓아 내시려면 돼지 떼에 들여 보내 주소서 하니
32 그들에게 가라 하시니 귀신들이 나와서 돼지에게로 들어가는지라 온 떼가 비탈로 내리달아 바다에 들어가서 물에서 몰사하거늘
33 치던 자들이 달아나 시내에 들어가 이 모든 일과 귀신 들린 자의 일을 고하니
34 온 시내가 예수를 만나려고 나가서 보고 그 지방에서 떠나시기를 간구하더라

저자 해설 및 묵상

예수님의 말씀에는 왕의 권위와 하나님의 권능이 있다

산상수훈의 말씀을 들은 수많은 사람이 예수님의 말씀이 권위있는 자, 즉 다스리는 권위 있는 왕의 말과 같다며 놀라워 했습니다7:29, 8:9, 9:6, 8, 10:1, 28:18. 예수님의 말씀에 왕과 같은 다스리는 권위가 있다는 것은 그 말에 모든 것이 복종하고 그가 선포하신 모든 말이 그대로 이루어지는 힘이 있다는 것을 의미합니다. 입을 열어 권위 있는 말씀으로 제자들을 가르치시고 산에서 내려오신 예수님은 이번에는 그의 권위 있는 말씀으로 병을 고치고, 귀신을 내어쫓고, 바람과 바다도 복종케 하는 이적을 베푸십니다. 예수님의 말씀에 모든 것이 순종하며 그가 말한 모든 것은 하나도 빠짐없이 그대로 이루어집니다. 예수님과 그의 말씀에 세상 모든 것을 다스리는 권위가 있음이 여실히 보여집니다. 그가 말씀으로 베푸신 이 이적들이 인간은 할 수 없고 오직 하나님만이 할 수 있는 것이기에 그와 그의 말씀의 권위가 하나님의 권위임이 분명합니다. 마태복음 5-7장의 산상수훈과 그에 이어지는 8-9장의 이적들에는 "말씀", "이르되/말하다", "권위"라는 표현이 반복해 등장합니다. 이는 마태복음 5-9장이 예수님 말씀의 권위에 대해 집중하고 있음을 알려줍니다5:2, 7:29, 8:3, 8-9, 13, 16, 22-23, 26-27, 33, 9:6, 8.

이 세상에 예수님을 반기는 곳은 없다

너무 많은 사람이 몰려왔는지 예수님은 그의 제자들과 함께 바다 건너편으로 떠나가시려 합니다. 세상 모든 것을 다스리는 권위를 보여주신 예수님께 한 서기관이 나아와 어디로 떠나시든지 그를 따르겠다고 말합니다. 그러나 예수님은 이 세상에 그의 머리를 누일 곳은 없다고 말씀하십니다. 이는 이 세상은 예수님을 맞이하지 않고 그에게 머리 누일 곳을 주지 않는다는 은유적인 표현입니다. 세상은 오히려 예수님이 떠나기를 원하며, 심지어 핍박하고 죽일 것입니다. 또한, 예수님이 세상 어느 한 곳에 정착하지 않고 여기저기를 돌아다니며 돌이킴과 하늘나라의 도래를 선포하실 것을 암시하는 말입니다. 예수님을 따른다는 것은 더는 이 세상에 거처를 두지 않는 것입니다. 오히려 그가 인도하시는 하늘나라에 거처를 두는 것입니다. 그리고 이 땅에서 주와 함께 핍박을 받고 고통당하는 것입니다. 예수님은 하늘과 땅의 모든 것을 다스리는 하나님의 권위를 보여주지만, 세상은 그를 영접하지 않고 배척합니다. 슬프고 안타깝고 아이러니합니다.

언제나 가장 중요한 일은 사람을 살리는 일이다

또 다른 한 제자는 건너편으로 떠나가자는 예수님께 자기로 우선 돌이켜 떠나 부친을 장사하게 해달라고 말합니다. 그러나 예수님은 떠나가려는 제자에게 가지 말고 나를 따르라 하십니다. 그리고 죽은 자들이 그들의 죽은 자를 장사하게 두라고 하십니다. 죽은 아버지를 장사하는 일보다 자신과 함께 죽어가는 자들에게 생명을 전하는 일을 먼저 하자고 부르시는 것입니다. 이를 성급히 일반화해서 예수님이 아버지를 장사하지 못 하게 하는 분으로 오해해서는 안 될 것입니다. 3년이라는 아주 짧은 공생애 시간을 염두에 두어 나를 따르라 부르신 것입니다. 또한, 그가 누가 되었든지 간에 이미 죽은 사람을 장사하는 일보다 죽어 가는 한 사람에게 복음을 전하여 생명을 얻게 하는 것이 더욱 시급한 일이라는 의미를 담아 나를 따르라 부르시는 것입니다.

바람과 바다도 순종하는 예수님 말씀의 권위권능

예수님 말씀의 권위를 보여주는 두 가지 사건이 뒤따릅니다. 배를 타고 바다 건너편으로 가는 중에 큰 놀이 일어나 배가 물에 덮이게 되어 죽음의 위기에 처하였습니다. 제자들은 두려워 떨며 주무시는 예수님을 깨웁니다. 예수님은 세상 모든 것을 다스리는 권위를 소유한 자신과 함께 있으면서도 두려워하는 제자들을 이해할 수 없으신 것 같습니다. "왜 두려워하느냐? 믿음이 적은 자들아!" 하시고 자리에서 일어나 바람과 바다를 꾸짖어 잔잔하게 하시며 다시 한번 그와 그의 말씀의 권위를 나타내어 보여주십니다. 제자들은 바람과 바다가 순종하는 예수님 말씀의 권위에 놀라 바람과 바다가 순종하는 이 사람이 어떤 종류의 사람인지 묻습니다. 말씀의 초점이 예수님이 어떤 종류의 사람인지에 집중됩니다. 제자들은 아직 예수님과 그의 말씀의 힘과 권위에 대한 믿음이 작습니다. 예수님은 이 사건을 통해서 그가 세상 모든 것을 다스리는 하나님의 권위를 갖고 계신 분이심을 다시 한번 드러내어 알게 하십니다.

귀신을 심판하는 예수님 말씀의 권위권능

바다 건너 가다라 지방에 이른 예수님과 일행은 귀신 들린 두 사람을 만납니다. 예수님을 만난 귀신들은 두려워 소리 지르며 아직 때가 이르지 않았는데 자기들을 고통스럽게 하려고 오신 것인지 묻습니다. 그리고 마침 멀리서 먹고 있는 돼지 떼에 들여보내 달라고 구합니다. 더러운 영이라고 불리는 귀신이 율법이 더럽다고 정한 돼지 떼에 들어가는 것이 어울립니다. 예수님이 가라 말씀하시니 그들이 복종하며 돼지 떼에 들어갑니다. 그리고 그들이 돼지 떼와 함께 바다에 빠져 몰사합니다. 구약성경에서 바다는 심판을 상징하는 곳입니다. 예수님은 심판의 바다에 부정한 영과 그 부정함을 상징하는 돼지 떼를 죽이시며 그가 부정함을 물리치고 악을 심판하는 하나님의 권위를 가진 분이심을 보여주십니다. 악을 심판하는 예수님이 이 두 사람에게 자유와 생명을 주십니다. 그러나 가다라 지방 사람들은 예수님을 영접하기보다는 오히려 떠나가길 간구합니다. 수 많은 돼지 떼를 죽여 재물도의 손해를 끼쳤기 때문입니다. 예수님은 사람을 살리고 새로운 삶을 주셨지만 앞서 말씀하신 대로 이 세상에 그의 머리 둘 곳은 없습니다8:20.

마태복음 이해 업그레이드 9

산상수훈 말씀을 더욱 순종하게 하는 말씀을 통한 이적

예수님이 산 아래에서 말씀으로 베푸시는 여러 이적은 그가 산 위에서 입을 열어 말씀하신 산상수훈의 권위를 증명해 보여주는 것입니다. 예수님이 말씀하시니 세상 모든 것이 순종하고 그 말씀이 모두 이루어집니다. 예수님이 말씀으로 베푸신 이적들은 우리의 시선을 다시 산상수훈 말씀으로 돌려놓습니다. 예수님이 말씀으로 베푸신 기적을 읽으며 놀라기만 해서는 안 됩니다. 예수님이 입을 열어 산에서 베푸신 돌이킴에 관한 산상수훈 말씀의 힘과 권위를 확인하며 그 달씀에 귀 기울여야 합니다. 돌이키라 선포하시며 그에 대한 내용으로 주시는 진정한 축복과 행복에 대한 말씀, 율법과 선지자에 대한 더 나은 큰 의에 대한 말씀, 외식하는 자에 대한 경고와 진실한 제자의 마음과 삶에 대한 말씀, 구약 하나님의 말씀과 산상수훈 전체를 요약하는 황금률의 말씀, 그리고 그의 달을 듣고 행하는 사람은 영생에 들어가고 그렇지 않은 사람은 멸망할 것이라는 구원과 심판 말씀으로 우리 시선을 되돌려야 합니다. 예수님의 말씀에는 모든 세상이 순종하고 그 선포된 말씀이 모두 이루어지는 하나님의 권위 권능가 있습니다. 세상 모든 권세를 가진 하나님의 아들이며 그 나라의 왕이신 예수님이 선포하신 산상수훈 말씀을 전심으로 듣고 행해야 합니다.

묵상과 적용을 위한 질문

❶ 여러분의 마음과 삶과 가정에는 예수님이 머리 둘 곳이 있나요? 예수님이 들어와 머리를 두도록 비워야 할 것은 무엇인가요?

❷ 말씀으로 바람과 바다를 잔잔하게 하시고 귀신을 내어 쫓아 심판의 바다에 빠뜨려 멸망시키는 예수님 말씀의 힘과 권위를 경험해 보신 적이 있다면 적어보세요.

_____

_____

나만의 묵상 메모

오늘 묵상을 통해 주신 깨달음에 대해 기록해 보세요.

_____

_____

_____

저자와 함께 하는 한 줄 기도

예수님이 이적을 통해 보여 주신 말씀의 권위를 기억하여 산상수훈 말씀의 권위를 기억하고 순종하며 살게 하소서.

기도와 결단

오늘 묵상한 말씀의 적용과 삶의 결단을 담아 자신의 기도를 드리세요.

_____

14 DAY

죄를 사하는 예수님
말씀의 권위(권능)

마태복음 9:1-17

통독 묵상 길잡이

예수님이 죄를 사하는 권능을 가지고 계신 것을 여러분은 알고 계셨나요? 그 권세를 어떻게 보여주는지 예수님의 행동과 말씀을 주의 깊게 들어 보세요.

오늘의 본문　　마태복음 9:1-17

1 예수께서 배에 오르사 건너가 본 동네에 이르시니
2 침상에 누운 중풍병자를 사람들이 데리고 오거늘 예수께서 그들의 믿음을 보시고 중풍병자에게 이르시되 작은 자야 안심하라 네 죄 사함을 받았느니라
3 어떤 서기관들이 속으로 이르되 이 사람이 신성을 모독하도다
4 예수께서 그 생각을 아시고 이르시되 너희가 어찌하여 마음에 악한 생각을 하느냐
5 네 죄 사함을 받았느니라 하는 말과 일어나 걸어가라 하는 말 중에 어느 것이 쉽겠느냐
6 그러나 인자가 세상에서 죄를 사하는 권능이 있는 줄을 너희로 알게 하려 하노라 하시고 중풍병자에게 말씀하시되 일어나 네 침상을 가지고 집으로 가라 하시니
7 그가 일어나 집으로 돌아가거늘
8 무리가 보고 두려워하며 이런 권능을 사람에게 주신 하나님께 영광을 돌리니라
9 예수께서 그 곳을 떠나 지나가시다가 마태라 하는 사람이 세관에 앉아 있는 것을 보시고 이르시되 나를 따르라 하시니 일어나 따르니라
10 예수께서 마태의 집에서 앉아 음식을 잡수실 때에 많은 세리와 죄인들이 와서 예수와 그의 제자들과 함께 앉았더니
11 바리새인들이 보고 그의 제자들에게 이르되 어찌하여 너희 선생은 세리와 죄인들과 함께 잡수시느냐
12 예수께서 들으시고 이르시되 건강한 자에게는 의사가 쓸 데 없고 병든 자에게라야 쓸 데 있느니라
13 너희는 가서 내가 긍휼을 원하고 제사를 원하지 아니하노라 하신 뜻이 무엇인지 배우라 나는 의인을 부르러 온 것이 아니요 죄인을 부르러 왔노라 하시니라
14 그 때에 요한의 제자들이 예수께 나아와 이르되 우리와 바리새인들은 금식하는데 어찌하여 당신의 제자들은 금식하지 아니하나이까
15 예수께서 그들에게 이르시되 혼인집 손님들이 신랑과 함께 있을 동안에 슬퍼할 수 있느냐 그러나 신랑을 빼앗길 날이 이르리니 그 때에는 금식할 것이니라
16 생베 조각을 낡은 옷에 붙이는 자가 없나니 이는 기운 것이 그 옷을 당기어 해어짐이 더하게 됨이요
17 새 포도주를 낡은 가죽 부대에 넣지 아니하나니 그렇게 하면 부대가 터져 포도주도 쏟아지고 부대도 버리게 됨이라 새 포도주는 새 부대에 넣어야 둘이 다 보전되느니라

저자 해설 및 묵상

예수님을 믿는 자들에게 권위(권능)를 베푸시다

바다 건너 가다라 지방에 가신 예수님은 다시 바다 건너 그가 살고 계신 동네에 돌아오십니다. 예수님은 다시 한번 그의 권위(권능) 있는 말씀으로 사람들을 놀라게 하실 준비가 되어 있습니다. "권능"과 "권위"라 번역된 헬라어 단어는 '엑수시아'로 같습니다. 이는 다스리는 힘, 권세, 권위, 권능을 의미합니다; 7:29, 8:9, 9:6, 8. 사람들이 침상에 누운 한 중풍병자를 데려왔습니다. 그러자 예수님은 그들의 믿음을 보시고 중풍병자에게 "작은 자야 안심하라 네 죄가 사함을 받았느니라"라고 말씀하십니다. 예수님이 그들에게서 보신 믿음은 무엇일까요? 그들은 앞서 예수님이 말씀으로 병을 고치고 귀신을 쫓아내고 바람과 바다를 잔잔하게 하시는 것을 보고 듣고 예수님과 그의 말씀의 권능(권위)을 알고 있었을 것입니다. 그렇기에 예수님이 그와 그의 말씀의 권능(권위)으로 중풍 병자도 고칠 수 있다고 믿고 그를 찾아온 것입니다.

죄를 사하는 것과 일어나 걷게 하는 일 중에 쉬운 것은?

예수님은 이전까지는 "깨끗함을 받으라", "가라 네 믿은 대로 될지어다", "꾸짖으시니", "가라"는 등의 말씀으로 병을 고치고 귀신을 내어 쫓으시며 바람과 바다를 잔잔하게 하셨습니다. 그러나 이번에는 앞선 경우와는 좀 다르게 "네 죄가 사함을 받았느니라"라고 말씀하십니다. 이에 어떤 서기관들은 하나님이 아닌 인간이 죄를 사한다고 말하니 예수님이 신성을 모독한다고 생각합니다. 예수님은 그 생각을 아시고 악하다고 하시며 "죄 사함을 받았느니라 하는 말과 일어나 걸어가라 하는 말 중에 어느 것이 쉽겠느냐"고 되물으십니다. 예수님이 두 가지 말 중에 어느 것이 쉽겠느냐 물으시는 것은 이 두 가지 말 중 어느 것이 쉬운 권능권위의 말이냐라는 것입니다. 예수님은 지금까지 권능권위의 말씀으로 가르치시고 기적을 행하셨습니다. 그런 예수님이 그의 말씀의 권능권위로 죄를 사하는 것과 일어나 걷게 하는 것 중 어느 것이 더 쉬운지 물으시는 것입니다.

죄를 사하는 것과 일어나 걷게 하는 일 중에 쉬운 것은 무엇인가요? 의외로 답은 간단합니다. 일어나 걷게 하는 권능권위입니다. 병을 고치는 일은 하나님이 주신 능력으로 선지자들도 행했던 것입니다. 하지만, 죄를 사하는 것은 오직 하나님만 할 수 있는 권능권위입니다. 당시 사람들도 죄를 사하는 것은 오직 하나님만 하시는 더 어려운 일이라 생각했습니다. 네 죄 사함을 받았노라는 예수님의 말씀을 신성모독이라 생각한 서기관이 이를 잘 보여 줍니다. 그는 죄를 사하는 것은 인간은 할 수 없고 오직 하나님만이 하실 수 있는 일이기에 예수님의 말을 신성모독이라 여긴 것입니다. 앞서 예수님이 말씀으로 다양한 기적을 베푸셨지만, 사람들이 그것을 신성모독이라 여기지는 않았습니다. 그러나 죄를 사하는 것은 오직 하나님만 할 수 있는 더 크고 어려운 권능으로 여겼기 때문에 신성모독이라고 말한 것입니다. 지금까지 다양한 기적을 행하시며 그와 그의 말씀의 권능권위을 보여주신 예수님은 이번에는 그에게 하나님만 하실 수 있는 더 어려운 죄를 사하는 권능권위도 있다는 것을 알려주기 위해 네 죄가 사함 받았다라고 말씀하신 것입니다.

중풍병자를 고쳐 죄를 사하는 권능권위을 증명하다

이어서 예수님은 "일어나 네 침상을 가지고 집으로 가라"라고 말씀하십니다. 그 말씀 그대로 중풍병자가 일어나 집으로 갔습니다. 예수님은 네 죄가 사함을 받았느니라 말씀하시고 중풍병자를 고쳐 그의 죄를 사하는 권능권위이 사실임을 증명합니다. 중풍병을 고치는 것으로 죄를 사하는 권능권위이 있다는 것을 보여주시는 것은 모든 병이 죄로 인한 것이라는 생각에 기초합니다. 예수님 당시 유대인들의 세계관에 모든 병은 죄로 인한 것이었습니다 아담과 하와의 원죄로 인해 죽음과 그것을 유발하는 병이 있게 된 것입니다. 하지만 개인이 지은 특정한 죄가 병의 원인이라고 일반화해서 말할 수는 없습니다. 그렇기 때문에 병을 치유받는다는 것은 죄를 용서받는다는 것을 의미했습니다. 그러므로 예수님이 중풍 병자를 치유하신 것은 그가 죄를 사하는 권위권능가 있다는 것을 증명하는 것이기도 합니다. 앞선 8장에서 사람들이 "이이가 어떠한 사람이기에 바람과 바다도 순종하는가"라고 물었습니다8:27, 29. 예수님은 이 일을 통해 그가 죄를 사하는 권능권위이 있는 하나님의 아들이라고 답하십니다.

죄인을 불러 돌이켜 구원하러 오신 예수님

이어서 예수님은 마태복음의 저자인 세리 마태를 부르십니다. 예수님은 당시 유대인들이 죄인이라 취급하며 어울리지 않는 세리를 부르시는 파격적인 행보를 보여주십니다. 예수님은 마태의 집에서 많은 세리와 죄인들과 함께 앉아 음식을 잡수시기까지 하십니다. 긍휼이 많으신 예수님은 병든 자를 치유하고 죄인을 불러 돌이켜 구원하기 위해 오셨기 때문입니다9:10-13. 또한, 예수님과 그의 제자들은 당시 유대인과 침례세례 요한의 제자들과는 다르게 금식도 하지 않습니다. 왜냐하면 지금은 금식할 때가 아니라 하나님의 아들이 세상에 오신 잔치를 벌여야 하는 영광의 날이기 때문입니다. 신랑과 함께 있는 혼인집 손님들이 금식할 수 없는 것과 같습니다. 하지만 금식할 날이 올 것입니다. 세상 모든 것이 그의 말씀에 순종하고 죄를 사하는 권능을 가진 예수님을 믿고 돌이켜야 합니다. 그의 새 가르침을 우리 마음에 새롭게 담고 그의 삶을 우리 삶에 새롭게 입어야 합니다9:14-15.

마태복음 이해 업그레이드 10

새 포도주 새 부대, 새로운 왕과 새로운 나라를 받으라

　예수님이 보여주시는 이런 파격적인 행보에 충돌이 일어나기도 합니다9:11, 14. 이는 이 땅에 새로운 시대가 임했음을 보여줍니다. 하늘나라가 이 땅에 임한 것입니다4:17. 예수님은 이 새로운 시대를 생 베 조각과 새 포도주와 새 가죽 부대로 비유하십니다. 이 새로운 시대는 작고 병든 자가 우선이고 하나님의 아들이 그를 믿는 이방인과 세리와 죄인들과 함께 잡수시고 죄를 용서하는 천하만민의 구원의 날입니다. 그러나 어떤 사람들은 이 새로운 시대를 이해하지 못하고 받아들이지 않습니다. 예수님은 그들을 낡은 옷과 낡은 가죽 부대로 비유하십니다. 낡은 옷과 낡은 가죽 부대는 생 베 조각과 새 포도주와 어울릴 수 없습니다. 오히려 파괴됩니다. 그러니 새로운 옷으로 갈아입고 새로운 부대를 준비해야 합니다. 예수님과 함께 임한 이 새로운 시대와 새로운 나라를 새 옷으로 맞이하고 새 부대로 담아내야 합니다. 세상 모든 것이 그의 말씀에 순종하고 죄를 사하는 권능을 가지신 예수님을 믿고 돌이켜 그의 새 가르침을 우리 마음에 새롭게 담고 그의 삶을 우리 삶에 새롭게 입어야 합니다.

묵상과 적용을 위한 질문

❶ "죄 사함을 받았느니라 하는 말과 일어나 걸어가라 하는 말 중에 어느 것이 쉽겠느냐"는 말씀을 어떻게 배우고 이해하고 있었나요? 오늘 저자 해설과 묵상과 차이가 있다면 간략히 적어 보세요.

❷ 새로운 왕과 새로운 나라를 받아들이기 위해 여러분이 갈아입어야 하는 옷과 교체해야 하는 가죽 부대가 있는지 적어 보세요.

나만의 묵상 메모
오늘 묵상을 통해 주신 깨달음에 대해 기록해 보세요.

저자와 함께 하는 한 줄 기도
기적을 베푸시는 권능權위 보다 더 어려운 죄를 사하는 권능權위을 가지신 예수님께 완전히 돌이켜 그의 제자가 되고 그에 걸맞은 새 옷과 새 부대를 갖게 하소서.

기도와 결단
오늘 묵상한 말씀의 적용과 삶의 결단을 담아 자신의 기도를 드리세요.

15 DAY

죽은 자를 살리는 예수님의 권위(권능)와 그를 향한 사람들의 믿음

마태복음 9:18-38

통독 묵상 길잡이

지난 15일 동안 잘 달려오셨습니다. 오늘 말씀은 예수님의 집에서 벌어진 일들을 기록하고 있습니다. 예수님의 집에서 놀라운 일들이 일어나고 있습니다. 어떤 일들이 일어나고 있는지 말씀을 주의 깊게 잘 읽어보세요.

오늘의 본문   마태복음 9:18-38

18 예수께서 이 말씀을 하실 때에 한 관리가 와서 절하며 이르되 내 딸이 방금 죽었사오나 오셔서 그 몸에 손을 얹어 주소서 그러면 살아나겠나이다 하니
19 예수께서 일어나 따라가시매 제자들도 가더니
20 열두 해 동안이나 혈루증으로 앓는 여자가 예수의 뒤로 와서 그 겉옷 가를 만지니
21 이는 제 마음에 그 겉옷만 만져도 구원을 받겠다 함이라
22 예수께서 돌이켜 그를 보시며 이르시되 딸아 안심하라 네 믿음이 너를 구원하였다 하시니 여자가 그 즉시 구원을 받으니라
23 예수께서 그 관리의 집에 가사 피리 부는 자들과 떠드는 무리를 보시고
24 이르시되 물러가라 이 소녀가 죽은 것이 아니라 잔다 하시니 그들이 비웃더라
25 무리를 내보낸 후에 예수께서 들어가사 소녀의 손을 잡으시매 일어나는지라
26 그 소문이 그 온 땅에 퍼지더라
27 예수께서 거기에서 떠나가실새 두 맹인이 따라오며 소리 질러 이르되 다윗의 자손이여 우리를 불쌍히 여기소서 하더니
28 예수께서 집에 들어가시매 맹인들이 그에게 나아오거늘 예수께서 이르시되 내가 능히 이 일 할 줄을 믿느냐 대답하되 주여 그러하오이다 하니
29 이에 예수께서 그들의 눈을 만지시며 이르시되 너희 믿음대로 되라 하시니
30 그 눈들이 밝아진지라 예수께서 엄히 경고하시되 삼가 아무에게도 알리지 말라 하셨으나
31 그들이 나가서 예수의 소문을 그 온 땅에 퍼뜨리니라
32 그들이 나갈 때에 귀신 들려 말 못하는 사람을 예수께 데려오니
33 귀신이 쫓겨나고 말 못하는 사람이 말하거늘 무리가 놀랍게 여겨 이르되 이스라엘 가운데서 이런 일을 본 적이 없다 하되
34 바리새인들은 이르되 그가 귀신의 왕을 의지하여 귀신을 쫓아낸다 하더라
35 예수께서 모든 도시와 마을에 두루 다니사 그들의 회당에서 가르치시며 천국 복음을 전파하시며 모든 병과 모든 약한 것을 고치시니라
36 무리를 보시고 불쌍히 여기시니 이는 그들이 목자 없는 양과 같이 고생하며 기진함이라
37 이에 제자들에게 이르시되 추수할 것은 많되 일꾼이 적으니
38 그러므로 추수하는 주인에게 청하여 추수할 일꾼들을 보내 주소서 하라 하시니라

저자 해설 및 묵상

죽은 자를 살려 생명 창조의 권능권위을 보이시다

예수님은 입을 열어 권위권능 있는 말씀을 가르치고, 말씀으로 병자를 고치고, 말씀으로 귀신을 내어 쫓고, 말씀으로 죄를 사하며, 말씀으로 바람과 바다도 순종하게 하는 권위권능를 보여주셨습니다. 보여줄 수 있는 권능권위이 더는 남아 있을 것 같지 않지만, 예수님은 죽은 사람을 살리는 권능권위을 보여주십니다. 한 관리가 나와서 그의 딸이 방금 죽었지만, 예수님이 오셔서 그 몸에 손을 얹어 주시면 살아날 것이라고 말하며 예수님의 도움을 애타게 구합니다. 예수님은 일어나 이 관리의 집에 가서 죽어있는 소녀를 죽은 것이 아니라 잔다고 하시며 손을 잡아 일으켜 살려 주십니다이미 죽은 소녀를 잔다고 하신 것은 죽은 자들이 부활하여 다시 일어날 것을 염두에 두신 표현입니다. 예수님은 이 기적을 통해 그가 죽은 자를 살리는 놀라운 권위권능, 즉 생명을 창조하는 하나님의 권능권위을 가지고 있음을 보여주십니다. 예수님은 그의 말씀에 질병, 귀신, 바람과 바다, 죄, 그리고 죽음도 순종하는 하나님이십니다. 예수님은 죄로 인한 죽음이 지배하는 세상을 다시 살리시는 메시아입니다.

죽은 자를 살려 죄 사함의 권위권능를 다시 보이시다

예수님은 이 죽은 소녀를 살리시며 다시 한번 그가 죄를 사하는 권능권위이 있음을 보여주십니다. 이 소녀를 비롯한 모든 인류가 죽는 궁극적 이유는 아담과 하와가 선악과를 따먹고 지은 원죄 때문입니다창3장. 예수님은 이 원죄로 인해 죽음에 이른 소녀를 살리시며 그가 세상을 죽음으로 몰아

넣은 원죄를 해결하는 권능이 있으신 분임을 보여줍니다. 즉, 예수님은 원죄를 사하고 그 심판인 죽음도 물리치시는 권위(권능) 있는 메시아입니다. 이미 예수님은 하와와 아담이 선악과를 따먹는 죄를 범하고 죽음을 심판으로 받도록 거짓말로 유혹한 사탄을 내어 쫓고 바다에 빠뜨려 심판하셨습니다8:29-32. 예수님은 죽은 자를 살리는 권능과 죄를 사하는 권위로 새 창조의 역사를 이루어 가십니다. 하늘나라가 임하였으니 돌이키라 부르시는 예수님께 돌이켜 이 새 창조의 역사에 참여하십시오.

부정한 것을 정하게 하시는 예수님의 권위(권능)를 보이시다

예수님은 관리의 죽은 딸을 살리러 가는 길에 열두 해 동안이나 혈루증(유출병)으로 앓는 한 여인을 만납니다. 이 여인은 예수님의 겉옷만 만져도 구원을 얻겠다 하는 마음으로 예수님의 겉옷 가를 만집니다. 율법은 몸에서 피를 흘리는 유출병 걸린 여인은 부정하다 말하며 그 옷만 닿아도 부정하게 된다고 말합니다. 이런 율법에도 불구하고 이 여인은 믿음으로 예수님의 겉옷을 만진 것입니다레15:7, 25. 예수님은 여인에게 "안심하라 네 믿음이 너를 구원하였다"라고 말씀하시며 그녀의 병을 고쳐 깨끗하게 하십니다. 율법에 따르면 유출병으로 브정한 여인이 예수님의 겉옷을 만졌기 때문에 예수님도 부정하게 되어야 합니다. 하지만 예수님이 부정하게 된 것이 아니라 도리어 여인이 병을 고침 받고 정하게 되는 놀라운 일이 벌어진 것입니다. 앞서 죽은 관리의 딸을 손으로 만져 살리신 경우도 마찬가지입니다. 율법에 따르면 죽은 몸을 손으로 잡은 예수님은 부정하게 되어야 합니다. 하지만, 예수님이 부정하게 된 것이 아니라 도리어 죽은 소녀가 살아나고 정하게 됩니다.

율법이 부정하게 여기는 것을 정하게 하여 율법을 완료하시다

예수님은 율법이 부정하게 여기는 죽은 몸을 다시 살려 정하게 하시고, 율법이 부정하게 여기는 유출병을 고쳐 여인을 다시 정하게 하십니다. 그에게 가면 모든 부정한 것이 정하게 됩니다. 예수님은 율법이 부정하다 하는 것을 돌이켜 정하게 하시는 하나님이십니다. 바꾸어 말하면, 예수님이 부정함과 정함을 구별한 율법을 더는 필요 없게 하십니다. 율법을 폐하는 것이 아니라 그것이 더는 필요 없도록 완료하신 것입니다. 무엇보다 중요한 것은 율법이 말하는 부정한 것은 죄를 나타낸다는 것입니다. 그렇기에 부정한 사람을 정하게 하신 것은 그들의 죄를 사하신다는 의미를 담고 있습니다. 예수님이 부정한 것을 정하게 하시고 정함과 부정함의 구별을 더는 필요 없는 것으로 만드시는 것은 그가 죄를 사하고 구원하는 권능(권위)이 있다는 것을 보여줍니다.

감격과 찬양이 넘치는 예수님의 집

이어서 예수님은 두 맹인을 고치십니다. 두 맹인이 지나가는 예수님을 따라가며 "다윗의 자손이여 우리를 불쌍히 여기소서"라고 외칩니다. 그들은 예수님의 집에까지 들어갔습니다. 예수님은 "내가 능히 이 일을 할 줄 믿느냐?" 물으시며 두 맹인의 믿음을 확인하시고 그들의 닫힌 눈을 만져 열어 주십니다. 예수님은 다시 한번 손으로 만져 긍휼을 베푸십니다. 예수님은 이 두 사람에게 아무도 이 일을 알게 하지 말라고 경고하셨지만, 이들은 예수님을 온 땅에 전파합니다. 이 고침 받은 맹인 둘이 나가고 이번에는 예수님의 집에 귀신 들려 말 못 하는 한 사람이 왔습니다. 예수님이 이 사람 안에 있는 귀신은 쫓아내고 다시 말을 하도록 치유하셨습니다. 예수님의 집에 함께 있던 많은 사람이 이 모든 광경을 보고 놀라워했습니다. 예수님의 집이 한순간에 감격과 기쁨과 찬양과 감사로 가득 찼을 것입니다. 예수님의 집에는 소경이 눈을 뜨고, 귀신 들린 자가 자유를 얻고, 벙어리가 말을 하게 되는 회복과 창조의 능력이 넘칩니다. 예수님의 집에 가보고 싶습니다. 그러나 너무 많고 큰 권능이 그의 집에서 행해졌기 때문인지 바리새인들은 그가 귀신의 왕을 빙자하여 귀신을 쫓아낸다고 말하며 예수님을 시기하고 모함하기 시작합니다.

마태복음 이해 업그레이드 11

믿는 자가 예수님의 권능권위을 경험하다

예수님은 산 위에서 권위권능 있는 말씀을 선포하시고마5-7장 그 말씀으로 여러 기적을 베푸시며 그와 그의 말씀이 가진 하나님의 권위권능를 보이십니다마8-9장. 예수님이 그와 그의 말씀의 권능권위을 행하실 때마다 주목하시고 철저히 확인하는 것이 있습니다. 그와 그의 권위권능를 향한 사람들의 믿음입니다. 마태복음 8-9장에 이르는 모든 기적의 사건에서 예수님은 거의 예외 없이 그들의 믿음을 확인하신 후 권능을 나타내십니다. 원하시면 그의 나병을 고치실 수 있을 것이라는 나병 환자의 믿음8:2, 백부장의 큰 믿음과 이스라엘의 믿음 없음8:10, 13, 제자들의 작은 믿음8:26, 중풍 병자와 그를 데려온 사람들의 믿음9:2, 예수님이 죽은 딸을 살릴 수 있을 것이라는 관리의 믿음9:18, 혈루병 걸린 여인의 믿음9:22, 두 맹인의 믿음9:28-29 등을 철저히 확인해 그들의 믿음을 독자인 우리에게 들려주십니다. 예수님은 이를 통해 그에게 나아오는 사람에게 베푸시는 죄 사함과 구원의 은혜가 오직 믿음으로 주어지는 것임을 명백히 보여주십니다. 예수님은 오직 믿음으로 세상 모든 족속을 죄와 죽음에서 구원하는 메시아그리스도이며 살아계신 하나님의 아들입니다마16:16. 오직 예수님을 그리스도요 하나님의 아들로 믿는 믿음에 우리의 소망이 있습니다.

묵상과 적용을 위한 질문

❶ 질병, 귀신, 바람과 바다, 죄, 심지어 죽음도 예수님의 말씀과 그 권위(권능) 앞에 모두 순종합니다. 여러분은 하나님이신 예수님의 말씀에 순종하고 있나요? 순종하고 있는 말씀을 적어 보세요.

❷ 여러분은 하나님께서 세상에 보내신, 세상을 구원하는 메시아 그리스도가 예수님임을 어떻게 알고 믿나요? 그 이유를 적어보세요.

_____

_____

_____

나만의 묵상 메모

오늘 묵상을 통해 주신 깨달음에 대해 기록해 보세요.

_____

_____

_____

저자와 함께 하는 한 줄 기도

예수님이 그리스도이며 하나님의 아들이심을 믿는 믿음으로 죄 사함과 영생을 얻게 하소서.

기도와 결단

오늘 묵상한 말씀의 적용과 삶의 결단을 담아 자신의 기도를 드리세요.

_____

16 DAY

하늘나라를 전하는 교회가 인류의 희망이다

마태복음 9:35-10:23

통독 묵상 길잡이

하늘나라가 가까이 왔으니 돌이키라 전파하며 공생애 사역을 이어 가시는 예수님은 이제 더 많은 사람을 만나 하늘나라를 전하기 위해 열두 사도들을 보내십니다. 추수할 곡식이 많다고 하시며 세상에 일꾼을 보내시는 예수님의 마음은 어떤 것일까요? 예수님의 말씀을 잘 들어보세요.

오늘의 본문   마태복음 9:35-10:23

35 예수께서 모든 도시와 마을에 두루 다니사 그들의 회당에서 가르치시며 천국 복음을 전파하시며 모든 병과 모든 약한 것을 고치시니라
36 무리를 보시고 불쌍히 여기시니 이는 그들이 목자 없는 양과 같이 고생하며 기진함이라
37 이에 제자들에게 이르시되 추수할 것은 많되 일꾼이 적으니
38 그러므로 추수하는 주인에게 청하여 추수할 일꾼들을 보내 주소서 하라 하시니라

10장

1 예수께서 그의 열두 제자를 부르사 더러운 귀신을 쫓아내며 모든 병과 모든 약한 것을 고치는 권능을 주시니라
2 열두 사도의 이름은 이러하니 베드로라 하는 시몬을 비롯하여 그의 형제 안드레와 세베대의 아들 야고보와 그의 형제 요한,
3 빌립과 바돌로매, 도마와 세리 마태, 알패오의 아들 야고보와 다대오,
4 가나나인 시몬 및 가룟 유다 곧 예수를 판 자라
5 예수께서 이 열둘을 내보내시며 명하여 이르시되 이방인의 길로도 가지 말고 사마리아인의 고을에도 들어가지 말고
6 오히려 이스라엘 집의 잃어버린 양에게로 가라
7 가면서 전파하여 말하되 천국이 가까이 왔다 하고
8 병든 자를 고치며 죽은 자를 살리며 나병환자를 깨끗하게 하며 귀신을 쫓아내되 너희가 거저 받았으니 거저 주라
9 너희 전대에 금이나 은이나 동을 가지지 말고
10 여행을 위하여 배낭이나 두 벌 옷이나 신이나 지팡이를 가지지 말라 이는 일꾼이 자기의 먹을 것 받는 것이 마땅함이라
11 어떤 성이나 마을에 들어가든지 그 중에 합당한 자를 찾아내어 너희가 떠나기까지 거기서 머물라
12 또 그 집에 들어가면서 평안하기를 빌라
13 그 집이 이에 합당하면 너희 빈 평안이 거기 임할 것이요 만일 합당하지 아니하면 그 평

안이 너희에게 돌아올 것이니라

14 누구든지 너희를 영접하지도 아니하고 너희 말을 듣지도 아니하거든 그 집이나 성에서 나가 너희 발의 먼지를 떨어 버리라

15 내가 진실로 너희에게 이르노니 심판 날에 소돔과 고모라 땅이 그 성보다 견디기 쉬우리라

16 보라 내가 너희를 보냄이 양을 이리 가운데로 보냄과 같도다 그러므로 너희는 뱀 같이 지혜롭고 비둘기 같이 순결하라

17 사람들을 삼가라 그들이 너희를 공회에 넘겨 주겠고 그들의 회당에서 채찍질하리라

18 또 너희가 나로 말미암아 총독들과 임금들 앞에 끌려 가리니 이는 그들과 이방인들에게 증거가 되게 하려 하심이라

19 너희를 넘겨 줄 때에 어떻게 또는 무엇을 말할까 염려하지 말라 그 때에 너희에게 할 말을 주시리니

20 말하는 이는 너희가 아니라 너희 속에서 말씀하시는 이 곧 너희 아버지의 성령이시니라

21 장차 형제가 형제를, 아버지가 자식을 죽는 데에 내주며 자식들이 부모를 대적하여 죽게 하리라

22 또 너희가 내 이름으로 말미암아 모든 사람에게 미움을 받을 것이나 끝까지 견디는 자는 구원을 얻으리라

23 이 동네에서 너희를 박해하거든 저 동네로 피하라 내가 진실로 너희에게 이르노니 이스라엘의 모든 동네를 다 다니지 못하여서 인자가 오리라

저자 해설 및 묵상

예수님이 전하신 복음의 의미는?

예수님은 유대인과 이방인 구분 없이 갈릴리 지방과 근방 이방 땅의 모든 도시와 마을에 두루 다니시며 하늘나라 복음을 전파하시고 모든 병과 모든 약한 것을 고치십니다10:35. "복음"이라 번역된 헬라어 '유앙겔리온'의 기본 의미는 새로운 왕이 즉위하고 새로운 나라가 시작되는 것입니다. 예수님이 전파하시는 하늘나라천국 복음도 마찬가지입니다. 예수님이 공생애를 시작하며 전파하기 시작하신 대로 이 땅에 하늘나라가 시작되었다는 소식입니다. 그리고 그 나라의 왕으로 예수님이 즉위하신 소식입니다. 예수님은 유대인과 이방인 구분 없이 하늘나라로 돌이켜 구원을 얻으라 전파하십니다. 그의 권능권위으로 사람들의 모든 병과 모든 약한 것을 고치시며 돌이키게 하십니다8-9장. 11:20-21. 왕이신 예수님이 백성의 죄를 대신해 죽고 영생을 얻게 하십니다. 하늘나라와 그 나라 왕이신 예수님께 돌이켜 생명을 얻는 이것이 하늘나라 복음입니다4:17.

익은 곡식처럼 거두어들이기만 하면 되는 목자 잃은 양들이 많다

그런데 세상에 아직도 복음이 필요한 목자 없는 양과 같이 고생하며 기진한 사람들이 너무나 많습니다. 목자 없는 양이란 목자가 버린 양, 즉 왕이 버린 백성들입니다. 그들은 버림받아 소외되고 갈 길을 모르고 방황하며 고생하고 지쳐 쓰러진 사람들입니다. 그들은 새로운 목자, 즉 새로운 왕과 그의 구원이 절실합니다. 예수님은 이들을 추수할 것이라고 일컬으십니다. 다 익어서 거두어들이기만 하면 되는 곡식입니다. 그들은 구원이 너무나 절실하여 누구라도 찾아가 하늘나라와 그 나라의 왕이신 예수님을 전해 주기만 하면 살기 위해 전심으로 예수님께 돌이켜 망설임 없이 그를 따라나설 절박한 사람들입니다. 이 세상에 복음이 절실하게 필요하고 구원이 절박한, 고생하고 기진한 사람들이 많습니다. 다 익은 곡식을 거두어들이듯이 복음, 즉 하늘나라와 그 나라 왕이신 구원자 예수님을 전파하고 하늘나라로 돌이켜, 세상에서 고생하며 기진하여 구원을 절실하게 기다리는 익은 곡식과 같이 거두어들이기만 하면 되는 사람들에게 하늘나라 복음이 전파되어야 합니다.

열두 사도를 세워 세상 끝으로 보내시다

목자 없는 양 같이 고생하며 기진한 세상의 수많은 사람에게 하늘나라와 예수 그리스도를 전파하고 돌이켜 구원을 얻도록 섬길 일꾼이 부족합니다. 예수님은 친히 열두 명의 사도들을 불러 세우십니다 9:36; 10:2. 이 열두 사도는 세상을 긍휼히 여겨 구원하기를 원하는 예수님 마음의 표시입니다. 이스라엘 열두 지파를 상징하는 열두 사도를 불러 세우시고 그들로 사람들을 모아 하늘나라의 새로운 열두 지파를 세우십니다. 예수님의 첫 명령은 이방의 길과 사마리아인의 고을로 가지 말고 오히려 이스라엘 집의 잃어버린 양에게 가라는 것입니다 10:5-6. 그렇다고 세상 모든 이방 민족들에게 가지 말라고 하시는 것은 결코 아닙니다. 왜냐하면 사도들이 예수님을 전함으로 말미암아 이스라엘 공회에 넘겨지고 회당에서 채찍질 당하고 이방 총독들과 임금들 앞에 끌려가 이방인들에게 증거증인가 되게 할 것이라고 하시기 때문입니다 10:17-18. 또한, 이미 앞서 백부장을 비롯한 이방인을 구원하신 예수님이 돌연히 이방인에게 가지 말라고 하시는 것도 앞뒤가 맞지 않기 때문입니다4:16; 8:11-12 등.

이스라엘 먼저 그리고 이방인도 동시에

예수님은 이스라엘 먼저 그리고 동시에 이방 민족에게도 가라고 하시는 것입니다. 다른 이유가 있어서가 아니라 예수님의 긍휼의 마음이 하늘나라 본 백성인 이스라엘에 먼저 있기 때문입니다. 앞서 예수님은 이방인 백부장의 믿음을 칭찬하시며 이 이방인 백부장과 같은 예수님을 믿는 많은 이방인이 동서로부터 나와서 하늘나라에 들어갈 것이지만, 하늘나라 본 자손 이스라엘은 쫓겨날 것이라고 예언하셨습니다8:11-12. 하늘나라 본 백성인 이스라엘이 그 나라에서 쫓겨나는 이런 비극적인 상황에서 예수님의 긍휼의 마음이 그 누구보다 먼저 그의 본 백성인 이스라엘 집의 잃어버린 양들에게 향합니다. 하지만 이스라엘은 사도들을 잡아 공회에 넘기고 회당에서 채찍질하며 핍박하고 돌이키지 않을 것이라고 하십니다10:17. 그때에도 아버지의 성령이 할 말을 주시리니 염려하지 말라고 격려하십니다10:19-20. 이스라엘 모든 동네를 다니기 전에 인자가 오리니 이 동네에서 박해하거든 저 동네로 피하며 잠깐의 고난을 끝까지 견뎌 구원을 얻으라고 하십니다10:22-23.

예수님의 사역을 사도들이 이어가다

열두 사도가 전파하고 행해야 하는 일은 지금까지 예수님이 해오신 일과 정확하게 같습니다. 예수님은 사도들에게 귀신을 쫓아내고 모든 병과 약한 것을 고치고 죽은 자를 살리는 권능을 주셨고 사도들은 그 권능을 행합니다10:1, 8. 동시에, 예수님이 전파하기 시작하신 대로 하늘나라가 가까이 왔다돌이키라 선포하고, 예수님이 돌이킴에 합당한 열매이며 하늘나라의 법으로 가르치신 산상수훈을 선포합니다4:17; 10:7. 사도들은 철저히 하나님만 의지하며 먹을 것과 입을 것을 가지지 말고 합당한 사람을 찾아 그 집에 머물며 평안을 빌어 줍니다. 사도들을 영접하고 그들의 가르침을 듣고 권능을 보며 예수님을 믿고 돌이키는 사람은 사도들이 빌어주는 평강과 구원을 얻습니다. 그러나 사도들을 영접하지 않고 그들의 말도 듣지 않는 집이나 성에서는 발의 먼지를 털고 나갑니다. 그들은 마지막 심판 날에 소돔과 고모라 땅이 받은 것보다 더 큰 심판을 받을 것입니다.

천하만민의 살고 죽는 일이 우리에게 달려있다

하늘나라의 임함과 돌이키라 전파하며 산상수훈을 가르치는 사도들에게 세상 모든 민족이 살고 죽는 일이 달려있습니다. 예수님은 사도들을 온 세상 모든 민족에게 구원의 소식을 들고 나아가게 하십니다. 목자를 잃고 길을 잃고 방황하며 기진한 온 세상 사람들을 향한 주님의 사랑과 긍휼한 마음을 사도들에게 가득 담아 보내십니다. 사도들에 이어 같은 임무를 부여받은 교회도 세상 모든 민족을 향한 예수님의 긍휼한 마음의 상징입니다. 우리 마음에 세상을 향한 예수님의 긍휼이 가득 담겨야 합니다. 이것에 게을리해서는 안 됩니다. 예수님의 긍휼의 마음을 우리 마음과 삶에 담아 온 세상에 전달하는 교회가 온 세상의 희망입니다.

묵상과 적용을 위한 질문

❶ 목자 잃은 양처럼 세상에서 방황하고 고생하며 기진한 사람들에게 복음을 전한 경험이 있다면 적어 보세요.

❷ 예수님이 사도들을 보내시어 전파하게 하신 구체적인 내용은 무엇인가요? 여러분은 어떤 것을 전했는지 간략히 적어 보세요.

___

___

___

나만의 묵상 메모

오늘 묵상을 통해 주신 깨달음에 대해 기록해 보세요.

___

___

___

저자와 함께 하는 한 줄 기도

목자 없는 양과 같이 고생하고 기진한 온 세상 사람들을 향한 주님의 긍휼한 마음을 전하며 살게 하소서.

기도와 결단

오늘 묵상한 말씀의 적용과 삶의 결단을 담아 자신의 기도를 드리세요.

___

17 DAY

뱀같이 지혜롭고 비둘기같이 순결하라

마태복음 10:24-42

통독 묵상 길잡이

이리 가운데 양을 보내는 것과 같이 죽음의 위협 속에 사도들을 보내시는 예수님의 마음은 어떨까요? 이 위협의 상황에서 뱀같이 지혜롭고 비둘기같이 순결하라고 하시는 것은 도대체 어떤 의미일까요? 주님의 말씀을 잘 들어보세요.

오늘의 본문 마태복음 10:24-42

24 제자가 그 선생보다, 또는 종이 그 상전보다 높지 못하나니
25 제자가 그 선생 같고 종이 그 상전 같으면 족하도다 집 주인을 바알세불이라 하였거든 하물며 그 집 사람들이랴
26 그런즉 그들을 두려워하지 말라 감추인 것이 드러나지 않을 것이 없고 숨은 것이 알려지지 않을 것이 없느니라
27 내가 너희에게 어두운 데서 이르는 것을 광명한 데서 말하며 너희가 귓속말로 듣는 것을 집 위에서 전파하라
28 몸은 죽여도 영혼은 능히 죽이지 못하는 자들을 두려워하지 말고 오직 몸과 영혼을 능히 지옥에 멸하실 수 있는 이를 두려워하라
29 참새 두 마리가 한 앗사리온에 팔리지 않느냐 그러나 너희 아버지께서 허락하지 아니하시면 그 하나도 땅에 떨어지지 아니하리라
30 너희에게는 머리털까지 다 세신 바 되었나니
31 두려워하지 말라 너희는 많은 참새보다 귀하니라
32 누구든지 사람 앞에서 나를 시인하면 나도 하늘에 계신 내 아버지 앞에서 그를 시인할 것이요
33 누구든지 사람 앞에서 나를 부인하면 나도 하늘에 계신 내 아버지 앞에서 그를 부인하리라
34 내가 세상에 화평을 주러 온 줄로 생각하지 말라 화평이 아니요 검을 주러 왔노라
35 내가 온 것은 사람이 그 아버지와, 딸이 어머니와, 며느리가 시어머니와 불화하게 하려 함이니
36 사람의 원수가 자기 집안 식구리라
37 아버지나 어머니를 나보다 더 사랑하는 자는 내게 합당하지 아니하고 아들이나 딸을 나보다 더 사랑하는 자도 내게 합당하지 아니하며
38 또 자기 십자가를 지고 나를 따르지 않는 자도 내게 합당하지 아니하니라
39 자기 목숨을 얻는 자는 잃을 것이요 나를 위하여 자기 목숨을 잃는 자는 얻으리라
40 너희를 영접하는 자는 나를 영접하는 것이요 나를 영접하는 자는 나를 보내신 이를 영접하는 것이니라
41 선지자의 이름으로 선지자를 영접하는 자는 선지자의 상을 받을 것이요 의인의 이름으로 의인을 영접하는 자는 의인의 상을 받을 것이요
42 또 누구든지 제자의 이름으로 이 작은 자 중 하나에게 냉수 한 그릇이라도 주는 자는 내가 진실로 너희에게 이르노니 그 사람이 결단코 상을 잃지 아니하리라 하시니라

저자 해설 및 묵상

생명으로 인도하는 길을 전하기 위해 죽음의 길로 들어서다

복음에는 목자 잃은 양과 같이 고생하고 기진한 사람들을 긍휼히 여기는 예수님의 마음이 가득 담겨 있습니다. 열두 사도가 이 긍휼히 여기는 마음이 가득 담긴 복음을 들고 세상에 나아갑니다. 그러나 뜻밖에도 사도들은 그들이 심한 핍박을 받게 될 것이라는 이야기를 듣습니다. 예수님은 자신을 귀신의 왕 바알세불이라 핍박하는 사람들이 그의 제자인 사도들도 핍박하는 것은 당연한 일이라고 말씀하십니다10:24-25. 예수님은 사도들을 이 핍박 가운데 보내는 것이 양을 이리 가운데로 보내는 것 같다고 말씀하십니다10:16. 굶주린 이리 가운데 놓인 양이 이리에게 물리고 뜯겨 잡아 먹힐 것이 뻔합니다. 사도들도 주님과 그들을 받아들이지 않는 사람들의 핍박으로 인해 고통당하고 심지어 죽임을 당하게 될 것입니다.

사도들은 예수님을 믿고 복음을 전하는 일로 공회에 넘겨지고 회당에서 채찍질 당하며 이방 총독들과 임금들 앞에 끌려갈 것입니다10:17-18. 예수님을 믿는 문제로 인해 형제가 형제를 아버지가 자식을 죽는데 내어 주고 자식들은 부모를 대적하여 죽게 할 것입니다10:21-22. 또한, 사도들은 예수님의 이름으로 인해 모든 사람에게 미움을 받을 것입니다10:22. 핍박을 피해 이 동네에서 저 동네로 몸을 피해야 할 때도 있을 것입니다10:23. 몸을 죽일 수 있는 사람들 앞에서 예수님으로 인해 죽을 위기에 처할 것입니다10:28. 사람 앞에서 예수님을 부인하라는 핍박도 받을 것입니다10:33. 때로는 예수님이 화평이 아니라 검이 되어 가족 간에 불화가 일어나고 서로 원수가 될 수도 있습니다10:35-56. 예수님을 위하여 자기 목숨을 잃게 될 일도 벌어질 것입니다10:39. 그런데도 사도들을 세상에 보내는 이유는 세상을 불쌍히 여기는 주님의 마음이 크기 때문입니다.

뱀같이 지혜롭고 비둘기같이 순결하라

세상의 핍박과 죽음의 위협 한가운데로 사도들을 보내시며 양을 이리 가운데로 보내는 것 같다고 말씀하신 예수님은 "그러므로 뱀같이 지혜롭고 비둘기같이 순결하라"라고 말씀하십니다10:16. 이리떼에 둘러싸여 어디로 도망칠 곳 없고 잡혀 먹힐 죽음의 위기 앞에 놓인 양과 같이 사도들과 교회가 세상의 핍박과 죽음의 위협 앞에 둘러싸였을 때 어떻게 해야 할까요? 이런 상황에서 어떻게 하는 것이 뱀같이 지혜롭고 비둘기같이 순결한 것일까요?

첫째, 뱀과 같이 지혜로운 것은 뱀과 같이 약삭빠르게 계산하여 자신을 위해 더 나은 선택을 하라는 것입니다. 예수님을 믿고 그를 전하다 당하는 죽음의 핍박 앞에 두 가지 선택 사항이 있습니다. 하나는 예수님을 부인하여 지금 당장은 목숨을 얻으나 지옥에 들어가 멸망 당하는 것입니다. 다른 하나는 예수님을 시인하여 지금 당장은 목숨은 잃으나 하늘나라에 들어가 주와 함께 영원히 사는 것입니다. 뱀과 같이 약삭빠르고 치밀하게 계산해 볼 때 둘 중 어느 것이 나에게 더 이득이 되는 지혜로운 선택인가요? 너무나 명백합니다. 비록 지금은 목숨을 잃으나 예수님을 시인하여 구원을 얻고 하늘나라에서 영원히 사는 것입니다.

둘째, 비둘기같이 순결하라는 것도 이와 같은 의미입니다. 비둘기같이 순결하라는 것은 예수님을 향한 믿음과 신앙을 더럽히지 말라는 것입니다. 예수님으로 인해 당하는 핍박과 죽음의 위기 앞에 예수님을 부인하여 자신의 신앙과 마음을 더럽히지 말고 그의 이름을 시인하여 주를 향한 순결한 믿음을 지키는 것입니다. 그러므로 뱀과 같이 지혜롭고 비둘기같이 순결하라는 것은 예수님으로 인한 핍박 가운데 목숨은 잃을지언정 예수님을 부인하지 않고 순결한 신앙을 지켜 더 이득이 되는 영생을 얻으라는 것입니다.

지혜롭고 순결한 제자의 순교하는 삶

실제로 예수님은 핍박과 죽음의 위기 앞에 그를 부인하지 말고 끝까지 견뎌 구원을 받으라고 하십니다10:22. 몸은 죽여도 영혼은 능히 죽이지 못하는 사람들을 두려워하지 말고 몸과 영혼을 능히 지옥에 멸할 수 있는 하나님을 두려워하여 몸은 죽을지언정 순결하게 믿음을 지켜 지옥을 피하라고 하십니다10:28. 예수님은 누구든지 사람 앞에서 나를 시인하면 나도 그를 하늘 아버지 앞에서 시인할 것이요, 나를 부인하면 나도 그를 하늘 아버지 앞에서 부인할 것이라고 하시며 핍박 앞에서 예수님을 부인하는 것과 시인하는 것 중 뱀과 같이 지혜롭게 계산하여 더 이득이 되는 선택을 하라고 하십니다10:33. 예수님은 그를 믿는 문제로 불화가 생긴 가족과의 관계에서 가족이 아니라 자기를 더 사랑하여 믿음을 지키는 합당한 자가 되라고 하십니다10:35-37. 예수님은 자기 목숨을 얻는 자는 결국은 잃을 것이고 자기 십자가를 지고 예수님을 따르며 그를 위해 목숨을 잃는 자는 목숨을 얻을 것이라고 약속하십니다10:38-39.

기쁨으로 겁없이 나아가라

　예수님은 박해와 죽음의 위협 앞에 "두려워하지 말라"고 반복해서 말씀하십니다10:26, 31. 하나님 너희 아버지가 허락하지 아니하시면 한 앗사리온에 팔리는 참새 두 마리도 땅에 떨어지지 아니하나니 그보다 더 귀한 너희도 하나님 아버지가 보호하리라 약속하십니다. 너희 머리털까지 다 세어 알고 계시는 아버지 하나님이 너희를 지킬 것이니 두려워하지 말라고 약속해 주십니다. 마지막으로 예수님은 제자들을 영접하는 것은 나를 영접하는 것이며 그들에게 냉수 한 그릇이라도 대접하는 자는 결단코 상을 잃지 않을 것이라는 말씀으로 사람들이 제자들을 영접하도록 격려하며 떠나는 제자들에게 큰 힘을 더하여 주십니다10:41-42. 하나님이 순결한 신앙을 지키며 그를 전파하는 제자들을 지키시니 겁 없이 사십시오. 그리고 제자들을 영접하는 사람에게는 상을 즈실 것이니 기쁜 마음으로 나아가십시오.

묵상과 적용을 위한 질문

❶ 세상은 복음을 전파하는 사도들과 선교사들을 왜 핍박할까요? 여러분이 예수님으로 인해 당한 핍박이 있는지 적어 보세요.

❷ 예수님으로 인해 박해받는 선교사들을 어떻게 도울 수 있을지 적어 보고 실천해 보세요.

_____

_____

_____

나만의 묵상 메모

오늘 묵상을 통해 주신 깨달음에 대해 기록해 보세요.

_____

_____

_____

저자와 함께 하는 한 줄 기도

예수님으로 인해 당하는 고난과 죽음의 위기 앞에 지혜롭고 순결한 제자로 살게 하소서.

기도와 결단

오늘 묵상한 말씀의 적용과 삶의 결단을 담아 자신의 기도를 드리세요.

_____

18 DAY

예수님과 사도들의 전파에 대한 사람들의 반응과 작고 약한 종의 모습으로 오신 메시아

마태복음 11:1-19

통독 묵상 길잡이

마태복음 11-12장은 그간 예수님과 사도들이 전파한 복음에 대한 사람들의 서로 다른 반응을 기록하고 있습니다. 어떤 각기 다른 반응을 보이는지 주의 깊게 읽어 보세요. 몇몇 사람들은 예수님의 모습이 그들이 기대하던 메시아의 모습과 달라서 혼란스러워하는 것 같습니다. 어찌 된 영문인지 침례(세례) 요한의 물음과 예수님의 대답도 잘 들어보세요.

오늘의 본문   마태복음 11:1-19

1. 예수께서 열두 제자에게 명하기를 마치시고 이에 그들의 여러 동네에서 가르치시며 전도하시려고 거기를 떠나 가시니라
2. 요한이 옥에서 그리스도께서 하신 일을 듣고 제자들을 보내어
3. 예수께 여짜오되 오실 그이가 당신이오니이까 우리가 다른 이를 기다리오리이까
4. 예수께서 대답하여 이르시되 너희가 가서 듣고 보는 것을 요한에게 알리되
5. 맹인이 보며 못 걷는 사람이 걸으며 나병환자가 깨끗함을 받으며 못 듣는 자가 들으며 죽은 자가 살아나며 가난한 자에게 복음이 전파된다 하라
6. 누구든지 나로 말미암아 실족하지 아니하는 자는 복이 있도다 하시니라
7. 그들이 떠나매 예수께서 무리에게 요한에 대하여 말씀하시되 너희가 무엇을 보려고 광야에 나갔더냐 바람에 흔들리는 갈대냐
8. 그러면 너희가 무엇을 보려고 나갔더냐 부드러운 옷 입은 사람이냐 부드러운 옷을 입은 사람들은 왕궁에 있느니라
9. 그러면 너희가 어찌하여 나갔더냐 선지자를 보기 위함이었더냐 옳다 내가 너희에게 이르노니 선지자보다 더 나은 자니라
10. 기록된 바 보라 내가 내 사자를 네 앞에 보내노니 그가 네 길을 네 앞에 준비하리라 하신 것이 이 사람에 대한 말씀이니라
11. 내가 진실로 너희에게 말하노니 여자가 낳은 자 중에 침례(세례) 요한보다 큰 이가 일어남이 없도다 그러나 천국에서는 극히 작은 자라도 그보다 크니라
12. 침례(세례) 요한의 때부터 지금까지 천국은 침노를 당하나니 침노하는 자는 빼앗느니라
13. 모든 선지자와 율법이 예언한 것은 요한까지니
14. 만일 너희가 즐겨 받을진대 오리라 한 엘리야가 곧 이 사람이니라
15. 귀 있는 자는 들을지어다
16. 이 세대를 무엇으로 비유할까 비유하건대 아이들이 장터에 앉아 제 동무를 불러
17. 이르되 우리가 너희를 향하여 피리를 불어도 너희가 춤추지 않고 우리가 슬피 울어도 너희가 가슴을 치지 아니하였다 함과 같도다
18. 요한이 와서 먹지도 않고 마시지도 아니하매 그들이 말하기를 귀신이 들렸다 하더니
19. 인자는 와서 먹고 마시매 말하기를 보라 먹기를 탐하고 포도주를 즐기는 사람이요 세리와 죄인의 친구로다 하니 지혜는 그 행한 일로 인하여 옳다 함을 얻느니라

저자 해설 및 묵상

돌이키라는 전파에 대한 사람들의 다양한 반응

앞선 마4:17-10장에서는 예수님과 사도들의 전파 사역이 펼쳐지는 모습을 기록합니다. 그리고 이어지는 11-12장은 그에 대한 반응을 기록합니다. 예수님께 돌이키는 사람들과 그렇지 않은 사람들이 구분되는 상반된 반응이 나타나기 시작합니다. 예수님의 권위 있는 말씀을 듣고 권능의 기적을 경험하며 병자, 작은 자, 이방인, 세리, 죄인부정한 자, 여자 등을 비롯한 많은 사람이 예수님께 돌이켜 그를 따랐습니다. 반면, 예수님의 권위 있는 말씀과 권능의 기적을 보면서도 돌이키지 않는 사람들과 그가 그리스도인지 의심하는 이들도 나타나기 시작합니다. 심지어 예수님이 율법을 지키지 않으며 귀신의 왕이라고 모욕하며 핍박하는 반응도 나타나기 시작합니다. 앞선 10장에서 예수님이 사도들을 파송하시며 말씀하신 핍박을 예수님이 먼저 당하신다는 것을 알 수 있습니다. 예수님은 핍박을 당하고 십자가에 죽을 것을 미리 아시면서도 세상에 죄인을 구하러 오셨습니다. 그리고 이제 그 핍박이 시작됩니다. 그러나 예수님은 멈추지 않으시고 핍박을 뚫고 나가며 긍휼과 섬김의 사역을 이어 가십니다. 우리를 향한 사랑 때문입니다.

예수님이 그리스도인지 다시 묻는 침례세례 요한

뜻밖에도 예수님의 지난 행적이 자신들이 기대하던 그리스도의 모습과 사뭇 달라 그가 그리스도인지 물어온 사람은 침례세례 요한입니다. 요한은 옥에서 예수님이 하신 일을 듣고 그의 제자들을 보내 "오실 그이가 당신이

오니이까 우리가 다른 이를 기다리오리이까" 묻습니다. 이는 요한이 예수님을 그리스도로 확신하지 못했다는 것을 보여줍니다. 요한이 기대하던 메시아는 강력한 힘으로 세상의 모든 악을 심판하고 하나님의 나라가 회복되는 여호와의 날, 즉 최후 종말을 가져오는 분이었습니다마3:10-12. 하지만 앞서 예수님이 가다라 지방에서 마귀를 쫓아내며 알려 주셨듯이 그리스도가 최후 심판의 때가 이르기 전에 먼저 오신 것입니다마8:29. 아직 마지막 때가 이르지 않아 최후 심판을 하지 않는 것일 뿐 예수님은 하나님의 권능권위을 가진 그리스도입니다. 예수님은 요한에게 맹인이 보고 못 걷던 자가 걷고 나병환자가 깨끗함을 받고 못 듣는 자가 듣고 죽은 자가 살아나고 가난한 자에게 복음이 전파된다고 전하라 하시며 그가 하나님의 권위권능를 가진 그리스도임을 명확히 확인해 주십니다사61장.

강한 심판자가 아니라 작고 약한 종으로 오신 메시아

예수님은 권능으로 세상을 최후 심판하는 강한 그리스도의 모습으로 오신 것이 아닙니다. 도리어 가진 권능을 내려놓고 세상이 받아야 하는 심판을 자신이 십자가에서 대신 받는 작고 약한 그리스도의 모습으로 오셨습니다. 세상을 구원하기 위해 자기를 낮추고 목숨을 희생하여 세상을 섬기는 작고 약한 종의 모습입니다. 이 약하고 작은 모습으로 인해 예수님을 믿지 못하여 넘어지면실족하면 안 됩니다. 복 있는 사람은, 즉 참 하나님 백성인 예수님의 제자는 이로 인해 넘어지지 않는 사람입니다11:6, 5:3-12참고. 이는 침례세례 요한에게도 마찬가지입니다. 요한은 예수님 앞에 그의 길을 준비하게 하신 하나님이 보낸 선지자요 엘리야입니다. 여자가 낳은 자 중에 침례세례 요한보다 더 큰 자가 없습니다11:7-11. 그러나 이 땅에서 가장 큰 요한이라고 하더라도 심판이 아니라 섬김을 위해 작고 약한 모습으로 오신 예수님을 그리스도로 믿지 아니하면 하늘나라에 들어가지 못합니다. 아무리 세상에서 가장 큰 요한이라고 하더라도 예수님을 믿고 하늘나라에 있는 극히 작은 자보다 크지 않습니다. 세상은 사탄이 권세 잡은 나라이고 하늘나라는 하나님의 나라이기 때문입니다. 그러니 하늘나라에서는 극히 작은 자라도 세상에 있는 가장 큰 요한보다 큽니다11:11.

힘으로 공격침노하면 빼앗을 수 있는 약한 하늘나라

하늘나라는 작고 약한 종의 모습으로 오신 예수님이 왕이기에 누구라도 강한 힘으로 공격침노하면 빼앗습니다11:12. 하늘나라가 가까이 왔으니 돌이키라 선포한 침례세례 요한을 강한 힘으로 공격해 옥에 가둔 것처럼, 그리고 하늘나라의 왕이신 예수님을 공격해 십자가에 달아 죽인 것처럼 하늘나라는 힘으로 공격하면 빼앗을 수 있는 작고 약한 모습으로 임했습니다. 그리스도가 강력한 힘으로 최후 심판을 하러 오신 것이 아니요 작고 약한 모습으로 낮은 자리에서 세상을 섬기러 오셨기 때문입니다.

긍휼을 잃어버린 악한 세대

세상을 섬기러 오신 예수님은 죄인과 가난하고 병들고 죽어가는 사람들을 긍휼히 여기시어 그들과 함께 아파하고 울며 그들을 먹이고 고치고 죄를 용서하며 살리십니다. 그러나 이 세대는 예수님의 이러한 긍휼과 사랑의 행적을 보면서도 아무런 반응이 없습니다. 오히려 요한은 먹지도 마시지도 아니하니 귀신 들렸다고 합니다. 예수님은 먹고 마시매 먹기를 탐하고 포도주를 즐기는 세리와 죄인의 친구라고 말합니다. 즉, 예수님을 의롭지 않다고 박해하고 공격침노하는 것입니다. 그러나 지혜는 그 행한 일로 인하여 옳다 함을 얻습니다11:19. 다시 말해, 지혜 그 자체이신 예수님은 맹인을 보게 하고 못 걷던 자를 걷게 하고 나병환자를 깨끗하게 하고 못 듣는 자를 듣게 하고 죽은 자를 살리고 가난한 자에게 복음을 전파하는 좋은 일로 그가 의로운옳은 분임을 증명합니다11:5.

예수님이 비유하시는 대로 이 세대는 아이들이 장터에서 친구들을 불러 피리를 불어도 춤추지 않고 슬피 울어도 가슴을 치지 않는 마음이 딱딱하게 굳어 버린 긍휼을 잃어버린 세대입니다11:16-19; 23:23. 하늘나라는 긍휼과 섬김의 나라입니다. 예수님은 그의 목숨을 빼앗으려 하는 자들에게 자기 목숨을 내어주고 세상 죄를 대신해 십자가에서 죽으십니다. 그를 믿고 돌이킨 제자들에게 영생을 주십니다. 그리스도는 긍휼과 섬김의 행위로 하나님께 옳다 함을 얻습니다. 우리 선생이신 긍휼과 섬김의 그리스도를 본받아 언제나 긍휼과 섬김의 삶을 살아 가야 합니다. 그것이 옳은의로운 일이며 옳은의로운 지혜입니다.

묵상과 적용을 위한 질문

❶ 세상을 심판하는 강력한 메시아의 모습이 아니라 낮은 곳에서 섬기는 작고 약한 모습으로 오신 예수님이 어떻게 여러분을 섬기셨는지 간략히 적어 보세요.

❷ 딱딱하게 굳은 마음으로 교회의 여러 계획에 회의적인 반응을 보이며 참여하지 않은 적이 있다면 적어 보세요.

___

___

___

나만의 묵상 메모

오늘 묵상을 통해 주신 깨달음에 대해 기록해 보세요.

___

___

___

저자와 함께 하는 한 줄 기도

작고 약하게 임한 하늘나라를 잘 이해하여 넘어지지 않고 낮은 곳에서 섬기는 하늘나라에 참여하게 하소서.

기도와 결단

오늘 묵상한 말씀의 적용과 삶의 결단을 담아 자신의 기도를 드리세요.

___

19 DAY

돌이키지 않는 이스라엘과 수고하고 무거운 짐 진 자들을 내게로 오라 부르는 예수님

마태복음 11:20-30

통독 묵상 길잡이

하나님 나라의 참 백성은 누구일까요? 이스라엘 사람들일까요? 아니면 예수님을 믿는 천하 만민일까요? 자신을 하나님 백성이라고 생각하는 이스라엘 사람들이 하나님의 아들 그리스도 예수님께 돌이키지 않습니다. 그 이유는 무엇이며 그들은 어떻게 될까요? "수고하고 무거운 짐 진 자들아 다 내게로 오라 내가 너희를 쉬게 하리라"는 예수님의 말씀은 정확히 어떤 뜻일까요?

오늘의 본문 　　**마태복음 11:20-30**

20 예수께서 권능을 가장 많이 행하신 고을들이 회개하지 아니하므로 그 때에 책망하시되
21 화 있을진저 고라신아 화 있을진저 벳새다야 너희에게 행한 모든 권능을 두로와 시돈에서 행하였더라면 그들이 벌써 베옷을 입고 재에 앉아 회개하였으리라
22 내가 너희에게 이르노니 심판 날에 두로와 시돈이 너희보다 견디기 쉬우리라
23 가버나움아 네가 하늘에까지 높아지겠느냐 음부에까지 낮아지리라 네게 행한 모든 권능을 소돔에서 행하였더라면 그 성이 오늘까지 있었으리라
24 내가 너희에게 이르노니 심판 날에 소돔 땅이 너보다 견디기 쉬우리라 하시니라
25 그 때에 예수께서 대답하여 이르시되 천지의 주재이신 아버지여 이것을 지혜롭고 슬기 있는 자들에게는 숨기시고 어린 아이들에게는 나타내심을 감사하나이다
26 옳소이다 이렇게 된 것이 아버지의 뜻이니이다
27 내 아버지께서 모든 것을 내게 주셨으니 아버지 외에는 아들을 아는 자가 없고 아들과 또 아들의 소원대로 계시를 받는 자 외에는 아버지를 아는 자가 없느니라
28 수고하고 무거운 짐 진 자들아 다 내게로 오라 내가 너희를 쉬게 하리라
29 나는 마음이 온유하고 겸손하니 나의 멍에를 메고 내게 배우라 그리하면 너희 마음이 쉼을 얻으리니
30 이는 내 멍에는 쉽고 내 짐은 가벼움이라 하시니라

저자 해설 및 묵상

돌이키지 않는 이스라엘은 그들이
하나님의 참 백성이 아님을 드러낸다

마태복음이 예수님과 사도들의 전파 사역에 대한 반응으로 두드러지게 기록하는 것은 예수님께 돌이키지(회개하) 않는 이스라엘과 예수님께 돌이키는 이방인의 대조입니다. 예수님은 사람들로 돌이키게(회개) 하려고 권능을 행하셨다고 하십니다11:20. 그러나 예수님이 가장 많은 권능을 행하신 이스라엘 고을인 고라신과 벳세다와 가버나움이 돌이키지 않습니다. 오히려 그 모든 권능을 이방 땅 두로와 시돈에서 행하였더라면 그들이 베옷을 입고 재에 앉아 돌이켰을 것이고, 악이 가득했던 이방 땅 소돔에서 행하였더라면 그들이 돌이켜 멸망 당하지 않고 오늘까지 있었을 것이라고 말하며 돌이키지 않는 이스라엘 고을들을 책망하십니다. 하나님 나라의 원 백성 이스라엘이 하나님의 아들에게 돌이키지 않는 것은 그들이 참 하나님의 백성이 아님을 드러냅니다. 예수님은 이 돌이키지 않는 이스라엘 고을들에 이방 땅 두로와 시돈과 소돔보다 더 고통스러운 심판이 임할 것임을 선포하십니다.

돌이키지 않는 지혜롭고 슬기로운 자들
vs 돌이키는 어린이들

왜 하나님 나라의 본 백성 이스라엘 고을들이 하나님의 아들 예수 그리스도께 돌이키지 않는 것일까요? 예수님은 이렇게 된 것이 모두 하나님 아버지의 뜻이라고 하십니다. 하나님이 지혜롭고 슬기로운 자들에게는 아들을 숨기시고 어린아이들작은 자들에게는 나타내신 것이라고 하십니다. 하나님만이 아들 예수님을 알기에 하나님이 계시해 주지 않으면 아무도 아들 예수님을 그리스도로 알 수 없다고 하십니다. 또한, 아들 예수님과 그가 소원하여 계시해 준 사람만 아버지 하나님을 알 수 있다고 하십니다11:25-27. 아버지께서 예수님께 모든 것을 주셨고 예수님이 그의 소원을 따라 계시를 해주셔야 사람이 아버지도 알고 아들도 알고 그리스도를 믿고 돌이킬 수 있는 것입니다.

예수님이 권능을 가장 많이 행하셨음에도 돌이키지 않는 지혜롭고 슬기로운 자들은 누구인가요? 그들은 이스라엘인이면서 스스로 지혜롭고 슬기롭다고 생각하는 자들입니다. 그들은 하나님이 보내신 선지자, 지혜자, 서기관을 죽이고 그 아들을 박해하는 악하고 거짓된 하나님 백성입니다23:34 참고. 예수님은 이 악한 자들에게 자신을 계시하지 않고 숨기시어 돌이켜 구원을 받지 못 하게 하십니다. 그들의 악을 심판하신 것입니다. 그렇다면, 예수님께 돌이킨 어린아이들은 누구인가요? 그들은 목자 잃은 양과 같이 고생하고 기진한 자들이었습니다. 작고 병약하여 소외된 사람과 낮은 자리에서 섬기는 종과 같은 사람들이었습니다9:2, 10:42, 11:11 등. 예수님은 이 작은 자들을 긍휼히 여겨 아버지와 자신을 계시하고 돌이켜 구원을 얻도록 은혜를 베푸신 것입니다. 하나님은 악은 심판하는 정의로운 분이며 길을 잃고 버려진 자들은 구원하는 자비로운 분입니다.

수고하고 무거운 짐 진 자들아 내게로 오라
내가 너희를 쉬게 하리라 너희 마음이 쉼을 얻으리니

예수님은 "수고하고 무거운 짐 진 자들아 다 내게로 오라 내가 너희를 쉬게 하리라" 전파합니다. 지금까지 많은 어린아이들, 즉 수고하고 무거운 짐 진 자들이 예수님께 돌이켜 나와 병약함의 치유를 받고, 그뿐만이 아니라 죄를 용서받고, 죽었으나 살아나는 은혜를 얻었습니다. 예수님이 그들에게 죄 용서와 새 생명을 주어 하늘나라에서 쉬게 하십니다. 또한, 예수님은 "너희 마음의 쉼을 얻으리니"라고 말씀하십니다. "마음의 쉼"은 '영혼', '목숨'을 의미하는 헬라어 '프쉬케'와 '일을 쉼' 혹은 '안식'을 의미하는 헬라어 '아나파우시스'가 만드는 구문입니다. 다시 말해, "마음의 쉼"은 "영혼의 안식" 혹은 "생명의 구원"을 의미합니다. 예수님께 나아가 그에게 배우는 제자가 되면 하늘나라에 들어가 영원한 안식을 얻는 것입니다.

나는 마음이 온유하고 겸손하니
나의 멍에를 메고 나에게 배우라

예수님은 "나는 마음이 온유하고 겸손하니 나의 멍에를 메고 나에게 배우라"라고 하십니다. "나는 마음이 온유하고 겸손하니"라는 말씀은 헬라어 원 의미를 살려 "나는 겸손하고 자기를 낮추는 마음을 가지고 있으니"입니다마5:5, 21:5; 슥9:9 참고. 예수님은 나는 교만하고 자기를 높이는 마음을 가진 악한 자들 같지 않고 겸손하고 자기를 낮추는 마음을 가진 좋은 선생이니 나에게 편안한 마음으로 오라고 부르는 것입니다. 그리고 "나의 멍에를 메고 나에게 배우라"고 하십니다. 예수님의 멍에는 그가 아버지께 받은 임무인 목숨으로 세상을 섬기고 희생하는 것입니다. 이 십자가의 멍에를 같이 메고 함께 가자는 초청입니다. "나에게 배우라"헬 '만싸노'는 나에게 배우는 제자가 되라는 말씀입니다. 그러니 "나의 멍에를 메고 나에게 배우라"는 말씀은 예수님의 십자가의 멍에를 메고 그 십자가의 멍에를 배우는 제자가 되라는 말씀입니다. 제자가 배워야 할 십자가의 멍에는 "겸손과 자기를 낮추는 마음으로 자기가 줄 수 있는 가장 최고의 것인 목숨까지 내어주며 타인을 섬기는 예수님의 성품과 삶"입니다. 예수님의 십자가 멍에를 메고 그것을 배우는 제자는 마음의 쉼, 즉 구원을 얻을 것입니다.

이는 내 멍에는 쉽고 내 짐은 가벼움이라

예수님은 "이는 내 멍에는 쉽고 내 짐은 가벼움이라"라고 말씀하십니다. "쉽고"라고 번역된 헬라어 '크레스토스'는 '유용한', '타인에게 이익이 되는', '좋은', '인자하심' 등을 의미합니다벧전2:3. 즉, 내 멍에는 다른 사람에게 유익을 주는 멍에라는 말씀입니다. 예수님이 지신 십자가의 멍에는 사람에게 가장 좋은 유익인 구원을 주는 멍에입니다. "내 짐"은 예수님이 십자가의 멍에를 지고 그 뒤에 싣고 고생하며 때로는 고통 받으며 끌고 가는 짐입니다. 고생하며 때로는 고통 받으며 끌고 가는 이 짐은 십자가의 멍에를 지고 가시는 길에 받으시는 핍박과 고통을 상징합니다. 예수님과 함께 십자가의 멍에를 지는 것으로 인해 받는 고난은 절대 가볍지 않습니다10:16-42. 그런데도, 그것이 여전히 가벼운 것은 그것이 우리에게 지극히 무겁고 큰 영원한 영광의 구원을 얻게 하기 때문입니다고후4:17. 여러분 모두가 예수님과 함께 십자가의 멍에를 메고 그에게 배우는 제자가 되어 잠시 겪는 가벼운 고난으로 힘들겠지만, 지극히 무거운 영원한 안식과 영원한 영광을 얻는 인생들임을 잊지 마시기 바랍니다.

묵상과 적용을 위한 질문

❶ 여러분은 예수님과 같이 자기를 낮추고 긍휼의 마음으로 죄인과 세리와 가난한 자와 병자와 약자를 섬기는 제자인가요? 그렇다면 어떻게 예수님을 본받아 섬기고 있는지 간략히 적어 보세요.

❷ 여러분이 멜 수 있는 타인에게 유익이 되는 예수님의 멍에는 무엇인지 구체적으로 적어 보세요. 그리고 그것을 위해 져야 하는 고난의 짐은 무엇인지도 적어 보세요.

나만의 묵상 메모

오늘 묵상을 통해 주신 깨달음에 대해 기록해 보세요.

저자와 함께 하는 한 줄 기도

예수님의 권능을 듣고 보면서도 돌이키지 않는 스스로 지혜롭고 슬기로운 사람이 되지 않게 하소서.

기도와 결단

오늘 묵상한 말씀의 적용과 삶의 결단을 담아 자신의 기도를 드리세요.

20 DAY

안식법 vs 자비법

마태복음 12:1-21

통독 묵상 길잡이

예수님과 사도들의 권위 있는 말씀과 이적을 보면서도 돌이키지 않는 자들이 본격적으로 박해를 시작합니다. 어떤 야비한 수법으로 예수님을 박해하는지 잘 들어보세요.

오늘의 본문 　　마태복음 12:1-21

1 그 때에 예수께서 안식일에 밀밭 사이로 가실새 제자들이 시장하여 이삭을 잘라 먹으니
2 바리새인들이 보고 예수께 말하되 보시오 당신의 제자들이 안식일에 하지 못할 일을 하나이다
3 예수께서 이르시되 다윗이 자기와 그 함께 한 자들이 시장할 때에 한 일을 읽지 못하였느냐
4 그가 하나님의 전에 들어가서 제사장 외에는 자기나 그 함께 한 자들이 먹어서는 안 되는 진설병을 먹지 아니하였느냐
5 또 안식일에 제사장들이 성전 안에서 안식을 범하여도 죄가 없음을 너희가 율법에서 읽지 못하였느냐
6 내가 너희에게 이르노니 성전보다 더 큰 이가 여기 있느니라
7 나는 자비를 원하고 제사를 원하지 아니하노라 하신 뜻을 너희가 알았더라면 무죄한 자를 정죄하지 아니하였으리라
8 인자는 안식일의 주인이니라 하시니라
9 거기에서 떠나 그들의 회당에 들어가시니
10 한쪽 손 마른 사람이 있는지라 사람들이 예수를 고발하려 하여 물어 이르되 안식일에 병 고치는 것이 옳으니이까
11 예수께서 이르시되 너희 중에 어떤 사람이 양 한 마리가 있어 안식일에 구덩이에 빠졌으면 끌어내지 않겠느냐
12 사람이 양보다 얼마나 더 귀하냐 그러므로 안식일에 선을 행하는 것이 옳으니라 하시고
13 이에 그 사람에게 이르시되 손을 내밀라 하시니 그가 내밀매 다른 손과 같이 회복되어 성하더라
14 바리새인들이 나가서 어떻게 하여 예수를 죽일까 의논하거늘
15 예수께서 아시고 거기를 떠나가시니 많은 사람이 따르는지라 예수께서 그들의 병을 다 고치시고
16 자기를 나타내지 말라 경고하셨으니
17 이는 선지자 이사야를 통하여 말씀하신 바
18 보라 내가 택한 종 곧 내 마음에 기뻐하는 바 내가 사랑하는 자로다 내가 내 영을 그에게 줄 터이니 그가 심판을 이방에 알게 하리라
19 그는 다투지도 아니하며 들레지도 아니하리니 아무도 길에서 그 소리를 듣지 못하리라
20 상한 갈대를 꺾지 아니하며 꺼져가는 심지를 끄지 아니하기를 심판하여 이길 때까지 하리니
21 또한 이방들이 그의 이름을 바라리라 함을 이루려 하심이니라

저자 해설 및 묵상

본격적으로 시작되는 돌이킴 거부와 박해 : 안식일 논쟁 1

"돌이키라 하늘나라가 가까이 왔느니라" 예수님과 사도들이 전파하니 여러 뒤섞인 반응이 나타났습니다. 돌이켜 예수님을 따르는 일들이 나타나는 반면, 돌이키기를 거부하고 오히려 박해하며 공격침노하는 반응도 본격적으로 시작됩니다. 본격적으로 시작되는 예수님을 향한 거부와 박해의 시작은 바리새인들과의 안식일 논쟁입니다. 예수님이 안식일에 밀밭 사이로 가실 때 제자들이 배가 고파 이삭을 잘라 먹으니 바리새인들이 예수님께 나와 당신의 제자들이 율법에 기록된 안식일에 해서는 안 될 일을 한다고 고발합니다. 그러나 예수님은 구약에 기록된 말씀으로 그들에게 반박하십니다. 첫째, 다윗이 하나님의 집안에서 제사장만 먹을 수 있는 진설병을 먹었지만, 죄가 아니었습니다삼상21:1-6. 둘째, 율법은 제사장들이 안식일에 성전 안에서 제사를 드리는 일을 해도 죄로 여기지 않습니다민28:9-10.

제사보다 긍휼을 먼저 원하시는 하나님

예수님은 다윗이 성전에서 진설병을 먹은 것이 무죄한 것으로 여겨진 이유는 하나님이 제사보다 긍휼을 원하시기 때문이라고 설명하십니다. "나는 자비를 원하고 제사를 원하지 않는다"는 말씀을 이해하라고 하십니다. 이는 하나님은 제의적 율법보다 자비를 더 크고 중한 법으로 여기신다는 것을 보여줍니다마23:23. 다윗은 사울에게 쫓겨 도망가던 중에 굶주려 먹을 것을 구했고 성전 안에서 제사장들만 먹을 수 있는 진설병을 먹었습니다. 하나님이 이를 죄로 여기지 않으신 것은 죽음의 위기 속에 굶주린 다윗을 먹인 자비를 제사법보다 우선하시기 때문입니다. 안식일에 밀 이삭을 잘라 먹은 제자들도 마찬가지입니다. 아무 가진 것 없이 예수님과 함께 복음 전파에 헌신하는 제자들이 굶주려 안식일에 이삭을 잘라 먹었습니다. 예수님이 이를 죄로 여기지 않으신 것은 그의 멍에를 함께 지며 고생하고 굶주린 제자들을 긍휼히 여기셨기 때문입니다. 굶주린 제자들을 먹인 자비가 안식일에 아무것도 하지 말라는 법보다 우선한 것입니다.

서로 충돌하는 율법 중에 하나님을 섬기는 것이 우선이다

또한, 안식일에 성전 안에서 제사를 드리는 제사장이 무죄한 것은 율법이 안식일에도 성전에서 하나님께 제사를 드리라고 명하기 때문입니다. 안식일에 일하면 안 된다는 안식법에도 불구하고 안식일에 성전에서 제사는 드리는 일은 하게 하셨습니다. 이렇게 다양한 율법은 서로 충돌하며 그 우선순위를 따져야 하는 경우가 있습니다. 하나님을 제사로 섬기는 일이 안식일에 아무것도 하지 않는 것보다 우선하는 것이 율법이 정한 기준입니다. 예수님은 자신이 성전보다 크다고 말씀하십니다. 이는 그가 하나님의 영이 계신 성전 그 자체이며 나아가 하나님이라는 말씀입니다 마3:16. 하나님이신 예수님을 섬기는 일이 안식일에 아무것도 하지 않는 법보다 우선입니다. 안식일에 밀 이삭을 잘라 먹은 제자들은 하나님이신 예수님을 섬기며 또한 섬기기 위해 안식일에 이삭을 잘라 먹었습니다. 그러나 하나님이신 예수님을 섬기는 일이 안식법보다 우선하기에 무죄한 것입니다. 또한, 예수님은 자신이 안식일을 지배하는 주인이라고 하십니다. 안식일에 무엇을 해도 되고 하면 안 되는지 법을 정하시는 분이 예수님이십니다. 그분이 제자들을 무죄하다 하시면 무죄한 것입니다.

본격적으로 시작되는 돌이킴 거부와 박해: 안식일 논쟁2

두 번째 박해도 안식일에 관한 논쟁입니다. 같은 날 회당에 들어가신 예수님께 사람들이 나와 안식일에 병 고치는 것이 옳은 일인지 물었습니다. 회당에 한쪽 손 마른 사람이 있어 사람들이 그를 시험하려고 물은 것입니다. 예수님은 한 마리 양을 소유한 한 사람이 있는데 그의 전부라고도 할 수 있는 이 한 마리 양이 안식일에 구덩이에 빠지면 끌어내는 것이 당연하지 않겠느냐고 말씀하십니다. 이와 같이 안식일에 양보다 귀한 사람의 병을 고치는 선을 행하는 것이 옳다고 하십니다. 그리고 "손을 내밀라"는 말씀으로 한쪽 손 마른 병자를 고치십니다. 안식일에 사람을 살리는 일과 안식일에 아무것도 하지 말라는 율법을 지키는 일 중 무엇이 하나님이 율법에 담아 주신 그의 뜻과 의일까요? 사람을 긍휼히 여겨 살리는 일입니다. 그런데 회당의 사람들과 바리새인들은 안식일에 병자를 고쳐 새 삶을 주신 예수님을 어떻게 죽일까 논의하기 시작합니다. 이 사람들이 진정 하나님의 말씀을 알고 그 깊은 뜻에 순종하며 사는 하늘나라 백성일까요? 돌이켜야 합니다. 진정한 하나님 말씀의 뜻을 알고 하나님을 기만하지 않아야 합니다.

유명세를 멀리하고 낮은 곳에서 섬기기를 즐겨하는 예수님

그를 죽이려 하는 사람들의 악한 계획을 아시고 거기를 떠나가시니 많은 사람이 그를 좇았습니다. 예수님은 그들의 병을 다 고치시고는 자기를 세상에 드러내지 말라고 명령하십니다. 그는 유명세를 멀리하시고 높은 자리에 오르기를 의도적으로 피하십니다. 낮은 곳에서 섬기고 희생하기를 원하시기 때문입니다. 하나님이 기뻐하고 사랑하는 택한 종 예수님은 성령을 받아 세상 모든 민족에게 임박한 심판을 알게 하여 그들이 돌이켜 구원을 얻게 하기 위해 세상에 오셨습니다. 그는 다투지도 않고 소리 지르지도 않습니다. 상한 갈대를 꺾지 않고 꺼져가는 심지를 끄지 않습니다. 오히려 그들을 긍휼히 여겨 심판의 소식과 복음을 전하여 돌이켜 생명을 얻게 하는 분입니다. 그의 이름은 세상 이방 모든 민족의 희망입니다12:21.

묵상과 적용을 위한 질문

❶ 밀 이삭을 잘라 먹은 제자들을 안식법을 이유로 정죄하는 사람들처럼 자비보다 작은 죄를 정죄하기 우선인 사람을 경험한 적 있다면 간략히 적어 보세요.

❷ 여러분은 예수님의 멍에를 메고 심판과 복음을 전하다 박해를 받은 적 있나요? 있다면 언제이고 어떻게 반응했는지 간략히 적어 보세요.

나만의 묵상 메모

오늘 묵상을 통해 주신 깨달음에 대해 기록해 보세요.

저자와 함께 하는 한 줄 기도

자비를 우선하는 예수님을 경험하게 하시고 예수님 닮은 인생을 살게 하소서.

기도와 결단

오늘 묵상한 말씀의 적용과 삶의 결단을 담아 자신의 기도를 드리세요.

돌이키지 않는 이스라엘과 돌이키는 이방인

마태복음 12:22-50

통독 묵상 길잡이

돌이키라 선포하신 예수님의 말에 이스라엘은 돌이키지 않고 이방인은 돌이키는 일들이 빈번하게 나타납니다. 돌이키지 않는 이스라엘 지도자들의 박해와 거짓말로 모욕하는 일도 벌어집니다. 예수님은 이런 상황을 어떻게 대처하시고 설명하시는지 말씀을 잘 들어보세요.

오늘의 본문　　마태복음 12:22-50

22 그 때에 귀신 들려 눈 멀고 말 못하는 사람을 데리고 왔거늘 예수께서 고쳐 주시매 그 말 못하는 사람이 말하며 보게 된지라
23 무리가 다 놀라 이르되 이는 다윗의 자손이 아니냐 하니
24 바리새인들은 듣고 이르되 이가 귀신의 왕 바알세불을 힘입지 않고는 귀신을 쫓아내지 못하느니라 하거늘
25 예수께서 그들의 생각을 아시고 이르시되 스스로 분쟁하는 나라마다 황폐하여질 것이요 스스로 분쟁하는 동네나 집마다 서지 못하리라
26 만일 사탄이 사탄을 쫓아내면 스스로 분쟁하는 것이니 그리하고야 어떻게 그의 나라가 서겠느냐
27 또 내가 바알세불을 힘입어 귀신을 쫓아내면 너희의 아들들은 누구를 힘입어 쫓아내느냐 그러므로 그들이 너희의 재판관이 되리라
28 그러나 내가 하나님의 성령을 힘입어 귀신을 쫓아내는 것이면 하나님의 나라가 이미 너희에게 임하였느니라
29 사람이 먼저 강한 자를 결박하지 않고서야 어떻게 그 강한 자의 집에 들어가 그 세간을 강탈하겠느냐 결박한 후에야 그 집을 강탈하리라
30 나와 함께 아니하는 자는 나를 반대하는 자요 나와 함께 모으지 아니하는 자는 헤치는 자니라
31 그러므로 내가 너희에게 이르노니 사람에 대한 모든 죄와 모독은 사하심을 얻되 성령을 모독하는 것은 사하심을 얻지 못하겠고
32 또 누구든지 말로 인자를 거역하면 사하심을 얻되 누구든지 말로 성령을 거역하면 이 세상과 오는 세상에서도 사하심을 얻지 못하리라
33 나무도 좋고 열매도 좋다 하든지 나무도 좋지 않고 열매도 좋지 않다 하든지 하라 그 열매로 나무를 아느니라
34 독사의 자식들아 너희는 악하니 어떻게 선한 말을 할 수 있느냐 이는 마음에 가득한 것을 입으로 말함이라
35 선한 사람은 그 쌓은 선에서 선한 것을 내고 악한 사람은 그 쌓은 악에서 악한 것을 내

느니라

36 내가 너희에게 이르노니 사람이 무슨 무익한 말을 하든지 심판 날에 이에 대하여 심문을 받으리니
37 네 말로 의롭다 함을 받고 네 말로 정죄함을 받으리라
38 그 때에 서기관과 바리새인 중 몇 사람이 말하되 선생님이여 우리에게 표적 보여주시기를 원하나이다
39 예수께서 대답하여 이르시되 악하고 음란한 세대가 표적을 구하나 선지자 요나의 표적 밖에는 보일 표적이 없느니라
40 요나가 밤낮 사흘 동안 큰 물고기 뱃속에 있었던 것 같이 인자도 밤낮 사흘 동안 땅 속에 있으리라
41 심판 때에 니느웨 사람들이 일어나 이 세대 사람을 정죄하리니 이는 그들이 요나의 전도를 듣고 회개하였음이거니와 요나보다 더 큰 이가 여기 있으며
42 심판 때에 남방 여왕이 일어나 이 세대 사람을 정죄하리니 이는 그가 솔로몬의 지혜로운 말을 들으려고 땅 끝에서 왔음이거니와 솔로몬보다 더 큰 이가 여기 있느니라
43 더러운 귀신이 사람에게서 나갔을 때에 물 없는 곳으로 다니며 쉬기를 구하되 쉴 곳을 얻지 못하고
44 이에 이르되 내가 나온 내 집으로 돌아가리라 하고 와 보니 그 집이 비고 청소되고 수리되었거늘
45 이에 가서 저보다 더 악한 귀신 일곱을 데리고 들어가서 거하니 그 사람의 나중 형편이 전보다 더욱 심하게 되느니라 이 악한 세대가 또한 이렇게 되리라
46 예수께서 무리에게 말씀하실 때에 그의 어머니와 동생들이 예수께 말하려고 밖에 섰더니
47 한 사람이 예수께 여짜오되 보소서 당신의 어머니와 동생들이 당신께 말하려고 밖에 서 있나이다 하니
48 말하던 사람에게 대답하여 이르시되 누가 내 어머니이며 내 동생들이냐 하시고
49 손을 내밀어 제자들을 가리켜 이르시되 나의 어머니와 나의 동생들을 보라
50 누구든지 하늘에 계신 내 아버지의 뜻대로 하는 자가 내 형제요 자매요 어머니이니라 하시더라

저자 해설 및 묵상

약속된 다윗의 자손 예수 그리스도

안식일 논쟁이 마치고 귀신 들려 눈멀고 말 못 하는 사람을 예수님이 고쳐주셨습니다. 무리가 다 놀라 예수님을 다윗의 자손이라 말합니다21:22-23. 무리가 말하는 "다윗의 자손"은 하나님이 다윗에게 약속해 주신 아들입니다. 그는 하나님의 집을 짓고 하나님은 그 왕위를 영원히 견고하게 지키는 왕입니다삼하7:12-13. 그는 정의와 공의로 세상을 지혜롭게 다스릴 왕입니다렘23:5. 그는 잃어버린 자를 찾고 쫓기는 자를 돌아오게 하며 상한 자를 싸매 주며 병든 자를 강하게 하고 살진 자와 강한 자는 없애고 정의대로 먹일 목자입니다겔34:16, 23-24. 하나님이 약속해 주신대로 예수님을 세상에 보내어 그로 하늘과 땅의 모든 권세왕권를 가지신 왕으로 세우고 그의 권능으로 그의 양들을 치유하고 돌보십니다마20:18. 성령을 받아 그의 몸으로 하나님의 집을 새롭게 세우십니다마3:17, 12:6, 26:61, 27:40; 요2:19-21.

예수님이 바알세불의 힘으로 귀신을 쫓아낸다고?

그러나 바리새인들은 예수님이 귀신의 왕 바알세불이 주는 힘으로 귀신을 쫓아낸다고 거짓으로 말하며 하나님의 아들을 사탄의 아들이라 모욕합니다마12:24. 그러나 예수님의 말씀대로 사탄이 사탄을 내어 쫓아 서로 분쟁한다면 그들의 나라를 스스로 무너뜨리는 것이니 그럴 일은 없습니다. 예수님은 그들의 자손들도 바알세불의 힘을 빌려 귀신을 내어 쫓는 것이냐 되물으시며 그들이 더이상 자신을 거짓으로 모욕할 수 없도록 입을 막으십니다. 예수님은 사탄의 힘이 아닌 성령으로 힘입어 귀신을 내어 쫓는다고 밝히십니다. 그리고 그가 성령으로 귀신을 쫓아내면 하나님의 나라가 이미 너희에게 임한 것이라고 선언하십니다. 예수님이 세상을 사로잡고 있는 강한 사탄의 세력을 먼저 결박하고 그 안의 사람들을 해방하는 것입니다12:28-29. 첫 창조의 타락 이후 권세를 잡고 세상을 다스리는 사탄의 영을 하나님의 성령이 쫓아내며 세상을 사탄의 권세에서 해방하는 것입니다. 하나님의 나라가 이미 세상에 임하여 사탄의 나라를 정복하고 있는 것입니다.

성령을 말로 모독하는 사람은 사탄이기에 용서받을 수 없다

예수님은 사탄을 쫓아내는 성령의 일을 바알세불의 일이라고 말로 모독하는 사람은 용서받을 수 없는 심판을 받을 것이라고 선포하십니다12:31-32. 사탄을 쫓아내는 성령을 말로 모독하는 사람은 사탄일 수밖에 없기 때문입니다. 예수님은 그들을 독사의 자식이라고 부릅니다12:34. 독사는 뱀의 형상으로 나타나 첫 창조 세계를 타락하게 한 사탄과 같습니다. 그러니 그들은 독사, 사탄의 자식입니다. 열매로 그 나무를 알 수 있듯이 성령을 모독하는 악한 말을 하는 사람은 마음속에 쌓은 악을 입으로 말하는 악한 사탄의 자식입니다. 예수님은 사람들의 유익 없는헬 '아르고스' 모든 말들이 심판의 날에 그 값을 치르게 될 것이라고 선언합니다12:36. 의로운 사람은 의로운 말로 그를 드러내고 악한 사람은 악한 말로 그를 드러냅니다. 그러니 그들의 말을 기준으로 누구는 의롭다고 함을 받고 누구는 불의하다고 정죄를 받을 것입니다12:37.

요나의 표적 그리고 돌이키지 않는 이스라엘과 돌이키는 이방인

이번엔 서기관들이 나아와 표적을 보여 달라 요구합니다. 이미 예수님은 이스라엘 곳곳을 돌아다니며 사람들이 그를 하나님의 아들로 믿고 돌이키도록 수많은 표적을 행하셨습니다. 예수님은 또 다른 표적을 보여주어도 그들은 믿지 않고 돌이키지 않는 악하고 음란한 세대임을 아십니다. 오히려 예수님은 요나의 표적을 말씀하십니다. 요나가 밤낮 사흘 동안 큰 물고기 뱃속에 있었던 것처럼 자신도 십자가에 죽어 밤낮 사흘 동안 땅속에 있을 것이라고 하십니다. 요나가 물고기 배에서 나와 이방 땅 니느웨에 돌이키라 전파했듯이, 예수님도 부활하여 돌이킴의 복음을 이스라엘을 넘어 세상 모든 민족에게 전파되게 하실 것입니다28:18-20.

예수님은 돌이키지 않는 이스라엘과 돌이키는 이방 땅 니느웨를 대조하며 그들을 악하고 음란한 세대라고 책망하십니다. 요나의 돌이키라는 선포에 이방인들은 돌이켰지만, 요나보다 더 큰 하나님의 아들이 돌이키라 선포해도 이 세대의 이스라엘은 돌이키지 않습니다. 그러니 돌이키지 않는 이스라엘의 악함이 더 큽니다. 또한, 예수님은 솔로몬의 지혜를 들으러 온 이방인 남방 여왕과 이스라엘을 대조하며 책망합니다. 이방인 남방 여왕은 솔로몬의 지혜를 듣지만, 이 이스라엘 세대는 솔로몬보다 더 큰 하나님의 아들이 왔어도 그를 믿지 않고 그의 지혜의 말을 듣지 않고 돌이키지 않습니다. 돌이키는 이방인과 돌이키지 않는 이스라엘을 비교하며 정죄합니다. 진정한 하나님의 백성은 누구인가요? 이스라엘이라고 다 하나님의 백성이 아닌 것이 분명히 드러납니다.

예수님을 주인으로 모시지 않아 일곱 귀신 들린 사람

예수님은 이 세대가 돌이켜 그를 따르도록 수많은 표적을 보여주었습니다11:21. 그런데도 이 악한 세대는 그 마음과 삶을 돌이켜 예수님을 주인으로 모시지 않습니다. 오히려 또 다른 표적을 구합니다. 예수님은 많은 표적을 보면서도 예수님을 주님으로 영접하지 않고 또 다른 표적만을 구하는 이 악한 세대를 꼬집어 비유를 베풀어 주십니다. 더러운 귀신이 내어 쫓겨 물 없는 곳, 즉 심판의 물에 빠져 죽지 않을 쉴 만한 곳을 찾았지만 찾지 못하였습니다8:32. 그러다가 그가 나온 집으로 돌아가리라 하고 다시 그 집을 보니 비고 청소되고 수리되어 있습니다. 그런데 그 집안에 새로운 주인이 없습니다. 그러자 귀신은 자신뿐만 아니라 그보다 더 악한 귀신 일곱을 데리고 그 집에 다시 들어갔고 그 집의 형편이 전보다 더 심하게 되었습니다. 예수님이 귀신을 내어 쫓아 이스라엘 집을 깨끗하게 하지만, 정작 그들은 예수님을 그 빈집의 새로운 주인으로 모셔 들이지 않습니다. 예수님이 베푸신 수많은 표적을 보고 경험하면서도 그 마음과 삶을 돌이켜 예수님을 주님으로 영접하지 않습니다. 수많은 표적을 보고 경험하면서도 돌이켜 예수님을 주인으로 모셔 들이지 않는다면 그 형편이 이전보다 더욱 심하게 될 것입니다.

마태복음 이해 업그레이드 12

하늘에 계신 아버지의 뜻을 행하는 사람이 예수님의 가족이다

예수님의 권능의 말씀을 듣고, 권능의 표적을 보고, 그를 믿고 돌이켜 그가 가르치신 하늘에 계신 아버지의 뜻을 행하는 제자가 참 하늘나라 백성입니다. 예수님은 이 제자들을 가리켜 나의 어머니와 동생들, 즉 내 가족이라고 부르십니다. 한 사람이 예수님께 그의 어머니와 동생들이 그를 만나기 위해 밖에 와있다고 하니 예수님은 되물으십니다. "누가 내 어머니이며 내 동생들이냐?" 누가 예수님과 한 식구일까요? 예수님은 손을 내밀어 제자들을 가리켜 말씀하십니다. "누구든지 하늘에 계신 내 아버지의 뜻대로 행하는 자가 내 형제요 자매요 어머니이니라" 12:50. 심지어 육체적 가족마저도 부인되고 이스라엘인이든 이방인이든 누구든지 예수님과 그가 가르치시는 하늘 아버지의 뜻**산상수훈**으로 그 마음과 행위를 돌이키는 사람이 예수님의 가족이며 하늘나라 백성입니다. 예수님이 민족성을 뛰어넘는 새로운 하나님의 백성을 창조하십니다. 여러분은 예수님의 가족인가요?

묵상과 적용을 위한 질문

❶ 여러분은 예수님과 그가 가르치는 하늘 아버지의 뜻으로 마음과 삶을 돌이킨 예수님의 가족인가요? 아니면 또 다른 표적을 구하며 그 마음과 삶에 여전히 예수님을 영접하지 않은 빈집과 같은 사람인가요? 간략히 적어 보세요.

❷ 하나님의 나라가 이 땅에 임하여 공중 권세 잡은 사탄을 내어 쫓아 사람들을 해방합니다. 하나님의 나라가 여러분의 영혼과 삶에 임하여 해방한 사탄의 권세와 영향력이 있다면 무엇인지 간략히 적어 보세요.

나만의 묵상 메모

오늘 묵상을 통해 주신 깨달음에 대해 기록해 보세요.

저자와 함께 하는 한 줄 기도

높아지려는 사탄의 가치가 다스리는 이 세상에서 예수님처럼 낮아지려는 삶을 살게 하소서.

기도와 결단

오늘 묵상한 말씀의 적용과 삶의 결단을 담아 자신의 기도를 드리세요.

22 DAY

심판의 바다 위에서 가르치시는 천국 비유

마태복음 13:1-23

통독 묵상 길잡이

하늘나라 비유로 잘 알려진 마태복음 13장에 왔습니다. 예수님이 지금까지와는 다르게 가르침의 방식을 비유로 바꾸어 가르치기 시작하십니다. 그리고 그 위치도 바다 위라는 특별한 장소입니다. 예수님이 갑자기 바다 위에서 비유로 가르치는 이유는 무엇일까요? 그리고 첫 번째 비유인 씨 뿌리는 자의 비유 속에 등장하는 네 가지 밭은 무엇을 묘사하는 것일까요? 예수님의 설명을 잘 들어보세요.

오늘의 본문   마태복음 13:1-23

1 그 날 예수께서 집에서 나가사 바닷가에 앉으시매
2 큰 무리가 그에게로 모여 들거늘 예수께서 배에 올라가 앉으시고 온 무리는 해변에 서 있더니
3 예수께서 비유로 여러 가지를 그들에게 말씀하여 이르시되 씨를 뿌리는 자가 뿌리러 나가서
4 뿌릴새 더러는 길 가에 떨어지매 새들이 와서 먹어버렸고
5 더러는 흙이 얕은 돌밭에 떨어지매 흙이 깊지 아니하므로 곧 싹이 나오나
6 해가 돋은 후에 타서 뿌리가 없으므로 말랐고
7 더러는 가시떨기 위에 떨어지매 가시가 자라서 기운을 막았고
8 더러는 좋은 땅에 떨어지매 어떤 것은 백 배, 어떤 것은 육십 배, 어떤 것은 삼십 배의 결실을 하였느니라
9 귀 있는 자는 들으라 하시니라
10 제자들이 예수께 나아와 이르되 어찌하여 그들에게 비유로 말씀하시나이까
11 대답하여 이르시되 천국의 비밀을 아는 것이 너희에게는 허락되었으나 그들에게는 아니되었나니
12 무릇 있는 자는 받아 넉넉하게 되되 없는 자는 그 있는 것도 빼앗기리라
13 그러므로 내가 그들에게 비유로 말하는 것은 그들이 보아도 보지 못하며 들어도 듣지 못하며 깨닫지 못함이니라
14 이사야의 예언이 그들에게 이루어졌으니 일렀으되 너희가 듣기는 들어도 깨닫지 못할 것이요 보기는 보아도 알지 못하리라
15 이 백성들의 마음이 완악하여져서 그 귀는 듣기에 둔하고 눈은 감았으니 이는 눈으로 보고 귀로 듣고 마음으로 깨달아 돌이켜 내게 고침을 받을까 두려워함이라 하였느니라
16 그러나 너희 눈은 봄으로, 너희 귀는 들음으로 복이 있도다
17 내가 진실로 너희에게 이르노니 많은 선지자와 의인이 너희가 보는 것들을 보고자 하여도 보지 못하였고 너희가 듣는 것들을 듣고자 하여도 듣지 못하였느니라

오늘의 본문　　마태복음 13:1-23

18　그런즉 씨 뿌리는 비유를 들으라
19　아무나 천국 말씀을 듣고 깨닫지 못할 때는 악한 자가 와서 그 마음에 뿌려진 것을 빼앗나니 이는 곧 길 가에 뿌려진 자요
20　돌밭에 뿌려졌다는 것은 말씀을 듣고 즉시 기쁨으로 받되
21　그 속에 뿌리가 없어 잠시 견디다가 말씀으로 말미암아 환난이나 박해가 일어날 때에는 곧 넘어지는 자요
22　가시떨기에 뿌려졌다는 것은 말씀을 들으나 세상의 염려와 재물의 유혹에 말씀이 막혀 결실하지 못하는 자요
23　좋은 땅에 뿌려졌다는 것은 말씀을 듣고 깨닫는 자니 결실하여 어떤 것은 백 배, 어떤 것은 육십 배, 어떤 것은 삼십 배가 되느니라 하시더라

저자 해설 및 묵상

심판하는 바다 위에서 심판하는 비유를 베푸시다

큰 무리가 모여들었고 예수님은 비유로 가르치기 시작합니다. 예수님은 지금까지 수많은 권능을 행하며 하늘나라가 가까이 왔으니 돌이키라 부르셨습니다. 제자들도 파송하며 전파하였습니다. 앞서 살펴보았듯이 반응은 복합적이었습니다. 돌이키는 사람이 있던 반면 돌이키지 않고 오히려 그를 모독하며 심지어 죽이려고 하는 악한 사람들도 있었습니다. 이런 상황에서 예수님이 갑자기 가르치시는 방식을 바꾸어 비유를 베풀기 시작하시는 것입니다. 그리고 오늘은 산이 아니라 심판을 상징하는 바다 위 배에 올라앉아 가르칩니다. 노아의 때에 세상이 물에 잠겨 심판 받았고창6-8장, 죄인들이 물속에 들어가 돌이킴의 침례를 받았고3:5-6, 돼지 속에 들어간 귀신들이 바다에 빠져 몰살했고8:32, 집에서 내어 쫓긴 귀신이 심판의 물을 피해 쉴 곳을 찾아 다녔듯이12:43 바다는 심판의 장소입니다. 예수님이 심판의 장소인 바다 위에서 비유로 가르치시는 것은 비유도 심판과 무관하지 않기 때문입니다.

비유가 심판하는 것이라고?

제자들이 왜 저들에게 비유로 가르치는지 물었습니다. 예수님은 그가 비유로 가르치시는 것은 저들에게 하늘나라 비밀이 허락되지 않았기 때문이라고 하십니다13:11. 이는 그들의 마음이 완악하여 하늘나라 복음을 듣는데 둔하고 눈도 감아 보지 않으니 이사야의 예언대로 그들이 돌이켜 치유, 곧 구원을 받지 못하게 비유로 가르쳐 듣기는 들어도 깨닫지 못하게 보기는 보아도 알지 못하게 하기 위함이라고 말씀하십니다13:14-15. 다시 말해, 예수님은 하나님의 아들을 보면서도 보지 않고 그의 권능의 말씀을 들으면서도 듣지 않는 이 악한 세대에게 비유로 말해 하늘나라 복음을 감추고 그들이 더는 하늘나라 복음을 듣지 못하게 함으로써 돌이켜 구원을 얻을 수 없도록 심판하시는 것입니다. 심판의 장소인 바다 위에서 선포된 마태복음 13장 천국 비유는 돌이키지 않는 악인들이 돌이켜 구원을 얻지 못하도록 하는 심판입니다.

비유의 두 가지 기능

일반적으로 생각할 때 비유는 어떤 사실을 이해하기 쉽게 하는 문학 장치로 여깁니다. 하지만 비유는 그 비유를 말한 이가 설명해 주지 아니하면 그 의미를 절대 알 수 없는 암호와 같습니다. 오늘 본문에서도 이를 확인할 수 있습니다. 예를 들어, 예수님의 비유를 들은 제자들은 그 의미를 알 수 없었기 때문에 예수님께 물었습니다. 그리고, 예수님은 제자들에게만 비유를 풀어 설명해 주셨습니다13:10, 18, 36. 예수님은 비유를 통해 악인에게는 더 이상의 천국 비밀을 감추어 돌이키지 못하게 심판하시고 제자에게만 풀어 설명해 주시는 것입니다. "무릇 있는 자는 받아 넉넉하게 되되 없는 자는 그 있는 것도 빼앗기리라"13:12는 말씀 그대로 돌이켜 그를 따르는 제자들에게는 비유가 담고 있는 하늘나라 비밀을 풀어 설명해 주십니다. 제자들이 이미 가지고 있는 하늘나라 복음에 더하여 더 많은 진리를 받아 넉넉하게 갖게 하십니다. 그러나 하늘나라 복음을 듣고도 깨닫지 않고 보고도 알지 못하는 완악한 자들에게는 더 이상의 하늘나라 비밀이 주어지지 않게 하여 지금까지 들어서 가지고 있는 것마저도 잃고 빼앗기게 하십니다.

씨 뿌리는 자의 비유가 묘사하는 예수님의 돌이킴의 전파 사역

　예수님은 하나님 나라에 대한 첫 번째 비유로 씨 뿌리는 자에 대한 이야기를 하십니다. 씨 뿌리는 자의 비유는 지금까지 예수님이 시작해 오신 하늘나라 전파 사역과 그에 대한 반응을 비유하고 있습니다. 비유만을 들어서는 그 의미를 알 수 없습니다. 그러나 비유를 말씀하신 예수님이 풀어주는 해석을 들으면 이 비유가 앞선 예수님의 말씀과 전파 사역과 그에 대한 혼합된 반응을 묘사하며 하늘나라의 비밀을 알려주고 있음을 알 수 있습니다Davies & Allison. 씨를 뿌리는 것은 하늘나라 말씀, 즉 하늘나라가 임하였으니 돌이키라는 말씀4:17-8:1을 뿌리는 것을 묘사합니다. 첫째, 길가에 뿌려진 씨는 예수님의 말씀을 들었지만 악한 자헬; '포네로스'가 와서 그 마음에 뿌려진 것을 빼앗아 깨닫지 못한 사람을 묘사합니다. 예수님이 앞서 말씀하신 대로 양의 탈을 쓴 이리로 묘사된 나쁜악한; 헬; '포네로스' 열매 맺는 거짓 선지자에게 말씀을 빼앗기는 것입니다7:15-18. 둘째, 돌밭에 뿌려진 씨는 예수님의 말씀을 기쁨으로 받지만, 그로 인해 환난이나 박해가 일어날 때 곧 넘어지는 사람을 묘사합니다. 예수님이 앞서 말씀하신 대로 예수님으로 인해 환난을 겪고 박해가 있을 때 넘어지는 사람입니다5:11, 10:16-42. 셋째, 가시떨기에 떨어진 씨는 말씀을 듣지만, 세상의 염려와 재물의 유혹에 말씀이 막혀 그 말씀이 열매 맺지 못하는 사람을 묘사합니다. 이들은 예수님이 앞서 말씀하신 대로 무엇을 먹을까 무엇을 입을까 염려하여 말씀을 실천하지 못하는 사람입니다. 또한, 돌이켜 하나님을 온전히 섬기지 아니하고 여전히 재물돈을 섬겨 하나님의 나라와 그의 의의 열매를 맺지 못하는 사람입니다6:24-34.

좋은 밭은 예수님을 믿고 돌이켜 산상수훈을 실행하는 제자들이다

마지막으로 네 번째 좋은 땅에 떨어진 씨는 말씀을 듣고 깨달아 백 배, 육십 배, 삼십 배의 열매를 맺는 사람을 묘사합니다. 이들은 예수님이 앞서 말씀하신대로 아버지 하나님과 예수님의 계시를 받아 하늘나라 말씀을 깨닫는 어린아이들과 같습니다11:25-27. 그들은 예수님을 하나님의 아들로 계시받아 그를 믿고 그에게 돌이켜 따르는 제자입니다. 한때 그들은 헐벗고, 굶주리고, 병약하고, 귀신 들리고, 죽었으나 예수님의 권능을 경험하고 그에게 돌이켜 따릅니다. 그들은 돌이키지 않고 스스로 지혜 있다 하며, 외식하며, 높은 곳에 앉아 지배하고 섬김을 받으려 하는 악한 사람들과는 전혀 다른 사람들입니다. 무엇보다 그들은 예수님이 돌이키라 부르시고 그에 합당한 열매로 가르치신 산상수훈을 실행하여 마지막 심판 때에 구원을 얻는 반석 위에 집을 짓는 지혜로운 사람입니다7:21-27. 좋은 밭이 되어 열매를 많이 맺으려고 노력하는 사람을 묘사하는 것이 아닙니다. 오직 은혜로 예수님께 계시를 받아 그를 알고 믿는 사람입니다. 그 은혜로 예수님과 그의 가르침으로 돌이키고 그 돌이킴에 합당한 열매 맺는 좋은 제자들을 묘사합니다.

묵상과 적용을 위한 질문
❶ 예수님이 심판을 상징하는 바다 위에서 비유로 말씀하시는 이유에 대해 다시 한번 간략하게 적어 보세요.

❷ 여러분은 좋은 밭이 묘사하는 돌이킴에 합당한 열매 맺는 제자의 삶을 살고 있나요? 그렇다면 어제 혹은 오늘 행한 산상수훈 말씀을 적어 보세요.

___

___

___

나만의 묵상 메모
오늘 묵상을 통해 주신 깨달음에 대해 기록해 보세요.

___

___

___

저자와 함께 하는 한 줄 기도
좋은 밭이 묘사하는 예수님을 믿고 돌이켜 산상수훈의 말씀을 행하는 좋은 제자로 살게 하소서.

기도와 결단
오늘 묵상한 말씀의 적용과 삶의 결단을 담아 자신의 기도를 드리세요.

___

23 DAY

돌이키는 제자와 돌이키지 않는 자의 오늘과 내일

마태복음 13:24-43

통독 묵상 길잡이

그렇다면 돌이키지 않는 악인은 언제 심판당하나요? 알곡과 가라지는 누구를 가리키는 것일까요? 작고 약하게 임한 하늘나라의 모습과 작은 겨자씨와 적은 양의 누룩은 어떤 관련이 있을까요? 예수님의 말씀을 잘 들어보세요.

오늘의 본문　　마태복음 13:24-43

24 예수께서 그들 앞에 또 비유를 들어 이르시되 천국은 좋은 씨를 제 밭에 뿌린 사람과 같으니
25 사람들이 잘 때에 그 원수가 와서 곡식 가운데 가라지를 덧뿌리고 갔더니
26 싹이 나고 결실할 때에 가라지도 보이거늘
27 집 주인의 종들이 와서 말하되 주여 밭에 좋은 씨를 뿌리지 아니하였나이까 그런데 가라지가 어디서 생겼나이까
28 주인이 이르되 원수가 이렇게 하였구나 종들이 말하되 그러면 우리가 가서 이것을 뽑기를 원하시나이까
29 주인이 이르되 가만 두라 가라지를 뽑다가 곡식까지 뽑을까 염려하노라
30 둘 다 추수 때까지 함께 자라게 두라 추수 때에 내가 추수꾼들에게 말하기를 가라지는 먼저 거두어 불사르게 단으로 묶고 곡식은 모아 내 곳간에 넣으라 하리라
31 또 비유를 들어 이르시되 천국은 마치 사람이 자기 밭에 갖다 심은 겨자씨 한 알 같으니
32 이는 모든 씨보다 작은 것이로되 자란 후에는 풀보다 커서 나무가 되매 공중의 새들이 와서 그 가지에 깃들이느니라
33 또 비유로 말씀하시되 천국은 마치 여자가 가루 서 말 속에 갖다 넣어 전부 부풀게 한 누룩과 같으니라
34 예수께서 이 모든 것을 무리에게 비유로 말씀하시고 비유가 아니면 아무 것도 말씀하지 아니하셨으니
35 이는 선지자를 통하여 말씀하신 바 내가 입을 열어 비유로 말하고 창세부터 감추인 것들을 드러내리라 함을 이루려 하심이라
36 이에 예수께서 무리를 떠나사 집에 들어가시니 제자들이 나아와 이르되 밭의 가라지의 비유를 우리에게 설명하여 주소서
37 대답하여 이르시되 좋은 씨를 뿌리는 이는 인자요
38 밭은 세상이요 좋은 씨는 천국의 아들들이요 가라지는 악한 자의 아들들이요
39 가라지를 뿌린 원수는 마귀요 추수 때는 세상 끝이요 추수꾼은 천사들이니
40 그런즉 가라지를 거두어 불에 사르는 것 같이 세상 끝에도 그러하리라
41 인자가 그 천사들을 보내니 그들이 그 나라에서 모든 넘어지게 하는 것과 또 불법을 행하는 자들을 거두어 내어
42 풀무 불에 던져 넣으리니 거기서 울며 이를 갈게 되리라
43 그 때에 의인들은 자기 아버지 나라에서 해와 같이 빛나리라 귀 있는 자는 들으라

저자 해설 및 묵상

하늘나라를 묘사하는 알곡과 가라지, 겨자씨, 누룩 비유

예수님이 "하늘나라가 가까이 왔으니 돌이키라" 전파하기 시작하신 날부터마4:17 오늘 비유로 가르치기 시작하신 날까지 하늘나라는 어떤 모습으로 임해 있고 어떻게 진행되고 있을까요? 예수님은 이 땅에 임한 하늘나라를 여러 가지로 비유해 설명해 주십니다. 앞선 씨 뿌리는 자의 비유는 예수님의 전파에 돌이키지 않는 사람들과 돌이켜 그의 가르침을 듣고 행하는 열매 맺는 제자들이 나타나는 혼합된 반응을 묘사해 주었습니다. 이어서 예수님은 가라지와 알곡과 겨자씨와 누룩으로 하늘나라를 비유해 설명해주십니다. 예수님은 돌이키는 제자들과 돌이키지 않고 그를 박해하고 죽이려는 악인을 어떻게 하실까요? 당장 강력한 힘으로 온 세상을 심판하지 않으시는 예수님은 이에 관해 알곡과 가라지 비유로 설명해주십니다. 그렇다면 예수님과 함께 이 땅에 임한 하늘나라는 어떤 힘과 가치를 가지고 있는 것일까요? 크고 강력한 힘이 아니라 작고 약하게 임한 하늘나라와 그 나라의 왕이신 예수님은 이에 관해 겨자씨 비유와 누룩 비유로 설명해 주십니다.

알곡과 가라지 비유:
돌이키지 않는 악인은 지금은 그대로 두고
세상 끝날에 불태우신다

하늘나라는 좋은 씨를 그의 밭에 뿌린 주인과 같습니다. 좋은 씨가 뿌려진 밭에 밤사이 원수가 몰래 가라지를 뿌리고 갔습니다. 주인의 밭에 좋은 씨와 가라지가 섞이고 말았습니다. 시간이 지나 이삭이 나고 열매가 맺히기 시작하니 알곡과 가라지가 선명히 구분됩니다. 이 비유는 무엇을 묘사하고 있는 것일까요? 예수님이 제자들에게만 비유를 설명해 주십니다. 좋은 씨를 뿌리는 자는 예수님이요, 밭은 세상이요, 좋은 씨는 하늘나라 아들들을 가리킵니다. 가라지는 악한 자의 아들들이요, 가라지를 뿌린 원수는 마귀를 묘사합니다13:37-39. 여기까지는 지난 예수님의 공생애 사역의 모습과 일치합니다. 하늘나라가 임하였으니 돌이키라고 예수님이 전파하시니 돌이키는 제자들과 돌이키지 않는 악한 자들이 구분되어 나타났습니다 마4:17-12장. 돌이키는 제자들은 하늘나라 아들딸들입니다. 그러나 돌이키지 않는 악한 자들은 원수 사탄의 아들딸들입니다.

예수님은 이 좋은 씨와 가라지를 어떻게 하실까요? 다시 말해, 돌이키는 제자들과 돌이키지 않는 악한 자들을 어떻게 하실까요? 종들은 가라지를 보고 뽑아 버릴까 묻지만, 주인은 지금은 그대로 두라고 합니다. 지금은 그대로 두고 추수할 때에 추수꾼들이 가라지를 먼저 걸러내 단으로 묶어 불사르게 하고 알곡은 모아 곳간에 넣게 하라고 하십니다. 예수님이 이를 계속해서 설명해주십니다. 추수 때는 세상 끝이요, 추수 꾼은 천사들이요, 가라지를 거두어 불사르는 것은 세상 끝날, 즉 최후 심판의 날을 묘사합니다13:39-40. 비유가 묘사하는 대로 예수님은 가라지가 가리키는 돌이키지 않는 원수 사탄의 자녀들을 지금은 그대로 둔다고 하십니다. 그러나 마지막 최후 심판의 날에 넘어지게 하며 불법을 행하는 이 악인들을 풀무 불에 던져 넣을 것이라고 하십니다13:41-42. 반면, 좋은 씨와 알곡으로 묘사된 돌이켜 그의 말씀을 행하는 하늘나라 제자들은 아버지 나라에 들어가 해같이 빛나게 하실 것이라고 하십니다.

겨자씨와 누룩 비유:
현재 임한 하늘나라는 작아 보이지만
큰 힘과 가치를 담고 있다

　예수님과 함께 이 땅에 임한 하늘나라는 지금 당장 세상을 불로 심판하고 정복하는 강력한 나라의 모습은 아닙니다. 그러나 최후 심판의 날에 강력한 힘으로 심판할 것입니다. 하늘나라의 현재 모습은 아주 작은 겨자씨 같습니다. 너무 작아서 눈으로 보기에도 어렵습니다. 그러나 그 가치와 힘은 전혀 다릅니다. 풀보다 더 크게 자라 나무가 되어 많은 새들이 깃들어 살 수 있는 큰 힘과 가치를 가지고 있습니다. 겨자씨와 같이 작은 모습으로 예수님과 하늘나라가 이 땅에 임해 있습니다. 하지만 천하 만민이 깃들어 살며 생명을 얻을 수 있는 큰 힘과 가치를 가지고 있습니다. 또한, 그 나라의 현재 모습은 가루 서 말 속에 들은 적은 양의 누룩 같습니다. 아주 적은 양이지만 그 가치와 힘은 전혀 다릅니다. 가루 서 말을 몇 배로 부풀려 많은 사람이 먹고 유익을 얻을 수 있는 큰 힘과 가치를 가지고 있습니다. 적은 양의 누룩과 같이 작은 모습으로 예수님과 그의 나라가 이 세상에 임해 있습니다. 하지만 그로 말미암아 천하 만민이 먹고 생명을 얻을 수 있는 많은 양식을 주는 놀라운 힘과 가치를 가지고 있습니다.

악인은 반드시 심판 받는다

　예수님은 최후 심판을 하러 오신 것이 아닙니다. 오히려 세상을 돌이켜 구원하기 위해 오셨습니다. 하늘나라가 작고 약한 모습으로 임했습니다. 하지만, 그 힘과 가치를 모르고 무시해서는 안 됩니다. 예수님이 지금 당장 강력한 힘으로 세상을 불태워 최종 심판하지 않는 것은 아직 찾아야 할 하늘나라 딸과 아들들이 남아 있기 때문입니다. 예수님의 마음과 손은 천하 만민을 향해 열려 있습니다. 그에게 돌이켜 그의 말씀을 따라 좋은 열매 맺는 알곡은 하늘나라에서 해같이 빛나는 미래를 맞이할 것입니다. 돌이키지 않고 여전히 악인으로 남아 불법을 행하는 가라지는 당장은 그대로 두실 것입니다. 하지만 마지막 최후 심판의 날에 풀무 불에 태워지는 합당한 심판을 받을 것입니다. 하나님이 반드시 심판하실 것입니다. 그리고 예수님을 따라 목숨을 다한 사랑과 희생과 섬김의 열매 맺는 여러분을 하늘나라에서 해같이 빛나게 하실 것입니다.

묵상과 적용을 위한 질문
❶ 알곡과 가라지로 갈라진 세상에서 알곡으로 부름을 받은 여러분이 행하는 좋은 일은 무엇인지 적어 보세요.

❷ 작은 겨자씨와 적은 양의 누룩과 같은 하늘나라의 모습에 시험당한 적이 있다면 간략히 적어보세요. 반대로 여러분이 경험한 하늘나라가 가지고 있는 겨자씨와 누룩과 같은 힘과 가치를 간략히 적어보세요.

나만의 묵상 메모
오늘 묵상을 통해 주신 깨달음에 대해 기록해 보세요.

저자와 함께 하는 한 줄 기도
의인을 해같이 빛나게 하시고 악인을 지옥 불에 심판하시는 하나님을 기다리고 겨자씨와 누룩과 같이 작게 임한 하늘나라의 힘과 가치를 즐거워하게 하옵소서.

기도와 결단
오늘 묵상한 말씀의 적용과 삶의 결단을 담아 자신의 기도를 드리세요.

24 DAY

감춰진 하늘나라를 발견하고 모든 것을 팔아 돌이키는 제자

마태복음 13:44-58

통독 묵상 길잡이

하늘나라를 비유하는 밭에 감추인 보화와 극히 값비싼 진주는 어떤 하늘나라의 특성을 묘사할까요? 하늘나라 왕이신 예수님은 그물에 걸린 좋은 고기와 나쁜 고기를 어떻게 하실까요? 하늘나라의 서기관 된 제자는 무슨 의미일까요? 예수님의 말씀을 잘 들어보세요.

오늘의 본문　　**마태복음 13:44-58**

44 천국은 마치 밭에 감추인 보화와 같으니 사람이 이를 발견한 후 숨겨 두고 기뻐하며 돌아가서 자기의 소유를 다 팔아 그 밭을 사느니라

45 또 천국은 마치 좋은 진주를 구하는 장사와 같으니

46 극히 값진 진주 하나를 발견하매 가서 자기의 소유를 다 팔아 그 진주를 사느니라

47 또 천국은 마치 바다에 치고 각종 물고기를 모는 그물과 같으니

48 그물에 가득하매 물 가로 끌어 내고 앉아서 좋은 것은 그릇에 담고 못된 것은 내버리느니라

49 세상 끝에도 이러하리라 천사들이 와서 의인 중에서 악인을 갈라 내어

50 풀무 불에 던져 넣으리니 거기서 울며 이를 갈리라

51 이 모든 것을 깨달았느냐 하시니 대답하되 그러하오이다

52 예수께서 이르시되 그러므로 천국의 제자된 서기관마다 마치 새것과 옛것을 그 곳간에서 내오는 집주인과 같으니라

53 예수께서 이 모든 비유를 마치신 후에 그 곳을 떠나서

54 고향으로 돌아가사 그들의 회당에서 가르치시니 그들이 놀라 이르되 이 사람의 이 지혜와 이런 능력이 어디서 났느냐

55 이는 그 목수의 아들이 아니냐 그 어머니는 마리아, 그 형제들은 야고보, 요셉, 시몬, 유다라 하지 않느냐

56 그 누이들은 다 우리와 함께 있지 아니하냐 그런즉 이 사람의 이 모든 것이 어디서 났느냐 하고

57 예수를 배척한지라 예수께서 그들에게 말씀하시되 선지자가 자기 고향과 자기 집 외에서는 존경을 받지 않음이 없느니라 하시고

58 그들이 믿지 않음으로 말미암아 거기서 많은 능력을 행하지 아니하시니라

저자 해설 및 묵상

하늘나라를 발견하여 돌이키는 자와 그렇지 못한 자

　예수님이 하늘나라가 가까이에 왔으니 돌이키라 전파하기 시작하셨습니다4:17. 많은 제자가 그들이 가지고 있던 모든 것에게서 돌이켜 하늘나라와 예수님을 따라나섭니다4:18-23; 8:19-22; 10:2-4 등. 어떻게 그들은 가진 모든 것을 뒤로하고 예수님께 돌이켜 따를 수 있었을까요? 이 세상 그 무엇과도 비교할 수 없는 하늘나라와 예수님의 가치와 아름다움을 발견했기 때문입니다. 반면, 너무나 안타깝게도 돌이키지 않는 사람들도 많이 발견됩니다. 앞선 씨 뿌리는 자의 비유가 여러 가지 이유를 설명했지만, 가장 중요한 이유 중 하나는 그들이 이 땅에 임한 하나님의 아들 예수님과 하늘나라의 가치와 아름다움을 발견하지 못하기 때문입니다. 가진 모든 것을 팔아도 아깝지 않을 만한 예수님과 하늘나라의 큰 가치와 아름다움을 발견했다면 가진 모든 것을 뒤로하고 예수님께 돌이켰을 것입니다.

　앞선 장들에서 확인할 수 있듯이 모든 사람이 예수님의 권능의 말씀과 기적을 듣고 보았지만, 그 큰 가치와 비교할 수 없는 아름다움이 누구에게는 발견되고 누구에게는 발견되지 않습니다. 예수님의 말씀대로 그들 마음의 완악함으로 인해 보아도 보지 못하고 들어도 듣지 못해 발견하지 못하는 것입니다13:13-15. 예수님의 말씀대로 지혜롭고 슬기로운 자들에게는 감추어져 있고 오직 아들의 소원에 따라 계시를 받은 어린아이들만 발견합니다11:25-27. 어떤 사람들은 하나님의 아들 예수님과 하늘나라가 이 세상 전체를 심판하는 강력한 모습이 아니기 때문에 발견하지 못합니다

11:3-6. 또는 예수님이 세상에서 버림받고 소외되고 보잘것없이 여겨지는 죄인, 세리, 병약자, 가난한 자, 갇힌 자 등과 함께 있어 가치 없이 여깁니다 9:11-12. 예수님의 고향 사람들은 예수님의 권능에 놀라면서도 그가 목수의 아들이요, 어머니는 마리아며, 그의 형제와 자매를 다 안다고 말하며 배척합니다 13:54-58.

밭에 감추인 보화와 극히 값진 진주 비유:
어린아이들에게 발견된 감추어진 값비싼 하늘나라

예수님은 아름답고 큰 가치를 가진 하늘나라가 지혜롭고 슬기로운 자들에게 숨겨져 있다고 말씀하십니다 11:25-27. 그러나 계시를 받는 어린아이들에게 발견됩니다 11:25-27. 밭에 감추어진 보물 비유와 값비싼 진주를 발견한 진주 장사 비유가 이 상황을 정확히 묘사합니다. 어느 한 사람이 값비싼 보물이 감추어진 밭을 발견하였습니다. 자기가 찾은 것이 아니라 발견된 것입니다. 그리고는 자기 소유를 다 팔아 그 밭을 삽니다. 보물의 가치를 알기에 자기 소유를 파는 것이 아깝지 않고 더 이득입니다. 진주를 사서 팔며 생을 유지하는 진주 장사가 있습니다. 어느 날 극히 값진 진주 하나를 발견하였습니다. 그에게 발견된 것입니다. 그 큰 가치와 아름다움을 보고 가진 모든 것을 팔아 그것을 삽니다. 가진 모든 것을 팔고 극히 값진 진주를 사서 되파는 것이 더 이득이기 때문입니다. 하늘나라와 그 나라의 제자 된 자들이 이와 같습니다. 값비싼 보물과 극히 값진 진주로 비유된 하늘나라가 그들에게 발견됩니다. 예수님의 계시를 받아 발견되는 것입니다. 그들은 이전에 가지고 있던 모든 것을 뒤로하고 예수님과 하늘나라로 돌이킵니다. 이전에 가지고 있던 것이 무엇이든 예수님보다 못하기 때문입니다.

그물 비유:
나중에 버려지는 그물에 걸린 못된 물고기

극히 값진 보물과 진주 같은 예수님을 발견하고 이전 모든 삶에서 돌이켜 예수님을 따르는 의인은 구원을 얻습니다. 그러나 그렇지 않은 악인은 심판을 받습니다. 하지만, 아직은 아닙니다. 세상 끝날에 있을 최후 심판 때에 그리될 것입니다. 어부가 그물로 각종 물고기를 우선 잡고, 이후에 물가에 끌어내고 앉아서 좋은 것은 그릇에 담고 못된 것은 내버리는 것과 같습니다. 하나님이 세상 끝날에 의인 중에서 악인을 걸러내어 풀무 불에 던져 넣으실 것입니다13:47-50. 악인은 반드시 심판을 당할 것입니다. 이는 악인으로 인해 고통당하는 의인에게 소망이 메시지일 것입니다. 동시에 악인이 아직 돌이킬 시간이 있다는 희망이 메시지이기도 합니다. 예수님의 제자가 하늘나라를 발견하는 것도 은혜요, 그 나라의 가치와 아름다움을 볼 수 있는 것도 은혜입니다. 또한, 가진 모든 것을 팔아 예수님께 돌이켜 구원을 얻을 수 있는 것도 은혜입니다. 그와 그 나라의 큰 가치와 아름다움 때문에 돌이키는 것이지 그들의 힘으로 하는 것이 아니기 때문입니다. 모든 것이 하나님의 은혜입니다.

하늘나라의 제자 된 서기관

예수님은 제자들에게 모든 가르침을 깨달았는지 물으십니다. 깨달았다고 답하는 그들을 하늘나라에 제자 된 서기관이라 부르십니다13:51-52. 그리고 예수님은 그들은 마치 곳간에 있는 옛 보화와 새 보화를 내와 사람들에게 나누어 주는 집주인과 같다고 비유하십니다. 새것과 옛것으로 번역된 헬라어 '떼사우로스'는 보화를 의미합니다. 13:44에 밭에 감추인 "보화"로 번역된 헬라어 단어와 같습니다. 서기관은 율법을 가르치는 자들이기에 하늘나라의 서기관 된 제자들이란 예수님이 선포하신 하늘나라 법을 가르치는 제자들을 의미합니다. 그러니 이 서기관들이 곳간에서 내오는 옛 보화와 새 보화는 예수님이 가르치신 옛 율법과 그것을 완성하고 더 풍성하게 하는 하늘나라의 새로운 법입니다마5-7장, 13장. 여러분들은 예수님이 주시는 옛 보화와 새 보화의 말씀을 다 깨달으셨나요? 깨달은 옛 보화와 새 보화와 같은 말씀을 곳간에 가득 채우고 그것을 다 가지고 나와서 모두 나누어 주세요. 많이 나누면 나눌수록 많은 사람이 생명을 얻을 것입니다.

묵상과 적용을 위한 질문

❶ 여러분이 발견한 하늘나라와 그 나라의 왕이요, 그 나라 자체이신 예수님이 극히 값진 이유와 그의 아름다움을 간략히 적어 보세요.

❷ 하늘나라의 서기관 된 제자로 부름을 받은 여러분의 곳간에 예수님이 주신 옛 보화와 새 보화의 말씀이 가득 차 있나요? 그렇지 않다면 채워 넣을 계획을 세워 보세요.

_____

_____

_____

나만의 묵상 메모
오늘 묵상을 통해 주신 깨달음에 대해 기록해 보세요.

_____

_____

_____

저자와 함께 하는 한 줄 기도
예수님의 옛 보화와 새 보화와 같은 말씀을 깨닫고 풍성히 나누어 주게 하소서.

기도와 결단
오늘 묵상한 말씀의 적용과 삶의 결단을 담아 자신의 기도를 드리세요.

_____

25 DAY

이스라엘을 죽이는 헤롯 왕
VS
이스라엘을 살리는 하나님의 아들 예수님

마태복음 14장

통독 묵상 길잡이

이스라엘 전체가 예수님에 관해 듣고 그가 누구인지에 대해 의견이 분분합니다. 예수님의 소문이 이스라엘 왕인 헤롯에게까지 들려졌습니다. 헤롯은 그가 죽인 침례(세례) 요한이 다시 살아났다고 말합니다. 그런 와중에도 예수님은 오병이어의 이적과 물 위를 걸으시는 표적을 보여주십니다. 예수님은 누구신가요? 오늘 말씀을 잘 묵상해 보세요.

오늘의 본문   마태복음 14장

1 그 때에 분봉 왕 헤롯이 예수의 소문을 듣고
2 그 신하들에게 이르되 이는 세례 요한이라 그가 죽은 자 가운데서 살아났으니 그러므로 이런 능력이 그 속에서 역사하는도다 하더라
3 전에 헤롯이 그 동생 빌립의 아내 헤로디아의 일로 요한을 잡아 결박하여 옥에 가두었으니
4 이는 요한이 헤롯에게 말하되 당신이 그 여자를 차지한 것이 옳지 않다 하였음이라
5 헤롯이 요한을 죽이려 하되 무리가 그를 선지자로 여기므로 그들을 두려워하더니
6 마침 헤롯의 생일이 되어 헤로디아의 딸이 연석 가운데서 춤을 추어 헤롯을 기쁘게 하니
7 헤롯이 맹세로 그에게 무엇이든지 달라는 대로 주겠다고 약속하거늘
8 그가 제 어머니의 시킴을 듣고 이르되 세례 요한의 머리를 소반에 얹어 여기서 내게 주소서 하니
9 왕이 근심하나 자기가 맹세한 것과 그 함께 앉은 사람들 때문에 주라 명하고
10 사람을 보내어 옥에서 요한의 목을 베어
11 그 머리를 소반에 얹어서 그 소녀에게 주니 그가 자기 어머니에게로 가져가니라
12 요한의 제자들이 와서 시체를 가져다가 장사하고 가서 예수께 아뢰니라
13 예수께서 들으시고 배를 타고 떠나사 따로 빈 들에 가시니 무리가 듣고 여러 고을로부터 걸어서 따라간지라
14 예수께서 나오사 큰 무리를 보시고 불쌍히 여기사 그 중에 있는 병자를 고쳐 주시니라
15 저녁이 되매 제자들이 나아와 이르되 이 곳은 빈 들이요 때도 이미 저물었으니 무리를 보내어 마을에 들어가 먹을 것을 사 먹게 하소서
16 예수께서 이르시되 갈 것 없다 너희가 먹을 것을 주라
17 제자들이 이르되 여기 우리에게 있는 것은 떡 다섯 개와 물고기 두 마리뿐이니이다
18 이르시되 그것을 내게 가져오라 하시고
19 무리를 명하여 잔디 위에 앉히시고 떡 다섯 개와 물고기 두 마리를 가지사 하늘을 우러러 축사하시고 떡을 떼어 제자들에게 주시매 제자들이 무리에게 주니

오늘의 본문 **마태복음 14장**

20 다 배불리 먹고 남은 조각을 열두 바구니에 차게 거두었으며
21 먹은 사람은 여자와 어린이 외에 오천 명이나 되었더라
22 예수께서 즉시 제자들을 재촉하사 자기가 무리를 보내는 동안에 배를 타고 앞서 건너편으로 가게 하시고
23 무리를 보내신 후에 기도하러 따로 산에 올라가시니라 저물매 거기 혼자 계시더니
24 배가 이미 육지에서 수 리나 떠나서 바람이 거스르므로 물결로 말미암아 고난을 당하더라
25 밤 사경에 예수께서 바다 위로 걸어서 제자들에게 오시니
26 제자들이 그가 바다 위로 걸어오심을 보고 놀라 유령이라 하며 무서워하여 소리 지르거늘
27 예수께서 즉시 이르시되 안심하라 나니 두려워하지 말라
28 베드로가 대답하여 이르되 주여 만일 주님이시거든 나를 명하사 물 위로 오라 하소서 하니
29 오라 하시니 베드로가 배에서 내려 물 위로 걸어서 예수께로 가되
30 바람을 보고 무서워 빠져 가는지라 소리 질러 이르되 주여 나를 구원하소서 하니
31 예수께서 즉시 손을 내밀어 그를 붙잡으시며 이르시되 믿음이 작은 자여 왜 의심하였느냐 하시고
32 배에 함께 오르매 바람이 그치는지라
33 배에 있는 사람들이 예수께 절하며 이르되 진실로 하나님의 아들이로소이다 하더라
34 그들이 건너가 게네사렛 땅에 이르니
35 그 곳 사람들이 예수이신 줄을 알고 그 근방에 두루 통지하여 모든 병든 자를 예수께 데리고 와서
36 다만 예수의 옷자락에라도 손을 대게 하시기를 간구하니 손을 대는 자는 다 나음을 얻으니라

저자 해설 및 묵상

이스라엘 전체에 퍼진 예수님의 소문과 본격적으로 시작되는 박해

예수님의 사역과 그의 소문이 널리 퍼져 갈수록 예수님이 누구신지, 즉 그의 정체성에 대한 사람들의 궁금증도 커졌습니다. 예수님의 소문이 이스라엘 왕인 헤롯에게까지 이르렀고 오늘 말씀은 헤롯과 신하들이 예수님의 정체성에 대해서 논의하는 장면으로 시작합니다. 이 장면은 예수님과 그의 정체성에 관한 관심이 이스라엘 전체의 시선을 끌고 있었음을 알려줍니다 14:1-2. 동시에 예수님과 제자들의 전파 사역이 펼쳐질수록 예수님께 돌이켜 그를 따르는 제자들과 그렇지 않은 악인들이 더욱 분명히 나뉘어 나타났습니다. 특히, 완악한 마음으로 예수님을 보고도 보지 않고 듣고도 듣지 않는 불법을 행하는 악인들은 본격적으로 박해를 시작합니다. 어떻게 예수님을 죽일까 논의하던 자들이 이제는 그를 잡아 죽이기 위해 여러 가지로 올무를 놓고 예수님은 그의 죽음과 부활을 예언하기 시작하십니다 12:14; 16:21.

예수님의 죽음과 박해를 예견하는 침례세례 요한의 죽음

예수님의 정체성에 관한 관심이 극대화되고 본격적인 박해의 시작점에 헤롯 왕에게 목 베임을 당한 침례세례 요한의 기록이 등장합니다 14:1-12. 침례세례 요한은 이스라엘 전역에 돌이킴을 선포하였고, 헤롯 왕에게도 그의 동생의 아내인 헤로디아를 차지한 옳지 않은 일로 돌이킴을 선포했습니다 14:3-4. 헤롯은 요한을 잡아 옥에 가두고 결국 그의 생일잔치 날에 요한의 목을 베어 죽였습니다. 옳지 않은 일을 돌이키라 선포한 것으로 하나님의 큰 선지자를 죽이는 이스라엘의 왕과 그의 곁에 앉은 지도자들은 당시 이스라엘의 부패와 악을 선명히 드러냅니다. 예수님을 향한 박해와 그의 고난이 본격적으로 시작되는 지점에 기록된 이 침례세례 요한의 죽음은 요한을 이어서 돌이킴을 선포하신 예수님의 죽음을 예견하는 듯합니다3:2; 4:17; 17:12.

예수님이 이스라엘 열두 지파에 생명의 말씀을 주시는 분임을 보여주는 오병이어 기적

이런 상황에서 예수님은 그가 하나님의 아들이며 이스라엘을 구원하는 그리스도임을 더욱 드러내어 보여주십니다. 먼저 오병이어의 이적이 펼쳐집니다14:13-21. 헤롯이 요한을 목 베어 죽였다는 소식을 들은 예수님은 배를 타고 떠나 따로 빈 들에 앉으십니다. 요한이 죽은 것을 슬퍼하셨을 것입니다. 그리고 이스라엘을 하나님의 길로 인도해야 하는 왕과 지도자들의 악함에 분노하시고 그들의 횡포 아래 고생하는 백성들을 생각하며 몹시 슬퍼하셨을 것입니다. 마침 그때 무리가 여러 고을로부터 빈들에 앉으신 예수님께 나왔습니다. 하나님의 선지자를 죽이는 왕과 지도자의 횡포에 목자 잃은 양 같이 기진하여 고생하는 무리입니다. 헤롯의 지배 아래 있는 고을들을 떠나 빈들에 앉으신 예수님께 나올 수밖에 없는 이유입니다. 길 잃어 주리고 기진한 그들을 생명의 길과 푸른 초장으로 인도할 구원자가 필요합니다.

예수님은 그 큰 무리를 보시고 불쌍히 여기시어 그들 중에 있는 병자를 고치십니다. 그리고 오병이어의 이적을 통해 배부르게 먹여 주십니다. 먹고 남은 조각을 열두 바구니에 차게 거두었습니다. '12'라는 숫자는 이스라엘 열두 지파를 상징합니다. 예수님이 베푸신 오병이어의 이적은 그가 헤롯 왕과 지도자들의 횡포로 기진하고 고생하고 하나님의 큰 선지자를 잃은 이스라엘 열두 지파에 생명의 양식을 먹이는 구원자라는 선명한 메시지를 담고 있습니다. 헤롯 왕은 그의 백성을 죽이나 예수님은 그의 백성을 불쌍히 여겨 살립니다. 예수님이 먹여 주시는 이 생명을 얻게 하는 양식은 그가 가르치시는 생명을 얻게 하는 말씀을 상징합니다. 헤롯 왕과 그 곁에 앉은 악한 종교 지도자들은 이스라엘에 하나님의 말씀을 전하며 그들을 하나님께로 인도하는 선지자를 죽였습니다. 그러나 예수님은 이 악한 지도자들로 인해 길 잃고 방황하여 기진한 이스라엘 백성에게 바른 하나님의 말씀을 전하며 하늘나라와 영생으로 인도합니다.

심판의 바다에 빠지지 않고
그 위를 걸어 하나님의 아들임을 보여 주시다

오병이어의 이적을 마치신 예수님은 제자들을 먼저 바다로 건너 보내고 산에 올라 기도하십니다. 기도를 마치신 후 밤 사경에 제자들이 탄 배가 바람과 파도에 고난 당하는 모습을 보시고는 바다 위로 걸어 제자들에게 가십니다. 예수님은 제자들을 언제나 주목하시며 그들을 위험에 버려두지 않으십니다. 바다 위를 걷는 예수님을 본 제자들은 유령이라 하며 무서워 소리치지만, 예수님은 "안심하라 나니 두려워하지 말라" 하시며 안심시킵니다. 자기를 명하여 물 위로 오라 하소서 요청하는 베드로를 명하여 물 위를 걷게 하십니다. 그리고 바람을 보고 의심하여 물에 빠진 그를 손으로 붙잡아 건져 배에 오르십니다. 그 순간 바람이 그치고 이 모든 것을 본 배에 있던 사람들이 "진실로 하나님의 아들이로소이다"라고 절하며 고백합니다.

예수님은 누구신가에 관심이 쏠리고 있는 시점에서 예수님이 하나님의 아들이라는 고백이 처음으로 사람들의 입에서 터져 나왔습니다14:33. 앞서 예수님이 바람과 바다를 잔잔하게 하셨을 때는 "이이가 어떠한 사람이기에 바람과 바다도 순종하는가"8:26-27 감탄하고 말았지만, 이번에는 망설임 없이 예수님이 하나님의 아들임을 고백합니다. 예수님이 죄의 심판을 상징하는 바다 위를 걸으시니 그가 심판의 바다에 빠질 일이 없는 죄 없으신 하나님의 아들이심이 분명히 드러납니다. 바다 위를 걸으시고 바람을 잠잠하게 하시니 그가 하나님의 권능권위 있는 분임도 다시 보여집니다. 또한, 심판의 바다 위를 걸으시니 그가 심판의 권세를 가진 하나님이심도 잘 보여집니다8:32.

마태복음 이해 업그레이드 13

예수님을 믿는 자는 심판의 바다 위를 걷는다

예수님이 베드로를 명하여 죄의 심판을 상징하는 바다 위를 걷게 하신 것은 무엇을 보여주는 것일까요? 이는 예수님이 죄인을 심판에 떨어지지 않도록 구원하는 하나님의 아들이심을 보여줍니다. 심판의 바다에 빠져야 하는 죄인 중 하나인 베드로를 명하여 심판의 바다 위를 걷게 하신 것은 베드로가 더는 심판의 바다에 빠질 일이 없는, 즉 심판으로부터 자유로운 존재라는 것을 상징적으로 보여줍니다. 예수님의 죄를 사하는 권위권능 있는 말씀이 이를 가능하게 한 것이며 그를 향한 베드로의 믿음으로 말미암은 것입니다. 베드로는 예수님을 믿었기 때문에 심판의 바다 위를 걸을 수 있었습니다. "믿음이 작은 자여 왜 의심하였느냐" 예수님의 말씀이 분명히 알려 줍니다 14:29-31. 베드로는 예수님을 믿고 바다 위를 걸었으나, 바람을 보고 무서워 믿음이 작아지고, 의심하여 물에 빠진 것입니다. 예수님을 하나님의 아들로 믿는 사람은 심판의 바다에 빠지지 않고 그 위를 걸을 수 있습니다. 어떤 모진 풍파가 와도 우리를 살리는 것은 예수님을 향한 믿음이며 그를 의심하지 않는 것입니다.

더불어, 예수님은 작은 믿음과 의심으로 인해 물에 빠진 베드로를 손으로 붙잡아 건져 올리십니다. 이 모습은 예수님이 그를 믿고 따르는 제자들의 연약함을 용납하시고 끝까지 사랑하사 심판으로부터 건져 올리시는 자비로운 하나님의 아들임을 보여줍니다. 우리가 때로는 어려운 상황과 두려움으로 예수님을 의심하고 작은 믿음을 가져도 예수님이 그의 손으로 우리를 붙들어 건지시는 분입니다. 그러니 어떤 어려움과 시련이 있더라도 예수님을 향한 신뢰와 믿음을 끝까지 잃지 마시고 베드로를 잡아 살리신 예수님의 손을 구하십시오. 그는 꺼져가는 심지를 끄지 아니하고 상한 갈대를 꺾지 아니하는 자비롭고 좋은 하나님의 아들이십니다. 살려달라 외친 베드로를 건져 주셨듯이 살려달라는 우리의 절박한 기도를 들으시고 손을 뻗어 붙잡아 주실 것입니다.

묵상과 적용을 위한 질문

❶ 죄를 돌이켜 의를 갖으라는 부르심에 반발하여 헤롯과 같이 그 부르신 이를 박해한 적이 있다면 적어 보세요.

❷ 고난과 시련 가운데 믿음이 약해지고 의심이 쌓여 어려움을 이기지 못할 때 베드로처럼 살려달라 기도하고 건짐 받은 경험이 있다면 간략히 적어 보세요.

_____

_____

_____

나만의 묵상 메모

오늘 묵상을 통해 주신 깨달음에 대해 기록해 보세요.

_____

_____

_____

저자와 함께 하는 한 줄 기도

하나님의 아들 예수님을 더욱 알고 굳건한 믿음을 가져 물 위를 걷는 것과 같은 삶을 살게 하소서.

기도와 결단

오늘 묵상한 말씀의 적용과 삶의 결단을 담아 자신의 기도를 드리세요.

_____

26 DAY

예수님은 모든 이방 민족의 구원자입니다

마태복음 15장

통독 묵상 길잡이

예수님께 돌이키지 않는 자들의 박해가 심해집니다. 이번에는 예루살렘에서 종교 지도자들이 예수님을 시험합니다. 반면, 더 많은 이방인들이 예수님을 믿고 나와 구원을 받습니다. 마태복음 15장은 이방인 장이라고 불릴 수 있을 만큼 이방인을 구원하시는 예수님의 이야기로 가득합니다. 오늘 본문은 어떤 이야기들을 담고 있는지 잘 들어보세요.

오늘의 본문 **마태복음 15장**

1. 그 때에 바리새인과 서기관들이 예루살렘으로부터 예수께 나아와 이르되
2. 당신의 제자들이 어찌하여 장로들의 전통을 범하나이까 떡 먹을 때에 손을 씻지 아니하나이다
3. 대답하여 이르시되 너희는 어찌하여 너희의 전통으로 하나님의 계명을 범하느냐
4. 하나님이 이르셨으되 네 부모를 공경하라 하시고 또 아버지나 어머니를 비방하는 자는 반드시 죽임을 당하리라 하셨거늘
5. 너희는 이르되 누구든지 아버지에게나 어머니에게 말하기를 내가 드려 유익하게 할 것이 하나님께 드림이 되었다고 하기만 하면
6. 그 부모를 공경할 것이 없다 하여 너희의 전통으로 하나님의 말씀을 폐하는도다
7. 외식하는 자들아 이사야가 너희에 관하여 잘 예언하였도다 일렀으되
8. 이 백성이 입술로는 나를 공경하되 마음은 내게서 멀도다
9. 사람의 계명으로 교훈을 삼아 가르치니 나를 헛되이 경배하는도다 하였느니라 하시고
10. 무리를 불러 이르시되 듣고 깨달으라
11. 입으로 들어가는 것이 사람을 더럽게 하는 것이 아니라 입에서 나오는 그것이 사람을 더럽게 하는 것이니라
12. 이에 제자들이 나아와 이르되 바리새인들이 이 말씀을 듣고 걸림이 된 줄 아시나이까
13. 예수께서 대답하여 이르시되 심은 것마다 내 하늘 아버지께서 심으시지 않은 것은 뽑힐 것이니
14. 그냥 두라 그들은 맹인이 되어 맹인을 인도하는 자로다 만일 맹인이 맹인을 인도하면 둘이 다 구덩이에 빠지리라 하시니
15. 베드로가 대답하여 이르되 이 비유를 우리에게 설명하여 주옵소서
16. 예수께서 이르시되 너희도 아직까지 깨달음이 없느냐
17. 입으로 들어가는 모든 것은 배로 들어가서 뒤로 내버려지는 줄 알지 못하느냐
18. 입에서 나오는 것들은 마음에서 나오나니 이것이야말로 사람을 더럽게 하느니라
19. 마음에서 나오는 것은 악한 생각과 살인과 간음과 음란과 도둑질과 거짓 증언과 비방이니
20. 이런 것들이 사람을 더럽게 하는 것이요 씻지 않은 손으로 먹는 것은 사람을 더럽게 하지 못하느니라
21. 예수께서 거기서 나가사 두로와 시돈 지방으로 들어가시니
22. 가나안 여자 하나가 그 지경에서 나와서 소리 질러 이르되 주 다윗의 자손이여 나를 불

쌍히 여기소서 내 딸이 흉악하게 귀신 들렸나이다 하되
23 예수는 한 말씀도 대답하지 아니하시니 제자들이 와서 청하여 말하되 그 여자가 우리 뒤에서 소리를 지르오니 그를 보내소서
24 예수께서 대답하여 이르시되 나는 이스라엘 집의 잃어버린 양 외에는 다른 데로 보내심을 받지 아니하였노라 하시니
25 여자가 와서 예수께 절하며 이르되 주여 저를 도우소서
26 대답하여 이르시되 자녀의 떡을 취하여 개들에게 던짐이 마땅하지 아니하니라
27 여자가 이르되 주여 옳소이다마는 개들도 제 주인의 상에서 떨어지는 부스러기를 먹나이다 하니
28 이에 예수께서 대답하여 이르시되 여자여 네 믿음이 크도다 네 소원대로 되리라 하시니 그 때로부터 그의 딸이 나으니라
29 예수께서 거기서 떠나사 갈릴리 호숫가에 이르러 산에 올라가 거기 앉으시니
30 큰 무리가 다리 저는 사람과 장애인과 맹인과 말 못하는 사람과 기타 여럿을 데리고 와서 예수의 발 앞에 앉히매 고쳐 주시니
31 말 못하는 사람이 말하고 장애인이 온전하게 되고 다리 저는 사람이 걸으며 맹인이 보는 것을 무리가 보고 놀랍게 여겨 이스라엘의 하나님께 영광을 돌리니라
32 예수께서 제자들을 불러 이르시되 내가 무리를 불쌍히 여기노라 그들이 나와 함께 있은 지 이미 사흘이매 먹을 것이 없도다 길에서 기진할까 하여 굶겨 보내지 못하겠노라
33 제자들이 이르되 광야에 있어 우리가 어디서 이런 무리가 배부를 만큼 떡을 얻으리이까
34 예수께서 이르시되 너희에게 떡이 몇 개나 있느냐 이르되 일곱 개와 작은 생선 두어 마리가 있나이다 하거늘
35 예수께서 무리에게 명하사 땅에 앉게 하시고
36 떡 일곱 개와 그 생선을 가지사 축사하시고 떼어 제자들에게 주시니 제자들이 무리에게 주매
37 다 배불리 먹고 남은 조각을 일곱 광주리에 차게 거두었으며
38 먹은 자는 여자와 어린이 외에 사천 명이었더라
39 예수께서 무리를 흩어 보내시고 배에 오르사 마가단 지경으로 가시니라

저자 해설 및 묵상

예수님을 믿는 무리 vs 예수님을 박해하는 예루살렘 지도자

　예수님과 제자들이 바다를 건너 게네사렛에 이르니 사람들이 예수님을 알아보고 근방에 두루 통지하여 모든 병자를 데려왔습니다. 이스라엘 곳곳에 널리 퍼진 예수님의 소식과 그의 권위권능를 믿고 구원을 바라는 사람들이 많아졌다는 것을 알 수 있습니다. 그들은 예수님의 옷자락에 손만 대어도 고침을 받을 수 있다는 큰 믿음을 가지고 모두 고침을 얻었습니다 14:34-36. 그런데 그때 또 다른 무리가 예수님을 찾아왔습니다. 예수님을 시험하여 죽이려고 하는 예루살렘으로부터 내려온 바리새인과 서기관들입니다. 큰 믿음을 가진 무리와 예수님을 죽이려는 두 무리의 대조가 두드러집니다. 바리새인과 서기관들은 예수님의 제자들이 떡 먹을 때 손을 씻어야 하는 장로의 전통을 어긴다며 고발합니다. 예수님은 그들에게 오히려 너희는 너희의 전통으로 하나님의 계명말씀을 폐한다며 맞서십니다. 손을 씻고 먹지 않는 제자들보다 하나님의 말씀을 폐하는 그들이 진실로 더러운 자들이라는 더 큰 고발입니다. 그들은 부모를 공경하라는 하나님의 말씀을 그들의 전통으로 폐하는 자들입니다. 하나님 말씀 위에 인간의 말을 둔 악인들입니다. 이사야의 말씀대로 그들은 입술로는 하나님을 공경한다고 말하지만, 마음은 그에게서 멀고, 하나님의 계명이 아니라 사람의 계명을 가르치며 하나님을 거짓으로 경배하는 자들입니다 15:3-11.

가라지인 바리새인들과 서기관들

결정적으로 예수님은 그들은 아버지 하나님이 심지 아니한 것이며 이후에 뽑힐 것이니 그냥 두라고 말씀하십니다15:13. 알곡과 가라지 비유와 정확히 일치하는 말씀입니다13:24-30, 36-43. 그들은 하나님이 심으신 하나님의 백성이 아니요 원수가 뿌리고 간 가라지요 악마의 백성입니다. 알곡이 상할까 지금은 그대로 두지만, 최후 심판의 날에 뽑혀 풀무 불에 던져 질 것입니다. 또한, 그들은 맹인으로서 다른 맹인을 인도하는 지도자이니 당장 심판하지 말고 그냥 두라고 하십니다. 그냥 두어도 그들 스스로 파멸의 구덩이에 빠지는 심판을 당할 것이기 때문입니다15:14. 반면, 예수님은 그를 따르는 무리를 따로 불러 입으로 들어가는 것이 아니라 입에서 나오는 그것이 사람을 더럽게 하는 것이라고 가르치십니다. 입에서 나오는 것은 마음에서 나오는 것이기에 그것이 진짜로 사람을 더럽게 하는 것입니다. 마음에서 나오는 악한 생각, 살인, 간음, 음란, 도둑질, 거짓 증언, 비방이 사람의 깨끗함과 더러움을 구별하는 것입니다15:15-20. 예수님은 가라지요 맹인 된 이스라엘 지도자들이 주장하는 거짓된 가르침을 철저히 배격합니다. 그에게 돌이켜 따르는 제자 공동체를 진리로 보호하고 파멸이 아니라 영생으로 인도하기 위함입니다.

이방 땅 두로와 시돈에서 확인하는 가나안 이방 여인의 믿음

예수님은 그를 박해하는 이스라엘 땅을 떠나서 이방 땅 두로와 시돈으로 발걸음을 옮기십니다. 두로와 시돈은 앞서 예수님이 많은 권능을 행하셨음에도 돌이키지 않는 이스라엘의 고을들을 책망하며 언급하신 곳입니다. 이방 땅 두로와 시돈에서 그 권능을 행하였다면 돌이켰을 것이라고 말하며 돌이키지 않는 이스라엘을 한탄하신 곳입니다11:21. 과연 이방 땅 두로와 시돈에서 권능을 행하시면 그곳에 사는 이방인들이 예수님께 돌이킬까요? 그 때 한 가나안 이방 여인이 소리 질러 귀신 들린 그녀의 딸을 고쳐달라 외칩니다. 그러나 예수님은 그는 이스라엘 집의 잃어버린 양 외에는 다른 데로 보내심을 받지 않았고 자녀의 떡을 개들에게 줄 수 없다고 말하며 거절합니다15:26. 예수님이 이렇게 말씀하신 것은 이방인은 하나님을 섬기지 않는 악한 족속이요 구원이 아니라 심판 받아야 하는 사람이기 때문입니다. 그러나 이 여인은 개들도 주인의 상에서 떨어지는 부스러기를 먹나이다 말합니다. 이 말을 들은 예수님은 그녀의 큰 믿음을 칭찬하십니다. 하나님을 섬기지 않아 부정한 개로 여김 받는 이 이방 땅에서 하나님의 아들을 향한 큰 믿음이 발견된 것입니다. 예수님은 그녀의 딸의 귀신을 내어 쫓아 고쳐 주십니다. 예수님의 말씀대로 이스라엘은 돌이키지 않지만, 이방 두로와 시돈은 돌이켰습니다. 예수님을 믿지 않는 이스라엘과 예수님을 믿고 돌이키는 이방인이 극적으로 대비됩니다.

　이 여인은 그리스도 예수님이 이스라엘 집의 잃어버린 양들뿐만 아니라 그를 믿는 모든 이방인을 구원하는 분이심을 잘 보여줍니다. 예수님이 이방인 중에서 귀신을 내어 쫓은 것은 그들에게도 하나님의 나라가 임한 것임을 알려줍니다12:28. 예수님을 박해하고 인간의 전통을 지키기 위해 하나님의 말씀을 폐하는 이스라엘은 진실한 하나님의 백성이 아닙니다. 그러나 오히려 그들이 더러운 개로 여기던 가나안 이방 여인은 예수님을 믿는 참 하나님의 백성입니다. 참 하나님의 백성은 이스라엘 민족에게만 국한되지 않습니다. 어느 민족 누구든지 예수님을 믿고 돌이키는 천하 만민이 하나님의 백성입니다. 예수님은 온 세상의 구원자입니다. 예수님은 그가 어느 나라 사람이든 과거에 어떤 삶을 살았든 돌이켜 믿는 사람 모두를 구원하십니다. 세상 모든 사람을 향한 이 차별 없는 예수님의 사랑은 오늘도 멈추지 않습니다.

마태복음 이해 업그레이드 14

이방인 사천 명을 먹이시다

두로와 시돈에서 이방 여인의 큰 믿음을 보시고 치유하신 예수님은 갈릴리 호수가 산에 올라 자기에게 나아온 큰 무리의 모든 질병을 고치십니다. 그들은 이스라엘의 하나님께 영광을 돌립니다15:31. 나의 하나님이나 우리 하나님이 아니라 "이스라엘의 하나님께 영광을 돌리니라"라는 표현은 이 무리가 이스라엘 안팎에 살던 이방인 무리임을 알려 줍니다. 예수님은 이 이방인 무리를 불쌍히 여기십니다. 그리고 칠병이어의 이적으로 그들을 먹이십니다. 앞선 오병이어의 이적과 같이 생명의 양식말씀을 먹여 구원하는 것을 상징하는 이적입니다. 사천 명이 먹고 일곱 광주리가 남았습니다. 이 일곱 광주리는 가나안 땅 일곱 이방 족속을 상징하는 숫자입니다. 이 역시 예수님이 먹인 사천 명이 이방인이었음을 알려 줍니다. 앞선 오병이어 이적에서는 이스라엘 열두 지파를 상징하는 열두 광주리를 남기시고 이곳 칠병이어 이적에서는 가나안 이방 일곱 족속을 상징하는 일곱 광주리를 남기신 것입니다. 이 이적은 예수님이 이스라엘과 이방인 모두를 구원하시는 온 세상이 바라고 기다리던 메시아임을 입증합니다. 예수님의 사랑이 당시 더럽게 여겨지던 작고 약한 이방 여인과 고통당하고 버려진 변방의 이방인들에 닿고 있습니다. 예수님은 사랑이 많으시고 그 사랑을 베푸심에 차별이 없으십니다.

묵상과 적용을 위한 질문

❶ 오늘날 교회에 하나님의 말씀과 반대되는 전통적인 행사나 가르침이 있는지 적어 보세요.

❷ 예수님의 차별 없는 사랑을 경험한 적이 있다면 간략히 적어보세요.

나만의 묵상 메모

오늘 묵상을 통해 주신 깨달음에 대해 기록해 보세요.

저자와 함께 하는 한 줄 기도

온 세상 천하 만민을 불쌍히 여겨 돌보시고 구원하시는 예수님을 찬양합니다.

기도와 결단

오늘 묵상한 말씀의 적용과 삶의 결단을 담아 자신의 기도를 드리세요.

27 DAY

"너희는 나를 누구라 하느냐?" 반석이신 그리스도 위에 세워진 교회

마태복음 16:1-20

통독 묵상 길잡이

예수님은 바리새인들과 서기관들의 교훈을 멀리하라 경계하시며 제자 공동체를 보호하십니다. 그리고 제자들에게 "너희는 나를 누구라 하느냐?"고 물으십니다. 그리고 양육해 오신 제자 공동체로 예수님의 교회를 세우십니다. 제자들과 예수님이 어떤 대화를 나누는지 잘 들어 보세요.

오늘의 본문   마태복음 16:1-20

1. 바리새인과 사두개인들이 와서 예수를 시험하여 하늘로부터 오는 표적 보이기를 청하니
2. 예수께서 대답하여 이르시되 너희가 저녁에 하늘이 붉으면 날이 좋겠다 하고
3. 아침에 하늘이 붉고 흐리면 오늘은 날이 궂겠다 하나니 너희가 날씨는 분별할 줄 알면서 시대의 표적은 분별할 수 없느냐
4. 악하고 음란한 세대가 표적을 구하나 요나의 표적 밖에는 보여 줄 표적이 없느니라 하시고 그들을 떠나 가시니라
5. 제자들이 건너편으로 갈새 떡 가져가기를 잊었더니
6. 예수께서 이르시되 삼가 바리새인과 사두개인들의 누룩을 주의하라 하시니
7. 제자들이 서로 논의하여 이르되 우리가 떡을 가져오지 아니하였도다 하거늘
8. 예수께서 아시고 이르시되 믿음이 작은 자들아 어찌 떡이 없으므로 서로 논의하느냐
9. 너희가 아직도 깨닫지 못하느냐 떡 다섯 개로 오천 명을 먹이고 주운 것이 몇 바구니며
10. 떡 일곱 개로 사천 명을 먹이고 주운 것이 몇 광주리였는지를 기억하지 못하느냐
11. 어찌 내 말한 것이 떡에 관함이 아닌 줄을 깨닫지 못하느냐 오직 바리새인과 사두개인들의 누룩을 주의하라 하시니
12. 그제서야 제자들이 떡의 누룩이 아니요 바리새인과 사두개인들의 교훈을 삼가라고 말씀하신 줄을 깨달으니라
13. 예수께서 빌립보 가이사랴 지방에 이르러 제자들에게 물어 이르시되 사람들이 인자를 누구라 하느냐
14. 이르되 더러는 침례(세례) 요한, 더러는 엘리야, 어떤 이는 예레미야나 선지자 중의 하나라 하나이다
15. 이르시되 너희는 나를 누구라 하느냐
16. 시몬 베드로가 대답하여 이르되 주는 그리스도시요 살아 계신 하나님의 아들이시니이다
17. 예수께서 대답하여 이르시되 바요나 시몬아 네가 복이 있도다 이를 네게 알게 한 이는 혈육이 아니요 하늘에 계신 내 아버지시니라
18. 또 내가 네게 이르노니 너는 베드로라 내가 이 반석 위에 내 교회를 세우리니 음부의 권세가 이기지 못하리라
19. 내가 천국 열쇠를 네게 주리니 네가 땅에서 무엇이든지 매면 하늘에서도 매일 것이요 네가 땅에서 무엇이든지 풀면 하늘에서도 풀리리라 하시고
20. 이에 제자들에게 경고하사 자기가 그리스도인 것을 아무에게도 이르지 말라 하시니라

저자 해설 및 묵상

바리새인과 사두개인에게 주시는 요나의 표적의 의미

바리새인과 사두개인이 다시 한번 예수님께 나아와 표적을 구합니다12:38, 42, 16:1-4. 이번에는 단순히 표적을 보기 위한 것이 아니라 예수님을 시험하여 박해하기 위한 것입니다. 표적 베풀기를 거절하신 예수님은 이 악하고 음란한 세대에게 보여줄 표적은 요나의 표적 뿐이라고 반복해 말씀하십니다. 요나가 삼 일간 고래 뱃속에 있다가 살아 나와 이방 땅 니느웨에 돌이킴을 전파하고 이방 니느웨 사람들이 돌이켰던 것처럼, 예수님이 죽고 삼일 만에 부활하여 온 세상 모든 민족에게 돌이킴을 전파할 것입니다. 그리고 천하 만민이 돌이켜 예수님의 제자가 되고 하늘나라에 들어갈 것입니다28:18-20. 그러나, 요나보다 더 크신 예수님이 돌이키라 전파함에도 돌이키지 않는 이스라엘 사람들은 심판 때에 이방 니느웨 사람들에게 정죄 받을 것입니다12:41. 지금까지는 이스라엘이 하나님을 섬기지 않는 이방인을 정죄해왔지만 이제는 이방인이 하나님을 섬기지 않는 이스라엘을 정죄할 것입니다. 오직 예수님께 돌이키는 사람만 삽니다.

바리새인과 사두개인의 교훈을 경계하며
제자 공동체 양육에 더욱 힘을 쓰시다

예수님께 돌이키는 제자들과 돌이키지 않고 오히려 박해하는 자들이 선명히 구별되면서 예수님은 제자 공동체 양육에 더욱 힘을 쓰십니다. 특히, 제자 공동체를 중심으로 가르치고 이적을 베푸시며 그들에게 더욱 자신이 하나님의 아들이심을 드러내어 보여주십니다14:22-33, 15:15-20등. 반면, 돌이키지 않고 그를 박해하고 위협하는 바리새인, 사두개인, 서기관들에게는 표적 보여주시기를 거절합니다16:4. 무엇보다 예수님은 제자 공동체에게 바리새인과 사두개인의 교훈을 철저히 경계하도록 명령하십니다16:5-12. 바리새인과 서기관의 누룩을 주의하라는 은유로 아주 적은 양이라도 저들의 악한 교훈이 제자 공동체에 들어와 그 전체에 영향을 미치는 일이 발생하지 못하도록 철저히 경계하십니다. 앞선 13장의 누룩 비유에서 하늘나라를 가루 서 말 속의 누룩과 같다고 비유하신 예수님은 이번에는 바리새인과 서기관의 교훈을 누룩으로 비유하십니다. 그러니 바리새인과 서기관의 누룩을 주의하라는 말씀은 제자 공동체에 바리새인과 서기관의 교훈은 없고 오직 하늘나라와 예수님의 가르침만이 있도록 하라는 말씀입니다. 바리새인과 서기관의 교훈은 사람을 죽이는 것이지만 예수님과 그가 가르치는 하늘나라 교훈은 많은 사람이 생명을 얻게 하는 것이기 때문입니다. 예수님의 말씀에만 생명이 있습니다.

너희는 나를 누구라 하느냐?

예수님에 대한 소문이 퍼져갈수록 그가 누구인지에 대한 세상의 관심이 커져갔습니다14:1-2. 예수님은 제자들에게 사람들이 인자를 누구라 하는지 물으십니다. 사람들은 침례세례 요한, 엘리야, 예레미야, 혹은 선지자 중 하나라는 등 다양하게 말하였습니다. 그러나 모두 사실이 아닙니다. 예수님이 누구신지 바로 알고 있는 사람은 없는 것일까요? 이번에는 돌이켜 그를 따르는 제자 공동체에 들어 보십니다. "너희는 나를 누구라 하느냐?" 베드로가 대답합니다 "주는 그리스도시요 살아 계신 하나님의 아들이시니이다." 예수님은 이런 대답을 한 베드로를 복이 있다고 하십니다. 그가 복이 있다는 것은 이 고백이 그가 스스로 한 것이 아니라 복으로 받은 것임을 알려줍니다. 예수님은 제자 공동체를 집중적으로 양육해 오셨습니다. 그들 앞에서 표적을 베푸시며 예수님이 하나님의 아들이심을 알도록 하셨습니다14:33. 또한, 예수님은 하늘에 계신 내 아버지가 이것을 네게 알게 하셨다고 하십니다. 앞서 예수님이 말씀하신대로 베드로가 예수님을 그리스도요 살아계신 하나님의 아들로 알게 된 것은 오직 은혜로 말미암은 하나님의 계시로 인한 것입니다11:25-27. 아무리 이적을 많이 보아도 결국 하나님이 계시해 주지 아니하면 예수님을 그리스도로 알 수 없는 것입니다. 제자 공동체는 곧 은혜 공동체입니다. 은혜의 계시를 받아 예수님을 믿고 돌이켜 그를 더욱 알게 된 자들입니다.

반석이신 예수 그리스도, 하나님의 아들 위에 교회를 세우시다

예수님께 돌이키는 자들과 그렇지 않은 자들이 구분되어 나타나고 예수님은 돌이켜 그를 따르는 제자 공동체를 집중적으로 양육해 오셨습니다. 예수님은 이제 이 제자 공동체를 교회로 세우십니다16:18. 예수님은 자신을 반석이라 비유하며 이 반석 위에 내 교회를 세우겠다고 말씀하십니다. 예수님이 반석이라는 의미를 가진 이름인 베드로를 부르시고 이 반석 위에 내 교회를 세우겠다고 말씀하신 것 때문에 베드로 위에 교회를 세우시는 것으로 오해할 수도 있습니다. 하지만 베드로는 남성형 고유명사이고 예수님이 그 위에 교회를 세우겠다 말씀하신 "이 반석"은 여성형 명사입니다. 다시 말해, 예수님이 말씀하신 이 반석은 베드로가 아닙니다. 오히려 베드로가 그리스도요 하나님의 아들이라 고백한 예수님을 가리킵니다. 이미 이

여성형 명사 "반석"은 마7:24 – 25에서 반석 위에 집을 짓는 지혜로운 사람 비유에 사용되었습니다. 이 비유에서 "반석"은 예수님과 그의 산상수훈 말씀을 가리킵니다. 그러니 예수님이 "이 반석 위에 내 교회를 세우신다" 할 때 이 반석은 자신과 그의 가르침 위에 교회를 세우는 것으로 이해하는 것이 좋습니다. 예수님은 그와 그의 말씀 위에 교회를 세우십니다. 왜냐하면 그는 세상을 구원하는 그리스도요 생명의 말씀을 주시는 하나님의 아들이기 때문입니다. 누구든 이 반석 위에 서는 자는 구원을 얻을 것입니다.

마태복음 이해 업그레이드 15

큰 반석이신 예수님과 작은 반석인 베드로

예수님이 너는 베드로라, 즉 반석이라 부르시고 자신을 가리키는 반석 위에 내 교회를 세우시겠다 말씀하신 것은 어떤 의미일까요 16:18 ? 그것은 반석이신 자신과 반석이라는 이름을 가진 베드로를 뗄 수 없는 관계로 연결하시는 것입니다. 예수님이 죽으시고 부활 승천하신 이후에 이 땅에서 그가 가졌던 묶고 푸는 구원의 권세를 또 다른 반석이라는 이름을 가진 베드로가 이어가는 것을 상징적으로 알려주기 위함입니다. 말하자면, 큰 반석이신 예수님이 부활 승천하신 이후에 작은 반석인 제자 베드로가 이 땅에 남아 묶고 푸는 구원의 권세를 이어가는 것입니다. 예수님은 마태복음 18장에서 묶고 푸는 권세에 대해 다시 자세히 가르치십니다. 그리고 이 권세가 베드로 뿐만 아니라 전체 교호 에게 주어지는 것임을 알려주십니다 18:15-20 . 예수님이 주신 이 묶고 푸는 구원의 권세는 베드로와 초대 교회를 시작으로 오늘날의 교회까지 이어서 주어집니다. 예수님과 그의 모든 말씀을 온전히 알고 실천하는 교회가 되어 결코 가볍지 않은 이 권세를 가지고 세상을 구원하고 교회를 지키는 사명을 감당해야 합니다.

묵상과 적용을 위한 질문

❶ 여러분 안에 혹은 여러분이 출석하는 교회 안에 바리새인과 사두개인들의 누룩으로 말할 수 있을 만한 불의한 교훈이 있다면 간략히 적어 보세요.

❷ 여러분이 베드로처럼 예수님을 그리스도요 살아계신 하나님의 아들이라고 고백하게 한 것은 무엇이었는지 그리고 언제였는지 간략히 적어 보세요.

나만의 묵상 메모

오늘 묵상을 통해 주신 깨달음에 대해 기록해 보세요.

저자와 함께 하는 한 줄 기도

그리스도시요 살아계신 하나님의 아들이신 예수님 위에 든든히 세워진 교회가 되게 하소서.

기도와 결단

오늘 묵상한 말씀의 적용과 삶의 결단을 담아 자신의 기도를 드리세요.

28 DAY

"너희는 그의 말을 들으라"

마태복음 16:21-17:27

통독 묵상 길잡이

제자들이 예수님을 그리스도시며 하나님의 아들로 고백했습니다. 예수님이 이 신앙고백을 듣자마자 그가 고난 당하고 죽고 부활할 것을 처음으로 알리기 시작합니다. 그리고 변화산에서 하나님의 음성이 들려옵니다 "너희는 그의 말을 들으라" 무슨 말을 들으라는 것일까요? 말씀을 잘 들어보세요.

오늘의 본문 마태복음 16:21-17:27

21 이 때로부터 예수 그리스도께서 자기가 예루살렘에 올라가 장로들과 대제사장들과 서기관들에게 많은 고난을 받고 죽임을 당하고 제삼일에 살아나야 할 것을 제자들에게 비로소 나타내시니
22 베드로가 예수를 붙들고 항변하여 이르되 주여 그리 마옵소서 이 일이 결코 주께 미치지 아니하리이다
23 예수께서 돌이키시며 베드로에게 이르시되 사탄아 내 뒤로 물러 가라 너는 나를 넘어지게 하는 자로다 네가 하나님의 일을 생각하지 아니하고 도리어 사람의 일을 생각하는도다 하시고
24 이에 예수께서 제자들에게 이르시되 누구든지 나를 따라오려거든 자기를 부인하고 자기 십자가를 지고 나를 따를 것이니라
25 누구든지 제 목숨을 구원하고자 하면 잃을 것이요 누구든지 나를 위하여 제 목숨을 잃으면 찾으리라
26 사람이 만일 온 천하를 얻고도 제 목숨을 잃으면 무엇이 유익하리요 사람이 무엇을 주고 제 목숨과 바꾸겠느냐
27 인자가 아버지의 영광으로 그 천사들과 함께 오리니 그 때에 각 사람이 행한 대로 갚으리라
28 진실로 너희에게 이르노니 여기 서 있는 사람 중에 죽기 전에 인자가 그 왕권을 가지고 오는 것을 볼 자들도 있느니라

17장
1 엿새 후에 예수께서 베드로와 야고보와 그 형제 요한을 데리시고 따로 높은 산에 올라가셨더니
2 그들 앞에서 변형되사 그 얼굴이 해 같이 빛나며 옷이 빛과 같이 희어졌더라
3 그 때에 모세와 엘리야가 예수와 더불어 말하는 것이 그들에게 보이거늘
4 베드로가 예수께 여쭈어 이르되 주여 우리가 여기 있는 것이 좋사오니 만일 주께서 원하시면 내가 여기서 초막 셋을 짓되 하나는 주님을 위하여, 하나는 모세를 위하여, 하나는 엘리야를 위하여 하리이다
5 말할 때에 홀연히 빛난 구름이 그들을 덮으며 구름 속에서 소리가 나서 이르시되 이는 내 사랑하는 아들이요 내 기뻐하는 자니 너희는 그의 말을 들으라 하시는지라
6 제자들이 듣고 엎드려 심히 두려워하니
7 예수께서 나아와 그들에게 손을 대시며 이르시되 일어나라 두려워하지 말라 하시니
8 제자들이 눈을 들고 보매 오직 예수 외에는 아무도 보이지 아니하더라

9 그들이 산에서 내려올 때에 예수께서 명하여 이르시되 인자가 죽은 자 가운데서 살아나기 전에는 본 것을 아무에게도 이르지 말라 하시니
10 제자들이 물어 이르되 그러면 어찌하여 서기관들이 엘리야가 먼저 와야 하리라 하나이까
11 예수께서 대답하여 이르시되 엘리야가 과연 먼저 와서 모든 일을 회복하리라
12 내가 너희에게 말하노니 엘리야가 이미 왔으되 사람들이 알지 못하고 임의로 대우하였도다 인자도 이와 같이 그들에게 고난을 받으리라 하시니
13 그제서야 제자들이 예수께서 말씀하신 것이 세례 요한인 줄을 깨달으니라
14 그들이 무리에게 이르매 한 사람이 예수께 와서 꿇어 엎드려 이르되
15 주여 내 아들을 불쌍히 여기소서 그가 간질로 심히 고생하여 자주 불에도 넘어지며 물에도 넘어지는지라
16 내가 주의 제자들에게 데리고 왔으나 능히 고치지 못하더이다
17 예수께서 대답하여 이르시되 믿음이 없고 패역한 세대여 내가 얼마나 너희와 함께 있으며 얼마나 너희에게 참으리요 그를 이리로 데려오라 하시니라
18 이에 예수께서 꾸짖으시니 귀신이 나가고 아이가 그 때부터 나으니라
19 이 때에 제자들이 조용히 예수께 나아와 이르되 우리는 어찌하여 쫓아내지 못하였나이까
20 이르시되 너희 믿음이 작은 까닭이니라 진실로 너희에게 이르노니 만일 너희에게 믿음이 겨자씨 한 알 만큼만 있어도 이 산을 명하여 여기서 저기로 옮겨지라 하면 옮겨질 것이요 또 너희가 못할 것이 없으리라
21 (없음)
22 갈릴리에 모일 때에 예수께서 제자들에게 이르시되 인자가 장차 사람들의 손에 넘겨져
23 죽임을 당하고 제삼일에 살아나리라 하시니 제자들이 매우 근심하더라
24 가버나움에 이르니 반 세겔 받는 자들이 베드로에게 나아와 이르되 너의 선생은 반 세겔을 내지 아니하느냐
25 이르되 내신다 하고 집에 들어가니 예수께서 먼저 이르시되 시몬아 네 생각은 어떠하냐 세상 임금들이 누구에게 관세와 국세를 받느냐 자기 아들에게냐 타인에게냐
26 베드로가 이르되 타인에게니이다 예수께서 이르시되 그렇다면 아들들은 세를 면하리라
27 그러나 우리가 그들이 실족하지 않게 하기 위하여 네가 바다에 가서 낚시를 던져 먼저 오르는 고기를 가져 입을 열면 돈 한 세겔을 얻을 것이니 가져다가 나와 너를 위하여 주라 하시니라

저자 해설 및 묵상

신앙고백과 교회를 세우신 이후 비로소 십자가 죽음과 부활을 알리기 시작하다

예수님은 지난 시간 하늘나라가 가까이 왔으니 돌이키라 선포하시며 자신이 하나님의 아들이심을 계시해 오셨습니다. 돌이키는 제자들과 그렇지 않은 자들이 나뉘었습니다. 예수님은 제자 공동체 양육에 더욱 힘쓰며 그들에게 자신이 그리스도이며 하나님의 아들임을 더욱 계시해 주셨습니다. 사람들은 그를 선지자나 침례(세례) 요한 등으로 생각했지만, 제자들은 그를 그리스도요 살아계신 하나님의 아들로 고백합니다. 그리고 절대 흔들리지 않는 반석과 같은 그리스도 하나님의 아들 위에 교회를 세우셨습니다 16:16. 예수님의 지난 사역이 바로 이 순간을 위해 존재했다고 말할 수 있을 것입니다. 그리고 마치 이 순간을 기다려왔다는 듯이 비로소 그가 고난받고 죽임당하고 부활할 것을 알리십니다.

하나님의 일을 행하는 예수님 vs 사탄 나라의 일을 행하는 베드로

베드로는 "이 일이 결코 주께 미치지 아니하리이다"라고 말합니다. 자기를 낮추어 십자가를 지고 목숨으로 세상을 섬기는 일을 하지 말라는 것입니다. 오히려 그와는 반대로 세상 높은 곳에 올라 다스리고 섬김받는 왕이 되라고 하는 것입니다. 예수님은 자신을 반대하는 베드로를 사탄이라고 부르며 하나님의 일을 생각하지 않는다고 말씀하십니다. 예수님이 베드로를 사탄이라 부르는 것은 세상 높은 자리에 올라 다스리고 섬김을 받으려 하는 것은 사탄과 그의 나라의 일이기 때문입니다. 그러니 베드로는 예수님께 하나님의 일이 아니라 사탄의 일을 하라고 한 것과 같습니다. 예수님은 자기를 낮추어 목숨까지 내어주며 가진 모든 것으로 다른 사람을 섬기는 하나님과 그의 나라의 일을 하십니다. 그뿐만 아니라 예수님은 자기를 따르는 제자들도 그와 같이 하나님의 일을 하기 원하십니다. 예수님과 같이 섬김의 십자가를 지고 그를 따르기를 원하십니다. 예수님을 목숨으로 섬겨 그 목숨을 다시 찾기 바라십니다16:24-27. 예수님이 십자가에서 죽는다고 해서 모든 것이 끝나는 것은 아닙니다. 예수님은 부활하시고 그 왕권, 즉 하늘과 땅의 모든 것을 다스리는 권세를 하나님께 받을 것입니다. 그리고 제자들도 예수님을 따라 희생과 섬김의 십자가를 메고 죽기 전에 그것을 눈으로 볼 것입니다. 실제로 제자들은 부활하시어 하늘과 땅의 모든 권세왕권를 받아 오시는 예수님을 눈으로 보게 됩니다28:18.

"너희는 그의 말을 들으라"

엿새 후에 예수님은 세 명의 제자와 함께 변화산에 오르십니다. 그의 얼굴은 해같이 빛나고 옷은 빛과 같이 희어졌습니다. 그 모습으로 율법의 저자인 모세와 선지자들의 대표라고 할 수 있는 엘리야와 말씀을 나누십니다. 예수님의 광채 나는 모습은 시내산에서 여호와와 말하여 그 얼굴과 피부에 광채가 났던 모세의 모습과 같습니다출34:29. 이는 예수님이 모세와 같이 하나님과 말하여 하나님의 말씀을 전파하시는 분이라는 것을 알려줍니다. 또한, 율법의 저자인 모세와 선지자들의 대표인 엘리야와 말씀하시는 모습은 예수님이 가르치신 율법과 선지자에 대한 모든 말씀이 영감 된 저자인 모세와 엘리야와 함께 논의하여 선포된 권위 있는 것임을 알려줍니다.

예를 들어 율법과 선지자에 대해 가르치신 산상수훈5:17, 7:12, 안식일과 정결법 등에 대한 율법의 말씀12:1-8 등, 그리고 여러 선지서를 이루신다는 말씀13:14-15 등, 그리고 마지막으로 고난받고 죽임당하고 부활하는 그리스도에 대한 말씀16:21 등이 모두 하나님이 주신 권위 있는 말씀임을 보여줍니다.

무엇보다 하나님은 변화산에 오른 세 명의 제자들에게 직접 "이는 내 사랑하는 자요 내 기뻐하는 자니"라고 말씀하십니다. 하나님이 직접 예수님이 하나님의 아들임을 음성으로 계시해 주십니다. 더는 예수님의 정체성에 대해 고민하거나 의심할 필요가 없는 확실한 증거입니다. 이미 하나님은 마3:17에서도 같은 말씀을 하셨습니다. 하지만 여기에서는 "너희는 그의 말을 들으라"라는 말씀을 특별히 더 해 주십니다. 하나님이 예수님의 말을 들으라 하신 것은 예수님이 하시는 모든 말씀이 하나님이 주시는 말씀과 같다는 보증입니다. 그리고 예수님의 말씀이 반드시 순종해야 하는 하나님의 말씀이라는 강력한 선언입니다. 특히 이 말씀은 예수님이 변화산에 오르기 직전에 예언하신 그의 죽음과 부활을 하나님의 말씀으로 들으라는 메세지입니다. 메시아로 오신 예수님이 십자가에서 죽는다는 것은 제자들을 넘어뜨릴 만큼 어려운 말씀입니다. 하지만 하나님은 직접적인 음성으로 그것이 자기 뜻임을 분명히 알게 하십니다11:3, 17:22-23 참고. 바꾸어 말하면, 하나님이 직접 제자들에게 너희를 위하여 내 사랑하고 기뻐하는 아들을 십자가에 내어준다고 말씀해 주시는 것입니다

변화산에서 내려와 하나님의 아들이심을 보이시다

이제 변화산에서 내려오신 예수님은 제자들이 고치지 못한 간질 병 걸

린 아이를 고치십니다. 예수님은 "믿음이 없고 패역한 세대여 내가 얼마나 너희와 함께 있으며 얼마나 너희에게 참으리요"라고 말씀하십니다. 예수님이 변화산에 올라 자리를 비우고 없을 때 믿음이 없어 아무것도 하지 못하는 세대를 한탄하십니다. 또한, 귀신이 사로잡아 패역한 길로 가는 이 세대를 한탄하십니다. 예수님은 작고 약한 아이를 사로잡아 병으로 고생하게 하는 이 귀신을 꾸짖습니다. 그리고 귀신을 내어쫓아 아이를 고쳐주십니다 17:17-18. 동시에 믿음이 작아 귀신을 내어쫓지 못한 제자들에게는 겨자씨만한 작은 믿음을 가지라고 말씀하십니다. 예수님을 향한 아주 작은 믿음이 큰 산을 옮길 정도로 힘이 있고 무엇보다 중요한 것임을 일깨우십니다. 오직 예수님을 향한 믿음이 사탄이 사로잡은 패역한 세대에서 우리를 해방하고 구원할 수 있습니다.

두 번째 수난 예고

이후에 예수님은 갈릴리에서 다시 한번 십자가 죽음과 부활을 예언하십니다. 그리고 성전세를 요구하는 자들에게 자신은 하나님의 아들이기에 성전세를 내지 않아도 된다고 선포하십니다. 물고기를 잡아 돈 한 세겔을 얻어 성전세를 내게 하는 이적을 베풀어 그가 하나님의 아들이라는 말씀을 사실로 확인해 믿게 하십니다. 예수님은 그가 하나님의 아들임을 계속 계시하고 제자들로 겨자씨만한 믿음을 갖도록 도우십니다. 무엇보다 방금 다시 선포하신 예수님이 십자가에서 죽임당하는 일로 제자들이 넘어지지 않도록 믿음을 더하십니다 17:24-27.

마태복음 이해 업그레이드 16

신앙고백과 교회를 세우신 이후 비로소 주시는 수난 예고

예수님은 자신이 그리스도이며 하나님의 아들이라는 고백을 받으시고 흔들리지 않는 반석 위에 교회를 세우신 이후에 비로소 그가 고난받고 죽임당하고 부활하실 것을 알리십니다. 왜 신앙고백과 견고한 반석 위에 교회를 세우실 때까지 기다리신 것일까요? 가장 큰 이유는 제자들에게 그가 하나님의 아들 그리스도임을 분명히 계시하고 그에 대한 신앙 고백을 받으시고 더불어 그들로 흔들리지 않는 단단한 반석 위에 교회를 세우신 이후에 제자들이 기대하지 않았던 혹은 받아들이기 쉽지 않을 십자가에 죽는 메시아의 모습을 알려주어 넘어지는 일이 없도록 하기 위해서입니다 11:6. 강한 힘으로 세상을 심판하고 영원한 나라를 세우는 그리스도를 기다리던 제자들에게 십자가에서 고난받고 죽임당하는 그리스도라는 것은 생각하기조차 어려운 일이었습니다. 예수님의 말씀대로 계시와 표적을 통해 예수님이 하나님의 아들이요 그리스도라는 것을 분명히 고백하지 못한 상태라면 누구라도 넘어질 수 있는 것입니다 11:6. 그리고 흔들리지 않는 반석 위에 든든히 세워져 있지 아니하면 넘어질 수 있습니다.

하나님의 아들 예수님은 세상 죄를 지고 십자가에서 달리시어 구원하는 자신을 낮추고 섬기는 그리스도입니다. 하늘나라 제일 법이자 하나님의 뜻은 자기를 낮추어 타인을 섬기는 것입니다. 그러니 하늘나라 왕인 예수님이 그 나라의 제일 법대로 자기가 줄 수 있는 가장 좋은 것인 목숨을 내어주는 것은 당연합니다. 예수님의 이 작고 약한 종의 모습으로 인해 부끄러워하거나 믿음이 흔들릴 이유가 전혀 없습니다. 하나님의 계시를 받고, 예수님의 권능의 말씀을 듣고, 이적을 보고, 양육을 받으며, 예수님을 그리스도로 믿고 고백하며, 단단한 반석 위에 교회로 세워진 제자들은 절대 넘어지지 않습니다.

묵상과 적용을 위한 질문

❶ 자기를 낮추어 섬기는 하나님의 일을 하려는 형제자매를 반대하고 자기를 높이어 섬김받는 사탄의 일을 하라고 말한 경험이 있다면 간략히 적어 보세요.

❷ "너희는 그의 말을 들으라"라는 하나님의 음성이 여러분에게 다시 생각하게 하는 예수님의 말씀은 무엇이 있나요?

나만의 묵상 메모

오늘 묵상을 통해 주신 깨달음에 대해 기록해 보세요.

저자와 함께 하는 한 줄 기도

하나님의 말씀과 같은 여수님의 모든 말씀을 경외하며 듣고 순종하게 하소서.

기도와 결단

오늘 묵상한 말씀의 적용과 삶의 결단을 담아 자신의 기도를 드리세요.

29 DAY

돌이켜 어린아이와 같이 자기를 낮추어 섬기는 제자들이 모인 교회 공동체

마태복음 18장

통독 묵상 길잡이

오늘은 교회 공동체 강화로 잘 알려진 마태복음 18장을 통독하고 묵상합니다. 돌이켜 예수님을 따르는 제자 공동체를 교회로 세우신 예수님이 그의 교회 공동체에 어떤 말씀을 주시는지 잘 들어보세요.

오늘의 본문　　**마태복음 18장**

1 그 때에 제자들이 예수께 나아와 이르되 천국에서는 누가 크니이까
2 예수께서 한 어린 아이를 불러 그들 가운데 세우시고
3 이르시되 진실로 너희에게 이르노니 너희가 돌이켜 어린 아이들과 같이 되지 아니하면 결단코 천국에 들어가지 못하리라
4 그러므로 누구든지 이 어린 아이와 같이 자기를 낮추는 사람이 천국에서 큰 자니라
5 또 누구든지 내 이름으로 이런 어린 아이 하나를 영접하면 곧 나를 영접함이니
6 누구든지 나를 믿는 이 작은 자 중 하나를 실족하게 하면 차라리 연자 맷돌이 그 목에 달려서 깊은 바다에 빠뜨려지는 것이 나으니라
7 실족하게 하는 일들이 있음으로 말미암아 세상에 화가 있도다 실족하게 하는 일이 없을 수는 없으나 실족하게 하는 그 사람에게는 화가 있도다
8 만일 네 손이나 네 발이 너를 범죄하게 하거든 찍어 내버리라 장애인이나 다리 저는 자로 영생에 들어가는 것이 두 손과 두 발을 가지고 영원한 불에 던져지는 것보다 나으니라
9 만일 네 눈이 너를 범죄하게 하거든 빼어 내버리라 한 눈으로 영생에 들어가는 것이 두 눈을 가지고 지옥 불에 던져지는 것보다 나으니라
10 삼가 이 작은 자 중의 하나도 업신여기지 말라 너희에게 말하노니 그들의 천사들이 하늘에서 하늘에 계신 내 아버지의 얼굴을 항상 뵈옵느니라
11 (없음)
12 너희 생각에는 어떠하냐 만일 어떤 사람이 양 백 마리가 있는데 그 중의 하나가 길을 잃었으면 그 아흔아홉 마리를 산에 두고 가서 길 잃은 양을 찾지 않겠느냐
13 진실로 너희에게 이르노니 만일 찾으면 길을 잃지 아니한 아흔아홉 마리보다 이것을 더 기뻐하리라
14 이와 같이 이 작은 자 중의 하나라도 잃는 것은 하늘에 계신 너희 아버지의 뜻이 아니니라
15 네 형제가 죄를 범하거든 가서 너와 그 사람과만 상대하여 권고하라 만일 들으면 네가 네 형제를 얻은 것이요
16 만일 듣지 않거든 한두 사람을 데리고 가서 두세 증인의 입으로 말마다 확증하게 하라
17 만일 그들의 말도 듣지 않거든 교회에 말하고 교회의 말도 듣지 않거든 이방인과 세리와 같이 여기라

18 진실로 너희에게 이르노니 무엇이든지 너희가 땅에서 매면 하늘에서도 매일 것이요 무엇이든지 땅에서 풀면 하늘에서도 풀리리라
19 진실로 다시 너희에게 이르노니 너희 중의 두 사람이 땅에서 합심하여 무엇이든지 구하면 하늘에 계신 내 아버지께서 그들을 위하여 이루게 하시리라
20 두세 사람이 내 이름으로 모인 곳에는 나도 그들 중에 있느니라
21 그 때에 베드로가 나아와 이르되 주여 형제가 내게 죄를 범하면 몇 번이나 용서하여 주리이까 일곱 번까지 하오리이까
22 예수께서 이르시되 네게 이르노니 일곱 번뿐 아니라 일곱 번을 일흔 번까지라도 할지니라
23 그러므로 천국은 그 종들과 결산하려 하던 어떤 임금과 같으니
24 결산할 때에 만 달란트 빚진 자 하나를 데려오매
25 갚을 것이 없는지라 주인이 명하여 그 몸과 아내와 자식들과 모든 소유를 다 팔아 갚게 하라 하니
26 그 종이 엎드려 절하며 이르되 내게 참으소서 다 갚으리이다 하거늘
27 그 종의 주인이 불쌍히 여겨 놓아 보내며 그 빚을 탕감하여 주었더니
28 그 종이 나가서 자기에게 백 데나리온 빚진 동료 한 사람을 만나 붙들어 목을 잡고 이르되 빚을 갚으라 하매
29 그 동료가 엎드려 간구하여 이르되 나에게 참아 주소서 갚으리이다 하되
30 허락하지 아니하고 이에 가서 그가 빚을 갚도록 옥에 가두거늘
31 그 동료들이 그것을 보고 몹시 딱하게 여겨 주인에게 가서 그 일을 다 알리니
32 이에 주인이 그를 불러다가 말하되 악한 종아 네가 빌기에 내가 네 빚을 전부 탕감하여 주었거늘
33 내가 너를 불쌍히 여김과 같이 너도 네 동료를 불쌍히 여김이 마땅하지 아니하냐 하고
34 주인이 노하여 그 빚을 다 갚도록 그를 옥졸들에게 넘기니라
35 너희가 각각 마음으로부터 형제를 용서하지 아니하면 나의 하늘 아버지께서도 너희에게 이와 같이 하시리라

저자 해설 및 묵상

돌이켜 예수님을 따르는 제자에게 아직도 돌이킬 것이 남아 있나요?

　돌이키라 선포하기 시작하며 공생애 사역을 이어 오신 예수님은 돌이켜 그를 따르는 제자들로 교회를 세우셨습니다16:18. 그리고 오늘 본문에서 예수님은 "너희가 돌이켜 어린아이들과 같이 되지 아니하면 결단코 하늘나라에 들어가지 못하리라"는 말씀으로 교회 공동체 강화를 여십니다18:3. 이미 예수님께 돌이켜 그를 따르는 교회 공동체이지만 예수님이 보시기엔 아직 그들에게 돌이켜야 할 것이 남아 있는 듯합니다. 그것은 무엇일까요? 답은 이 공동체 강화를 시작하는 제자들의 질문에 있습니다, "하늘나라에서는 누가 크니이까?" 단순한 질문으로 생각할 수도 있겠지만, 하늘나라에서 가장 큰 사람이 되고자 하는 욕심이 담긴 질문입니다. 하늘나라에서 가장 크게 여김 받는 사람이 누구인지 파악하고 그 기준에 따라 그 나라에서 가장 높은 곳에 오르려는 욕심이 묻어있는 질문입니다. 이후에 몇몇 제자들이 예수님 좌우 편 높은 자리에 앉으려 하고 그로 인해 제자 공동체가 다투는 모습은 이를 분명히 알게 합니다20:21-28. 제자들이 아직 돌이켜야 할 것은 하늘나라에서 크고 높은 사람이 되고자 하는 욕망입니다.

하늘나라의 절대 법과 가치인 낮춤과 섬김

　예수님은 제자들에게 돌이켜 어린아이가 되라고 가르칩니다. 큰 사람이 되고자 하는 욕심에서 돌이켜 그와는 정반대인 어린아이와 같이 작은 사람이 되라는 말씀입니다. 어린아이와 같이 되라는 말씀에 대해 다양한 설명과 해석을 들어보았겠지만, 예수님은 그가 의미하는 바를 바로 다음 절에서 설명해 주십니다. "어린아이와 같이 자기를 낮추는 사람이 하늘나라에서 큰 자니라"18:4. 어린아이와 같이 되라는 것은 자기를 낮추어 섬기는 사람이 되라는 것입니다. 세상은 크고 높은 자리에 올라 섬김받는 것을 우선하지만 하늘은 작고 낮은 자리에 앉아 섬기는 것을 우선하는 곳입니다. 어린아이라 번역된 헬라어 '파이디온'은 '종'을 의미하기도 합니다. 당시 종들은 어린아이들이 많았기 때문입니다. 예수님은 돌이켜 어린아이들과 같이 되지 아니하면 하늘나라에 들어가지 못한다고 말씀하시며 낮춤과 섬김을 하늘나라의 절대 법과 가치로 못 박습니다. 쉽게 말해, 크고 높아지고자 하는 사람은 하늘나라에 발도 들여놓을 수 없는 것입니다. 그러니 하늘나라에는 크고 높임 받으려는 사람은 없고 어린아이와 같이 작고 낮추어 섬기는 사람만 있습니다. 하늘나라 왕이신 예수님이 이 작은 자어린아이의 대표이자 모본입니다. 그는 자기를 낮추어 세상에 오셨으며 더욱 낮추어 종으로서 목숨을 희생하고 섬기십니다.

낮춤과 섬김을 업신여기면 영원한 지옥 불에 들어갑니다

나아가 예수님은 낮춤과 섬김의 상징인 이 어린아이를 영접하는 것은 자기를 영접하는 것이라고 하십니다. 하늘나라 왕이시며 하나님이신 예수님과 낮춤과 섬김의 가치가 동일하게 여겨집니다. 낮추고 섬기는 것은 예수님을 영접하는 것과 같고 낮추고 섬기지 않는 것은 예수님을 버리는 것입니다. 예수님이 낮춤과 섬김이고 낮춤과 섬김이 예수님입니다. 이에 더하여, 예수님은 이 낮춤과 섬김을 상징하는 작은 자 중 하나라도 업신여기거나 넘어뜨리면 심판의 바다에 빠뜨려지고, 화를 당하며, 영원한 지옥 불에 던져질 것이라는 강력한 심판을 선포하십니다18:5-10. 자기를 낮추어 섬기는 사람을 보잘것없는 작은 자라고 멸시하고 천대하면 지옥 불에 갑니다. 자기 낮춤과 섬김이 하나님만큼이나 중요한 하늘나라 제일 법입니다. 그러니 예수님을 따르는 교회라는 것은 낮춤과 섬김을 따르는 공동체입니다.

1 vs 99, 둘 중에 크고 높은 수는 무엇인가요?

하나님은 자기 낮춤과 섬김의 상징인 작은 사람어린이을 한 명이라도 잃는 것을 원하지 않습니다. 예수님은 이 돌이켜 작은 사람이 된 제자 한 사람을 한 마리 잃어버린 양으로 묘사하는 비유를 베푸십니다. 백 마리 양을 소유한 목자가 있습니다. 그가 양 한 마리를 잃어버렸습니다. 큰 수인 아흔아홉 마리 양과 작은 수인 길 잃은 한 마리 양이 있습니다. 일반인이라면 큰 수인 아흔아홉 마리 양을 잃어버릴 수 있는 위험을 감수하면서 작은 수인 길 잃은 한 마리 양을 찾아 나서지 않습니다. 99가 1보다 크고 높기 때문입니다. 그것이 세상의 이치입니다. 그러나 목자는 다릅니다. 큰 수인 아흔아홉 마리 양을 두고 작은 수인 길 잃은 한 마리 양을 찾아 나섭니다. 그에겐 1이 99보다 크고 높습니다. 하늘나라가 이와 같습니다. 하늘나라는 큰 수 아흔아홉 마리를 두고 작은 수 한 마리 잃어버린 양을 찾아 나서는 목자와 같습니다. 하늘나라는 크고 높은 수인 아흔아홉이 상징하는 자기를 크고 높여 섬김받는 것을 버립니다. 오히려 작고 낮은 수인 한 마리 잃어버린 양이 상징하는 어린아이작은 사람와 같이 돌이켜 자기를 낮추어 섬기는 제자를 크고 높게 여깁니다. 하나님은 돌이켜 자기를 낮추어 섬기는 작은 사람과 같은 제자를 하나라도 잃어버리기 원하지 않으십니다.

교회 공동체 중 하나가 죄를 지으면 어떻게 해야 할까요?

　예수님은 주제를 바꾸어 교회 공동체 중에 죄를 지은 형제를 어떻게 돌이키게 해야 하는지 자세히 가르칩니다. 먼저는 혼자 가서 돌이키게 하고 안되면 두세 증인이 돌이키게 하고 안되면 교회가 말하여 돌이키게 합니다. 세 번에 걸쳐 돌이킬 기회를 주시는 은혜가 중심 원리입니다. 그래도 돌이키지 않으면 하나님을 섬기지 않는 이방인과 세리와 같이 여기라고 하십니다. 두세 사람이 모여 합심하여 구하면 돌이키지 않은 형제를 천국 밖의 불신자처럼 여기는 교회의 결정을 하나님이 들으시고 이루어 주실 것이라고 약속해 주십니다18:15-20. 앞서 베드로가 받은 천국의 열쇠와 묶고 푸는 권세를 교회에 주십니다16:19, 18:18. 그러나, 돌이키지 않고 교회 공동체 밖에, 즉 하늘나라 밖에 내쳐진 형제가 다시 돌이켜 용서를 구하거든 일곱 번씩 일흔 번이라도 용서하고 다시 받아 주라고 가르치십니다18:21-22. 예수님은 비유를 베풀어 이 한없는 용서를 강조하십니다18:23-35. 교회는 만 달란트 탕감받은 종과 같이 그 모든 죄를 탕감받고 영생을 얻었습니다. 그러니 만 달란트와 비교할 수 없이 작은 백 데나리온 빚진 형제를 일곱 번씩 일흔 번이라도 탕감해 주는 것이 마땅합니다. 하나님의 한 없는 은혜와 돌이키는 자에 대한 한 없는 용서가 교회를 운영하는 제일 법입니다.

묵상과 적용을 위한 질문

❶ 돌이켜 예수님을 따르는 여러분들이 어린아이와 같이 자기를 낮추어 섬기는 일이 있다면 적어 보세요.

❷ 교회의 치리를 통해 벌을 받고 다시 돌이킨 형제나 자매를 용서한 경험이 있나요?

나만의 묵상 메모

오늘 묵상을 통해 주신 깨달음에 대해 기록해 보세요.

저자와 함께 하는 한 줄 기도

어린아이와 같이 자기를 낮추어 교회와 주의 나라를 섬기는 삶을 살게 하소서.

기도와 결단

오늘 묵상한 말씀의 적용과 삶의 결단을 담아 자신의 기도를 드리세요.

30 DAY

구원은 사람이 아니라 하나님만 하실 수 있습니다

마태복음 19장

통독 묵상 길잡이

바리새인들이 아내를 버리는 문제로 예수님을 시험합니다. 예수님이 가르치시는 이혼의 기준은 무엇일까요? 평생 모든 율법을 지켜온 한 젊은 부자 청년이 무엇을 행해야 영생을 얻을 수 있는지 예수님께 묻습니다. 돈과 영생의 문제에 대해서 예수님이 어떻게 말씀하시는지 귀 기울여 들어보세요.

오늘의 본문　　**마태복음 19장**

1 　예수께서 이 말씀을 마치시고 갈릴리를 떠나 요단 강 건너 유대 지경에 이르시니
2 　큰 무리가 따르거늘 예수께서 거기서 그들의 병을 고치시더라
3 　바리새인들이 예수께 나아와 그를 시험하여 이르되 사람이 어떤 이유가 있으면 그 아내를 버리는 것이 옳으니이까
4 　예수께서 대답하여 이르시되 사람을 지으신 이가 본래 그들을 남자와 여자로 지으시고
5 　말씀하시기를 그러므로 사람이 그 부모를 떠나서 아내에게 합하여 그 둘이 한 몸이 될지니라 하신 것을 읽지 못하였느냐
6 　그런즉 이제 둘이 아니요 한 몸이니 그러므로 하나님이 짝지어 주신 것을 사람이 나누지 못할지니라 하시니
7 　여짜오되 그러면 어찌하여 모세는 이혼 증서를 주어서 버리라 명하였나이까
8 　예수께서 이르시되 모세가 너희 마음의 완악함 때문에 아내 버림을 허락하였거니와 본래는 그렇지 아니하니라
9 　내가 너희에게 말하노니 누구든지 음행한 이유 외에 아내를 버리고 다른 데 장가 드는 자는 간음함이니라
10 　제자들이 이르되 만일 사람이 아내에게 이같이 할진대 장가 들지 않는 것이 좋겠나이다
11 　예수께서 이르시되 사람마다 이 말을 받지 못하고 오직 타고난 자라야 할지니라
12 　어머니의 태로부터 된 고자도 있고 사람이 만든 고자도 있고 천국을 위하여 스스로 된 고자도 있도다 이 말을 받을 만한 자는 받을지어다
13 　그 때에 사람들이 예수께서 안수하고 기도해 주심을 바라고 어린 아이들을 데리고 오매 제자들이 꾸짖거늘
14 　예수께서 이르시되 어린 아이들을 용납하고 내게 오는 것을 금하지 말라 천국이 이런 사람의 것이니라 하시고
15 　그들에게 안수하시고 거기를 떠나시니라
16 　어떤 사람이 주께 와서 이르되 선생님이여 내가 무슨 선한 일을 하여야 영생을 얻으리이까
17 　예수께서 이르시되 어찌하여 선한 일을 내게 묻느냐 선한 이는 오직 한 분이시니라 네

가 생명에 들어 가려면 계명들을 지키라

18 이르되 어느 계명이오니이까 예수께서 이르시되 살인하지 말라, 간음하지 말라, 도둑질 하지 말라, 거짓 증언 하지 말라,

19 네 부모를 공경하라, 네 이웃을 네 자신과 같이 사랑하라 하신 것이니라

20 그 청년이 이르되 이 모든 것을 내가 지키었사온대 아직도 무엇이 부족하니이까

21 예수께서 이르시되 네가 온전하고자 할진대 가서 네 소유를 팔아 가난한 자들에게 주라 그리하면 하늘에서 보화가 네게 있으리라 그리고 와서 나를 따르라 하시니

22 그 청년이 재물이 많으므로 이 말씀을 듣고 근심하며 가니라

23 예수께서 제자들에게 이르시되 내가 진실로 너희에게 이르노니 부자는 천국에 들어가기가 어려우니라

24 다시 너희에게 말하노니 낙타가 바늘귀로 들어가는 것이 부자가 하나님의 나라에 들어가는 것보다 쉬우니라 하시니

25 제자들이 듣고 몹시 놀라 이르되 그렇다면 누가 구원을 얻을 수 있으리이까

26 예수께서 그들을 보시며 이르시되 사람으로는 할 수 없으나 하나님으로서는 다 하실 수 있느니라

27 이에 베드로가 대답하여 이르되 보소서 우리가 모든 것을 버리고 주를 따랐사온대 그런즉 우리가 무엇을 얻으리이까

28 예수께서 이르시되 내가 진실로 너희에게 이르노니 세상이 새롭게 되어 인자가 자기 영광의 보좌에 앉을 때에 나를 따르는 너희도 열두 보좌에 앉아 이스라엘 열두 지파를 심판하리라

29 또 내 이름을 위하여 집이나 형제나 자매나 부모나 자식이나 전토를 버린 자마다 여러 배를 받고 또 영생을 상속하리라

30 그러나 먼저 된 자로서 나중 되고 나중 된 자로서 먼저 될 자가 많으니라

저자 해설 및 묵상

아내를 버리는 문제에 대한 바리새인들의 시험과 예수님의 가르침

오늘도 예수님은 그를 따르는 큰 무리를 긍휼히 여기사 그들의 병을 고치고 계십니다. 그리고 오늘도 바리새인들은 예수님을 시험하여 잡아 죽이려 합니다. 이번에는 예수님이 산상수훈에서 말씀하신 아내를 버리는 문제에 대해 시험합니다5:31-32. 그들은 어떤 이유가 있으면 아내를 버리는 것이 옳은지 묻습니다. 예수님은 간통음행한 연고 외에는 남편이 아내를 버릴 수 없다고 말씀하십니다. 바리새인들은 모세는 수치스러운 이유가 있다면 이혼 증서를 써주어 아내를 버릴 수 있게 하였다고 말합니다신24:1-4. 하지만 예수님은 아내를 버릴 수 있는 그 수치스러운 이유란 오직 간통음행뿐이라고 단호하게 말씀하십니다. 간통음행 이외의 이유로 아내를 버리고 다른데 장가드는 남편은 간음의 죄를 범하는 것입니다5:31-32 해설 부분 참고.

분명히 해야 할 것은 예수님이 일반적인 이혼의 문제를 다루는 것이 아니라 남편 마음의 완악함으로 인해 합당한 이유 없이 아내를 버리는 문제를 다루고 있다는 것입니다. 즉, 타당한 이유 없이 남편에게 버림받아 사지로 내몰리는 아내들의 생존과 보호에 대한 문제입니다. 모세의 때와 예수님 당시 여인들은 사회적이고 육체적으로 작고 힘없는 존재였습니다. 그렇기에 크고 힘 있는 남편들이 더는 아내를 기뻐하지 않게 되면 합당하지 않은 수치를 꼬투리로 잡아 아내를 버리는 일들이 많았습니다. 그렇게 버림받은 여인은 먹고사는 일부터 큰 어려움을 당하게 됩니다. 모세가 이혼 증서를 써주라고 한 것도 사실은 힘 있는 남편들의 완악함으로 인해 합당한 이유 없이 버림받은 여인을 보호하기 위한 것입니다. 이혼 증서를 주어 그녀가 다른 남자에게 결혼하여 삶을 유지할 수 있도록 하기 위한 것입니다. 예수님도 크고 힘 있는 남편들이 마음의 완악함으로 간통한 연고 외에 아내를 버리는 것을 단죄하십니다. 힘없고 약한 아내들이 합당한 이유 없이 버림받는 일을 없애 보호하기 위함입니다. 남편은 아내를 죽는 날까지 목숨 다해 사랑해야 합니다. 아내도 남편을 죽는 날까지 사랑해야 합니다.

전체적이지 온전하지 못한 부자 청년

예수님은 다시 한번 어린아이들을 안수하시며 하늘나라가 이런 사람들의 것이라고 선언하십니다. 어린아이들은 자기를 낮추어 섬기는 것을 최우선 가치로 하는 하늘나라를 상징하는 존재들과 같습니다 18:1-4, 19:13-15. 이 일 후에 예수님께 한 부자 청년이 나와서 "무슨 선한 일을 행해야 영생을 얻으리이까" 물었습니다. 예수님은 선한 이는 오직 하나님 한 분뿐이시니 선하신 하나님의 계명을 지키라고 말씀하십니다. 이에 부자 청년은 자신은 모든 하나님의 계명을 지켰는데 무엇이 부족하나이까 답합니다. 예수님은 네가 온전하기를 원한다면 네 소유를 팔아 가난한 사람들에게 주고 나를 따르라고 답하십니다. 청년은 하나님의 계명을 다 지켰다고 생각했으나 사실은 아니었습니다. 온전하게 지킨 것이 아니라 부족하게 지켜 왔던 것입니다. "온전하고자"라 번역된 헬라어 '텔레이오스'는 "전체적인"이라는 의미입니다 마5:48 참고. 이 청년이 하나님의 계명을 다 지켰다고 말했지만, 예수님이 보시기에는 전체를 지킨 것이 아니라 일부분만 지킨 것입니다. 선하신 하나님의 계명을 전체적으로 다 지키는 것은 가진 모든 것을 팔아 가난한 사람들에게 나누어주는 것까지입니다. 그리고 예수님을 따라 그와 같이 목숨까지 내어주는 낮고 겸손한 섬김의 인생을 사는 것까지입니다.

"돈으로도 못 가요 하나님 나라"가 아니라
"돈 있으면 못 가요 하나님 나라"

이 부자 청년은 예수님의 부르심을 거부하고 근심하며 돌아갑니다. "근심하며"라 번역된 헬라어 '루페오'는 '후회하다', '뉘우치다'를 의미합니다. 즉, 부자 청년은 가진 것을 모두 팔아 가난한 자에게 주라는 예수님의 답을 듣고 그에게 물어본 것을 후회하며 돌아가는 것입니다. 그러니 예수님은 낙타가 바늘귀로 들어가는 것이 부자가 하늘나라에 들어가기보다 쉽다고 말씀하십니다. 이는 돈을 사랑하고 그것을 버리지 못하는 사람은 절대 하늘나라에 들어갈 수 없다는 단호한 선언입니다. 이 젊은 청년은 하나님을 섬기고 그의 모든 계명을 다 지켜 행했다고 생각했지만, 사실은 하나님이 아니라 돈을 섬겨왔던 것입니다. 하나님의 선하신 계명을 다 지켜 행한 자라면 엄청난 부를 축적하고 있는 상태로 발견될 수는 없는 것입니다.

사람은 할 수 없고 하나님만 할 수 있는 구원

제자들이 듣고 몹시 놀랐습니다. 모든 계명을 어려서부터 지킨 한 이스라엘 사람이 구원을 얻을 수 없다는 것에 놀랐습니다. 또한, 가진 모든 것을 팔아 가난한 사람에게 나누어 주어야 계명을 전체적으로 지키는 것이라는 말씀에 놀랐습니다. 그리고 부자가 하늘나라에 들어가는 것이 불가능하다는 말에 놀랐습니다. 예수님께 물었습니다. "그렇다면 누가 구원을 얻을 수 있으리이까?" 예수님은 단호하게 말씀하십니다. "사람으로는 할 수 없으나 하나님으로서는 다 하실 수 있느니라." 사람은 스스로 구원을 얻을 수 없습니다. 오직 하나님이 구원하십니다. 예수님은 무슨 선한 일을 행해야 영생을 얻을 수 있느냐 묻는 부자 청년에게 가진 모든 것을 팔아 나누어 주고 나를 따르라고 부르셨습니다. 가진 모든 것에게서 돌이켜 예수님을 따르는 것이 영생을 얻는 길이라는 말씀입니다. 이 부자 청년은 근심하며 예수님을 떠나갔습니다. 가진 모든 것을 팔고 돌이켜 예수님을 따르는 제자가 되어 영생을 얻는 것을 사람이 스스로 할 수 없다는 것을 보여줍니다. 돌이켜 제자가 되는 일마저도 하나님만 할 수 있는 일인 것입니다. 제자들은 모든 것을 버리고 돌이켜 예수님을 따랐습니다. 우리도 그렇습니다. 하나님만 할 수 있는 구원의 은혜를 얻은 것입니다 11:25-27 참고.

하늘나라는 돌이켜 어린아이들과 같이 자기를 낮추고 가진 모든 것을 팔아 섬기는 제자들이 소유합니다 19:13-15. 부자 청년은 모든 것에게서 돌이켜 예수님 따르길 거절했지만, 제자들은 돌이켜 따릅니다. 이 부자 청년은 하늘나라에 들어가지 못하겠지만, 모든 것을 버리고 예수님께 돌이켜 그를 따르는 제자들은 세상이 새롭게 되어 예수님이 영광의 보좌에 앉으실 때 그 옆에 앉아 다스리는 권세를 얻고 그를 위하여 버린 모든 재산의 배를 받고 영생을 상속하게 될 것입니다 19:27-30. 누가 진짜 부자일까요?

묵상과 적용을 위한 질문

❶ 여러분은 하나님의 말씀을 전체적으로 순종하는 것에 부족한 부분이 있나요? 간략히 적어 보세요.

❷ 돈 있으면 못 가는 하나님 나라라는 말씀에 여러분은 순종하고 있나요? 그렇지 않다면 구체적으로 어떻게 순종해 가야 할지 간략히 적어 보세요.

나만의 묵상 메모
오늘 묵상을 통해 주신 깨달음에 대해 기록해 보세요.

저자와 함께 하는 한 줄 기도
가진 모든 것을 팔아 나의 전체를 예수님께 돌이켜 따르는 제자가 되게 하소서.

기도와 결단
오늘 묵상한 말씀의 적용과 삶의 결단을 담아 자신의 기도를 드리세요.

Days 31 - 40

이장렬

31 DAY

거룩한 반전(Sacred Reversal)
마태복음 20:1-16

통독 묵상 길잡이

오늘 본문에서 예수님은 포도원 품꾼 비유를 들려 주십니다. 포도원 품꾼 비유를 통해 거룩한 반전에 대해 가르치십니다. 예수님이 어떤 반전을 말씀하시는지 주의 깊이 묵상해보세요.

오늘의 본문 　 마태복음 20:1-16

1 천국은 마치 품꾼을 얻어 포도원에 들여보내려고 이른 아침에 나간 집 주인과 같으니
2 그가 하루 한 데나리온씩 품꾼들과 약속하여 포도원에 들여보내고
3 또 제삼시에 나가 보니 장터에 놀고 서 있는 사람들이 또 있는지라
4 그들에게 이르되 너희도 포도원에 들어가라 내가 너희에게 상당하게 주리라 하니 그들이 가고
5 제육시와 제구시에 또 나가 그와 같이 하고
6 제십일시에도 나가 보니 서 있는 사람들이 또 있는지라 이르되 너희는 어찌하여 종일토록 놀고 여기 서 있느냐
7 이르되 우리를 품꾼으로 쓰는 이가 없음이니이다 이르되 너희도 포도원에 들어가라 하니라
8 저물매 포도원 주인이 청지기에게 이르되 품꾼들을 불러 나중 온 자로부터 시작하여 먼저 온 자까지 삯을 주라 하니
9 제십일시에 온 자들이 와서 한 데나리온씩을 받거늘
10 먼저 온 자들이 와서 더 받을 줄 알았더니 그들도 한 데나리온씩 받은지라
11 받은 후 집 주인을 원망하여 이르되
12 나중 온 이 사람들은 한 시간밖에 일하지 아니하였거늘 그들을 종일 수고하며 더위를 견딘 우리와 같게 하였나이다
13 주인이 그 중의 한 사람에게 대답하여 이르되 친구여 내가 네게 잘못한 것이 없노라 네가 나와 한 데나리온의 약속을 하지 아니하였느냐
14 네 것이나 가지고 가라 나중 온 이 사람에게 너와 같이 주는 것이 내 뜻이니라
15 내 것을 가지고 내 뜻대로 할 것이 아니냐 내가 선하므로 네가 악하게 보느냐
16 이와 같이 나중 된 자로서 먼저 되고 먼저 된 자로서 나중 되리라

저자 해설 및 묵상

포도원 품꾼들의 비유

　오늘 본문은 하나님 나라에 대한 비유를 제시합니다. 예수님은 비유를 시작하시면서 "천국하나님 나라은 마치 품꾼을 얻어 포도원에 들여보내려고 이른 아침에 나간 집 주인과 같으니"1절라고 말씀합니다. 그렇게 볼 때, 이어지는 비유의 내용이 얼마만큼 이해하기 쉬운지 또는 어려운지를 떠나서 이 비유가 하나님 나라의 성격을 드러내 주는 비유임이 분명합니다. 이 비유 안에 등장하는 집 주인은 새벽 6시경에 나가서 하루 품삯 한 데나리온은전의 명칭으로 당시 평균적인 하루 품삯에 품꾼을 고용합니다. 그리고 오전 9시, 정오, 오후 3시, 마지막으로 오후 5시에 나가 각각 품꾼들을 고용해서 자신의 포도원에 들어가 일하도록 보냅니다. 그날 업무 종료를 1시간 앞두고 오후 5시에 다시 나가 품꾼을 고용했다는 것은 그만큼 일꾼이 필요한 시기였음을 암시합니다. 아마 추수 때를 암시하는 것 같습니다. 그런데 저녁 6시에 일을 마치고 하루 품삯을 줄 때, 집주인은 제일 나중에 와서 일하기 시작한 사람들즉, 오후 5시경부터 일한 자들에게 먼저 품삯을 지급합니다. 그런데 그들에게 온종일 일한 사람이 받을 품삯인 한 데나리온이나 지급합니다. 그러다 보니 제일 먼저 포도원에 와서 온종일 일했던 품꾼들은 자신들이 훨씬 더 많이 일했고 또 불볕더위까지 견딘 점을 생각하며 한 데나리온보다 더 많이 받을 것이라 기대합니다. 딱 한 시간 일한 품꾼들이 하루 전체 품삯을 받았으니 자신들은 그보다 훨씬 더 많이 받을 것으로 생각했던 것입니다. 그러나 그들 역시 똑같이 하루치 품삯1 데나리온을 받게 되자, 불공평하다며 집주인을 원망하기 시작합니다." "나중 온 이 사람들은 한 시간밖에 일하지 아니하였거늘 그들을 종일 수고하며 더위를 견딘 우리와 같게 하였나이다"20:12. 주인은 자신이 그들에게 약속한 바를 지켰음을 상기시키며, "네 것이나 가지고 가라 나중 온 이 사람에게 너와 같이 주는 것이 내 뜻이니라 내 것을 가지고 내 뜻대로 할 것이 아니냐 내가 선하므로 네가 악하게 보느냐?"20:14-15고 반박합니다. "내가 선하므로 네가 악하게 보느냐?"는 말은 '내가 마지막에 온 자들을 향해 너그럽게 대함으로 인해 네가 시기하느냐?'는 뜻입니다.

거룩한 반전

포도원의 품꾼들에 대한 예수님의 비유 단락은 "이와 같이 나중 된 자로서 먼저 되고 먼저 된 자로서 나중 되리라"라는 결론으로 마칩니다16절. 이 결론은 비유의 요점을 드러냅니다. 아울러, 한 가지 더 주목할 사실은 이 비유의 종결부16절가 앞선 부자 청년에 대한 단락19:16-30 종결부와 서로 상응한다는 사실입니다.

> 그러나 먼저 된 자로서 나중 되고 나중 된 자로서 먼저 될 자가 많으니라 19:30
> 이와 같이 나중 된 자로서 먼저 되고 먼저 된 자로서 나중 되리라 20:16

이 두 종결부 모두 '먼저 된 자가 나중' 되고 '나중 된 자가 먼저' 되는 하나님 나라의 반전reversal에 관해 이야기하고 있습니다. 포도원 품꾼의 비유20:1-15가 이같이 하나님 나라의 반전에 대한 말하는 두 마침절19:30 및 20:16에 둘러싸여 있다는 사실은 이 비유 역시 하나님 나라의 반전에 대해 전하고 있음을 암시합니다. 그런데 구체적으로 예수님은 이 비유를 통해 어떤 반전을 말씀하고 계신 것일까요?

아이들이 가장 많이 하는 말 중 하나가 "그건 불공평해요!"입니다. 어른들 역시 아이들처럼 "그건 불공평해요!"라고 외치고 싶지만, 종종 체면, 대인관계, 직업 보존 등을 이유로 혼자 속으로만 속삭이는 경우가 많습니다. 그러나 어른들이 내면으로 속삭이는 바가 아이들이 크게 외쳐 대는 내용과 사실 그리 다르지 않습니다. 우리 모두 아침 일찍부터 일한 사람이 더 많은 일당을 받는 시스템에 아주 익숙합니다. 온종일 일한 사람과 마지막에 와서 취미 활동하듯 겨우 한 시간 일한 사람이 동일한 일당을 받는다고 하면, 독자분들 역시 불공평하다고 외칠 것입니다. 혹은 SNS에 관련 비판 글을 올리거나 악플을 달 것입니다. 그런데 우리는 예수님의 비유가 많은 경우 독자들에게 충격을 주어 그들의 생각을 재고하고 행동을 바꾸도록 하려는 목적이 있음을 기억해야 합니다. 다시 말해, 제대로 된 반응을 이끌어 내기 위해서 주님께서 비유를 사용하신 것입니다. 그렇다면, 예수님은 이 '불공평한' 주인에 대한 비유를 말씀하면서 어떤 반응을 기대하시는 것일까요?

오늘 본문이 제시하는 포도원 품꾼 비유의 초점과 목적은 일당 지급에 관한 기준을 제시하는 데 있지 않습니다. 예수님이 이 비유를 통해 말씀하고자 하시는 요점은 주님이 장차 종말론적 보상을 베푸실 때 그의 계산 방법이 인간의 기대나 기준이 국한되지 않는다는 것입니다. 그리고 하나님의 방식은 인간의 예상을 뒤집어 놓곤 한다는 사실입니다.

포도원 품꾼의 비유, 오늘 우리를 위한 비유

　우리는 하나님이 일하시는 방식에 열려 있어야 합니다. 하나님을 우리가 정해 놓은 틀로 제한하려 들지 말고 하나님이 베푸시는 위대한 반전의 역사로 인해 놀랄 준비를 단단히 해야 합니다. 특별히, 나 스스로가 다른 사람보다 더 가치 있고 더 많이 보상받을 자격이 있다는 생각을 과감히 그리고 지속적으로 내려놓아야 합니다. 예수님의 사역을 보면, 그런 우월감을 느끼고 있던 유대 종교지도자들 대부분은 주님을 거부했고 그들 중 상당수는 그를 죽이는 일에 동참했습니다.

　'내가 이제 예수님의 제자가 되었으니 내게 더 이상의 반전은 없다'고 단정하지도 말아야 합니다. 주님이 베푸시는 반전의 역사 가운데서 매일 우리의 생각과 삶을 그분께로 조정하고자 깨어 있어야 합니다. 우리가 주님의 일에 동참할 수 있다는 사실 그 자체를 큰 은혜로 알아야 하며, 내가 다른 일꾼보다 더 많이 보상받아야 한다는 생각은 철저히 십자가에 못 박아야 합니다. 그런 태도가 교회를 얼마나 자주 분열시키고 성도들에게 얼마나 많이 상처를 주어 왔습니까? 사실 그런 자세는 예수의 제자보다는 바리새인들에게나 더 잘 어울리는 자세입니다.

　하나님 나라가 완성될 그때 주님이 내리실 판단은 현재 우리의 판단에 국한되지 않습니다. 우리는 속으로 '내가 저 사람보다 더 수고했어' 혹은 '내가 저 사람보다 더 열심히 봉사했어' 같은 이야기를 종종 하지만, 우리들에 대한 최종적 판단은 우리 자신이 아니라 주께 속해 있습니다. 나 자신이나 사람들의 판단-그것이 긍정적이든 또는 부정적이든-에 모든 것을 걸어서는 안 됩니다. 물론 성도 된 우리의 평판은 많은 경우 우리의 영적

현주소를 드러내 주며 복음 전파에도 매우 중요한 역할을 합니다. 그 점에서 저는 다른 이들이 우리를 어떻게 평가하는지를 아예 무시하거나 간과하자는 말을 하는 게 아닙니다. 하지만 우리에 대한 궁극적 판단은 주님께 속했습니다! 그렇기에 주님께서 최종 판결을 하실 그 날을 바라보며, 매일 그의 은혜를 힘입어 맡겨진 일에 충성을 다해야 합니다. 사람들의 칭찬 때문에 교만해지지 말고, 사람들의 칭찬이 없으므로 인해 낙담치도 말고, 오직 주만 바라보며 앞으로 나아가야 합니다.

묵상과 적용을 위한 질문

❶ 인생에서 하나님이 가져오시는 반전reversal을 가장 생생하게 경험한 순간이 언제였나요? 그때 어떤 점이 가장 새롭고 놀라왔나요? 아울러 지금 여러분이 경험하고 있는 반전이 있다면, 무엇인가요?

❷ 어떤 부분에서 자신이 하나님 혹은 하나님께서 일하시는 방식을 스스로의 틀로 제한하고 있다고 생각하나요?

_____

_____

나만의 묵상 메모
오늘 묵상을 통해 주신 깨달음에 대해 기록해 보세요.

_____

_____

저자와 함께 하는 한 줄 기도
하나님을 제 틀로 제한하려 들지 말게 하시고 주님이 주시는 거룩한 반전을 기꺼이 끌어 안게 하소서.

기도와 결단
오늘 묵상한 말씀의 적용과 삶의 결단을 담아 자신의 기도를 드리세요.

_____

32 DAY

"내가 마시려는 잔을 너희가 마실 수 있느냐?"

마태복음 20:17-28

통독 묵상 길잡이

오늘은 참 어이없는 일이 제자 공동체에 벌어집니다. 예수님은 자기를 낮추어 섬기기 위해 십자가를 향하여 예루살렘으로 가시는데 두 제자가 자기들을 가장 높은 곳, 그러니까 예수님의 우편과 좌편에 앉혀 달라고 요구합니다. 이 일로 인해 제자들 사이에 다툼이 벌어집니다. 이 문제를 예수님이 어떻게 다루시는지 말씀을 잘 읽어 보세요.

오늘의 본문　　마태복음 20:17-28

17 예수께서 예루살렘으로 올라가려 하실 때에 열두 제자를 따로 데리시고 길에서 이르시되
18 보라 우리가 예루살렘으로 올라가노니 인자가 대제사장들과 서기관들에게 넘겨지매 그들이 죽이기로 결의하고
19 이방인들에게 넘겨 주어 그를 조롱하며 채찍질하며 십자가에 못 박게 할 것이나 제삼일에 살아나리라
20 그 때에 세베대의 아들의 어머니가 그 아들들을 데리고 예수께 와서 절하며 무엇을 구하니
21 예수께서 이르시되 무엇을 원하느냐 이르되 나의 이 두 아들을 주의 나라에서 하나는 주의 우편에, 하나는 주의 좌편에 앉게 명하소서
22 예수께서 대답하여 이르시되 너희는 너희가 구하는 것을 알지 못하는도다 내가 마시려는 잔을 너희가 마실 수 있느냐 그들이 말하되 할 수 있나이다
23 이르시되 너희가 과연 내 잔을 마시려니와 내 좌우편에 앉는 것은 내가 주는 것이 아니라 내 아버지께서 누구를 위하여 예비하셨든지 그들이 얻을 것이니라
24 열 제자가 듣고 그 두 형제에 대하여 분히 여기거늘
25 예수께서 제자들을 불러다가 이르시되 이방인의 집권자들이 그들을 임의로 주관하고 그 고관들이 그들에게 권세를 부리는 줄을 너희가 알거니와
26 너희 중에는 그렇지 않아야 하나니 너희 중에 누구든지 크고자 하는 자는 너희를 섬기는 자가 되고
27 너희 중에 누구든지 으뜸이 되고자 하는 자는 너희의 종이 되어야 하리라
28 인자가 온 것은 섬김을 받으려 함이 아니라 도리어 섬기려 하고 자기 목숨을 많은 사람의 대속물로 주려 함이니라

저자 해설 및 묵상

철없는 제자들의 '곧바로 영광' 신학

예루살렘을 향해 가시면서 주님은 거듭해서 다가오는 자신의 죽음과 부활에 대해 예언하십니다. 그런데 그중 가장 마지막으로 말씀하신 죽음과 부활에 대한 예언20:17-19이 마치자마자 '수제자' 그룹에 속하는 야고보와 요한 형제의 어머니는 "나의 이 두 아들을 주의 나라에서 하나는 주의 우편에, 하나는 주의 좌편에 앉게 명하소서"20:21라고 요청합니다. 헬라어 원문을 살펴보면 더욱 분명해지지만, 한글 성경을 봐도 쉽게 알 수 있는 사실은, 야고보와 요한의 생각이 그들의 어머니가 요청한 바와 정확히 일치한다는 점입니다. 본문에서 거듭 사용된 2인칭 복수 "너희"20:22-23, 예수님의 질문에 대해 어머니 혼자서가 아니라 그 두 아들까지 합세하여 답변한 점20:22, 그리고 다른 제자들이 야고보와 요한에 대해 분노를 표출한 사실20:24 등은 결국 이 두 형제가 어머니와 같은 생각을 하고 있었음을 보여줍니다. 어머니는 결국 이 두 형제의 대변자 역할을 하는 것입니다.

오늘 본문은 예수님의 수난-부활 예언과 이들의 요구를 극적으로 대조합니다. 죽기까지 낮아져 섬기시는 예수님20:17-19, 28과 그저 높아만 지려는 이들20:21-22 간의 대조가 생생히 드러납니다. 마태는 자기를 낮추어 섬기는 이가 오히려 크다고 여김 받는 하나님 나라의 숭고하면서도 역설적인 가치20:26-27와 가능하면 '고상하게' 그러나 안 되면 악랄하게라도 높은 곳에서 타인의 섬김을 한바탕 누려보려는 세상 나라의 가치20:25 참조를 극명하게 대조합니다. 예수님은 하나님 나라를 위해 모든 것을 내려놓으십니다.

그리고 자신의 십자가 죽음을 통해서 가장 낮은 곳에서 섬기고자 대적자들이 우글거리는 예루살렘으로 향하십니다. 그런데 막상 '최측근' 제자군에 속한다는 야고보와 요한은 이런 예수님께 다른 열 명의 제자 말고 자신들이 높은 곳에서 섬김 받게 해 달라고 매우 적극적인 그들의 모친을 통해 '특별한 요청'을 하고 있습니다. 주님은 자신의 수난과 죽음에 대해 거듭 강조해서 말씀하는데, 주님을 가장 가까이서 따른다는 야고보와 요한은 곧바로 누릴 '영광'만 생각합니다. 이런 일이 일어나지 않아서 참으로 다행이지만, 이때 야고보와 요한이 그들 어머니의 도움을 받아 교회개척을 했으면 '곧바로 영광 교회'를 세웠을 것입니다. 그들이 원하는 것은 고난 없는 영화였습니다.

이게 꼭 남의 이야기인가?

야고보와 요한의 상태가 너무나도 서글픕니다. 예수님이 정확히 진단해 주신 대로, 이들은 자신들이 무슨 말을 하고 있는지조차 깨닫지 못합니다 20:22. 이들은 십자가 없는 즉각적 영광이라는 허영에 사로잡혀 있습니다. 그러나 그런 서글픈 모습이 아주 낯설지만도 않습니다. 우리 주변에도 그리스도인이라 자부하면서 '곧바로 영광'의 허영을 추구하는 이들이 적지 않습니다. 소위 '번영신학prosperity gospel' 추종자들이 가장 대표적인 예입니다. 하지만 십자가 없는 면류관, 고난 없는 영광을 추구하는 것이 어찌 야고보와 요한만의 모습이며 또 어찌 번영신학자들만의 행태이겠습니까?

'십자가 없이 면류관 없다!'고 선포하며 공개적으로 번영신학을 정죄하는 우리 역시 은근슬쩍, 두 눈을 잠시 감고 자신과 측근의 은밀한 '곧바로 영광' 추구를 묵인하곤 합니다. 입으로는 옳은 말을 골라서 잘하지만, 치유받아 침상을 들고 가는 것2:12을 좋아할 뿐, 사명을 받아 십자가 지고 가는 것8:34은 별로 좋아하지 않습니다주: '침상을 들다'와 '십자가를 지다'에서 사용된 '들다'와 '지다'는 한국어로는 서로 다른 단어지만, 원어상에서는 같은 동사[헬라어: '아이로']다. 그렇기에 우리는 예수 그리스도의 십자가 대신 소위 'OO하는 법 O가지'에 더 쉽게 매료됩니다. 그래서 우리는 '따분하고 부담스러운' 십자가 지는 제자도 대신에 자극적이고 화끈한 '사역의 기법'들에 더 열광합니다. 그렇게 우리는 야고보와 요한처럼 '곧바로 영광'이란 허상을 사모합니다. 그러나 기억합시다. 우리가 곧바로 추구해야 할 바는 허영으로 가득 한 세상의 영광이 아니라, 자기를 부인하고 자기 십자가를 지고 그리스도를 따르는 일입니다16:24.

오늘 우리에게 주어진 기회

지난 2020년 봄 이래로 글로벌 팬데믹으로 인해 예상치 못한 격변의 시간을 경험하면서 이전에 누리던 것들을 얼마나 당연시했는지 반성하는 목소리가 높습니다. 그와 함께 우리가 그간 얼마나 하찮은 것들에 목숨 걸며 살았는지에 대한 성찰의 소리 역시 드높습니다. 아이러니하게도, 삶의 여러 측면에서 큰 상실과 제약을 경험하는 팬데믹의 시대가 사소한 것에 인생 걸고 십자가 제자도에서 은근슬쩍 '탈영'했던 우리가 주와 복음을 위해 모든 것을 '올인'하는 인생으로 새로이 복귀할 의미심장한 기회라는 생각이 듭니다. 십자가 없는 승귀exaltation, 고난 없는 면류관, 제자 됨의 대가 지급 없는 '곧바로 영광'이란 허상으로부터 진리이신 주님께로 그리고 주님의 길로 돌이킬 수 있는 절호의 기회라 믿습니다. 자기 목숨을 많은 사람을 위한 대속물로 내어 주신 예수님의 래디컬radical한 섬김을 본받을 고귀한 기회라 여겨집니다. '곧바로 영광'을 추구하던 철없는 제자들에게 꼭 남의 이야기만은 아닙니다!을 향한 주님의 말씀이 오늘 귓가에 생생하게 울려옵니다.

"내가 마시려는 잔을 너희가 마실 수 있느냐? … 인자가 온 것은 섬김을 받으려 함이 아니라 도리어 섬기려 하고 자기 목숨을 많은 사람의 대속물로 주려 함이니라" 20:22, 28.

이장렬, 이충재 공저 「나를 일으켜 세우는 감사」 (서울: 요단출판사, 2020)의 부록 중 하나로 실렸던 내용을 개정했다. 해당 부록은 마가복음 병행구를 중심으로 다루었는데, 여기서는 마태복음 20:17-28에 초점을 두고 있으므로 그에 맞추어 내용을 일부 개정했다.

묵상과 적용을 위한 질문
❶ 당신은 솔직히 어떤 점에서 십자가 없는 면류관, 제자도 없는 기독교, 고난 없는 영광을 추구했나요?

❷ 고되고 힘든 팬데믹의 시대가 구체적으로 당신에게 무엇을 위한 새로운 기회라고 생각이 되는지 적어보세요.

나만의 묵상 메모
오늘 묵상을 통해 주신 깨달음에 대해 기록해 보세요.

저자와 함께 하는 한 줄 기도
'곧바로 영광'의 허상을 포기하고 오늘 제게 주신 사명의 십자가를 묵묵히 지고 주님을 따르게 하소서.

기도와 결단
오늘 묵상한 말씀의 적용과 삶의 결단을 담아 자신의 기도를 드리세요.

33 DAY

"주여 우리를 불쌍히 여기소서"

마태복음 20:29-34

통독 묵상 길잡이

오늘 본문에는 예수님을 향해 도움을 외치는 두 시각 장애인이 등장합니다. 그들은 주위의 꾸지람에도 굴하지 않고 갈급한 맘으로 다윗의 자손 예수님을 부릅니다. 예수님이 이 두 시각 장애인을 어떻게 도우시는지 잘 들어 보세요.

오늘의 본문 마태복음 20:29-34

29 그들이 여리고에서 떠나 갈 때에 큰 무리가 예수를 따르더라
30 맹인 두 사람이 길 가에 앉았다가 예수께서 지나가신다 함을 듣고 소리 질러 이르되 주여 우리를 불쌍히 여기소서 다윗의 자손이여 하니
31 무리가 꾸짖어 잠잠하라 하되 더욱 소리 질러 이르되 주여 우리를 불쌍히 여기소서 다윗의 자손이여 하는지라
32 예수께서 머물러 서서 그들을 불러 이르시되 너희에게 무엇을 하여 주기를 원하느냐
33 이르되 주여 우리의 눈 뜨기를 원하나이다
34 예수께서 불쌍히 여기사 그들의 눈을 만지시니 곧 보게 되어 그들이 예수를 따르니라

저자 해설 및 묵상

두 시각 장애인의 외침

오늘 본문 마태복음 20:29-34는 예수님과 제자들이 여리고를 떠나 예루살렘으로 향하기 시작하는 시점에 일어난 일을 기록합니다. 큰 무리가 예수님을 따르고 있었습니다. 길가에 앉아 구걸하고 있던 두 시각 장애인은 그 행렬을 향해 다음과 같이 외칩니다. "주여 우리를 불쌍히 여기소서 다윗의 자손이여"20:30! 당시 유대인들은 시각 장애를 시각 장애인 자신이나 부모의 죄에 대한 저주의 결과라고 이해했습니다요9:2 참조. 자신 혹은 부모의 죄로 인해 저주받은 존재로 여겨졌던 이 두 사람이 그같이 소리를 질러 대는 모습을 목격했을 때, 군중들은 이들을 예수님의 중차대한 행렬을 가로막는 하찮은 훼방꾼으로 치부했을 것입니다. 그랬기에 예수님을 좇던 군중 아마도 제자들까지 다 포함하는 무리은 그들을 꾸짖으며 입을 다물라고 말합니다. 하지만 이 두 시각장애인은 그에 조금도 굴하지 않고 더 큰 소리로 다시 외칩니다20:31. 예수님을 추종하는 이들의 생각이 늘 예수님의 생각을 그대로 대변하는 것은 아닙니다. 예수님을 따르던 군중들은 이 두 시각 장애인을 호되게 꾸짖었으나, 주님은 예루살렘으로 향하는 행렬을 멈추고 그들을 불러 친히 대화하시며 그들의 시력을 직접 고쳐 주십니다20:32-34.

이 두 시각장애인은 예수님을 '다윗의 자손'으로 호칭했습니다. 이는 당시 유대인들 사이에서 "메시아"와 같은 의미의 칭호였습니다삼하7:13-14; 시89; 사9:6-7, 11:1-16; 렘23:1-8; 롬1:3 참조. 아울러 이 두 사람은 예수님이 자신들에게 긍휼을 베풀어 주리라 기대했습니다. 그랬기에 "주여 우리를 불쌍히 여기소서 다윗의 자손이여"20:30-31라고 거듭 외쳤습니다. '불쌍히 여기소서'는 당시 적선을 요청할 때 걸인들이 사용했던 관용적 표현이긴 했지만, 이들은 여기서 돈을 요구하는 것이 아니라 시력의 치유를 요청하고 있습니다. 아울러 이들은 예수님을 메시아로 인정하고 있습니다. 그렇게 볼 때, '불쌍히 여기소서'라는 이 두 시각 장애인의 외침을 단지 관용적인 구걸로 볼 순 없겠습니다. 마태는 오늘 본문 마지막 절20:34에서 예수님이 이들을 불쌍히 여기셨다고 명시합니다. 메시아 예수의 긍휼을 체험한 이 두 사람은 이제 자신들의 두 눈으로 선명하게 주님을 보면서 그를 따라나섭니다. 이 두 사람이 예수님이 메시아라는 사실을 구체적으로 어떻게 알게 되었는지 그리고 예수님을 따라나설 때 이들의 신앙적 이해가 정확히 어떤 깊이와 밀도를 갖고 있었는지에 대해 마태는 우리에게 말해 주지 않습니다. 하지만 마태는 이 두 사람이 긍휼히 여겨 주시는 메시아를 대면했고, 그가 베푸시는 치유의 은총을 경험하였으며, 이윽고 두 눈으로 주님을 보면서 그를 따라나섰다는 사실을 들려줍니다.

다수의 꾸지람에 굴하지 않음

이들 두 시각 장애인의 외침은 결코 점잖고 신사적인 것이 아니었습니다. 이들이 내는 소리는 사실 굉음이나 절규에 가까웠을 것입니다. 대중음악에 비유하면, 달콤한 발라드와는 거리가 멉니다. 요즘 대세라는 트로트와도 거리가 아주 멉니다. 그들의 소리침은 귀가 쩌렁쩌렁 울리다 못해 고막 걱정을 하게끔 하는 헤비메탈 사운드에 가까웠습니다. 예수님을 따르던 무리는 이 두 시각 장애인이 예수님께 그저 방해만 된다고 판단했고, 그런 '선명한' 판단에 따라 이 둘을 매섭게 꾸짖습니다. 입을 다물라고 호통칩니다. 하지만 이 두 사람은 대다수의 호된 꾸중에 굴하지 않고 더 큰 소리로 "주여 우리를 불쌍히 여기소서 다윗의 자손이여!"라고 외쳐 댑니다. 대다수의 꾸짖음에도 불구하고 메시아 예수를 거듭 부르며 목청이 떨어져라 외치고 그분의 도우심을 요청한 이 두 사람은 집요하고 끈질겨 보입니다.

그런데 어떻게 이들이 그 많은 사람의 꾸지람에 꿈쩍하지 않을 수 있었을까요? 한두 사람이 우리를 꾸짖어도 솔직히 마음이 흔들립니다. 거기에 몇 명이 더 가세하면 겉으로는 티를 안 내려고 애쓰겠으나 마음이 크게 위축될 것입니다. 그렇게 몇 사람만 우리를 대놓고 나무래도 마음이 엄청 힘든데, 대다수가 우리를 반대하고 꾸중하고 억누르면 어디 개미 소리라도 나오기나 할까요? 그런 상황에 직면한다면 도리어 우울감과 침체감만 깊어지지 않을까요? 이 두 사람이 많은 사람의 꾸지람에 조금도 굴하지 않을 수 있던 이유는 과연 무엇일까요? 아마도 그들의 인생에 있어 메시아의 긍휼의 손길이 너무나 절실했기 때문일 것입니다. 그리고 자신들이 그런 절박한 상황에 놓여 있음을 솔직하고도 겸허하게 받아들였기 때문일 것입니다.

두 시각 장애인의 치유 이야기, 오늘 우리를 위한 말씀

우리가 주변의 조소와 꾸지람에 쉽게 굴하지 말고 예수의 메시아 되심을 끈질기게 - 입술로 그리고 삶으로 - 고백해야 하는 이유는 우리 스스로가 나름 근사한 존재이기 때문이 아닙니다. 오히려 그 정반대입니다. 우리는 메시아 예수 없이는 영적 거지이자 아무것도 볼 수 없는 자들입니다. 우리에게 메시아 예수의 긍휼 외에는 다른 희망이란 존재하지 않습니다. 우리는 정확히 이 두 사람만큼 메시아 예수님의 긍휼과 자비가 필요한 자들입니다요14:6, 15:5; 행4:12 참조. 우리는 자기 자신의 영적 상태의 심각성과 절박함을 정직하게 인정하고 자신을 주님 앞에 낮추며 그의 긍휼을 겸손히 구해야 합니다. 주의 제자들은 그 어떤 상황 가운데서라도 예수님의 메시아 되심을 고백하고 선포해야 합니다. 어려움 가운데서라도 담대하고 끈기 있게 긍휼의 주 예수님과 그의 대속의 십자가에 대해 – 입술로뿐 아니라 삶으로 – 고백하고 선포하고 또 나누어야 합니다!

이장렬 저, 「바디매오 이야기」(서울: 요단출판사, 2019)에 이 본문에 대한 자세한 설명이 들어 있다. 이 책은 마가복음 병행구(막10:46–52)를 중심으로 논의를 전개하고 있다. 오늘 Day 33의 '저자 해설과 묵상'은 이 책 제1장 내용 중 일부를 마태복음 20:29–34에 맞추어 개정한 것이다.

묵상과 적용을 위한 질문

❶ 오늘 본문 30-31절을 천천히 한 번 더 읽고, 지금 여러분이 이 두 시각장애인의 처지에 있다고 생각해 보십시오. 무리가 호통을 치면서 '조용히 해!'라고 꾸중했을 때 여러분 같으면 어떻게 반응했을까요? 왜 그렇게 생각하시나요?

❷ 오늘 당신은 자신을 주님의 은혜와 긍휼이 필요한 자로 보고 있나요? 구체적으로 어떤 점에서 그런지요? 혹은 구체적으로 어떤 점에서 그렇지 않은지요?

나만의 묵상 메모

오늘 묵상을 통해 주신 깨달음에 대해 기록해 보세요.

저자와 함께 하는 한 줄 기도

바로 제가 그 누구보다 주님의 긍휼과 은혜가 필요한 자라는 사실을 순간마다 기억하게 하소서.

기도와 결단

오늘 묵상한 말씀의 적용과 삶의 결단을 담아 자신의 기도를 드리세요.

34 DAY

겸손한 메시아의 예루살렘 입성과 그의 강력한 경고

마태복음 21:1-17

통독 묵상 길잡이

예수님이 예루살렘에 입성하십니다. 참 왕이지만 나귀를 타신 겸손한 예수님의 모습이 두드러집니다. 하지만 예루살렘 성전에 가신 예수님은 강력한 경고의 메시지도 주십니다. 오늘 본문이 들려 주는 예수님의 행적을 주의 깊게 읽고 묵상해 보세요.

오늘의 본문 마태복음 21:1-17

1 그들이 예루살렘에 가까이 가서 감람 산 벳바게에 이르렀을 때에 예수께서 두 제자를 보내시며
2 이르시되 너희는 맞은편 마을로 가라 그리하면 곧 매인 나귀와 나귀 새끼가 함께 있는 것을 보리니 풀어 내게로 끌고 오라
3 만일 누가 무슨 말을 하거든 주가 쓰시겠다 하라 그리하면 즉시 보내리라 하시니
4 이는 선지자를 통하여 하신 말씀을 이루려 하심이라 일렀으되
5 시온 딸에게 이르기를 네 왕이 네게 임하나니 그는 겸손하여 나귀, 곧 멍에 메는 짐승의 새끼를 탔도다 하라 하였느니라
6 제자들이 가서 예수께서 명하신 대로 하여
7 나귀와 나귀 새끼를 끌고 와서 자기들의 겉옷을 그 위에 얹으매 예수께서 그 위에 타시니
8 무리의 대다수는 그들의 겉옷을 길에 펴고 다른 이들은 나뭇가지를 베어 길에 펴고
9 앞에서 가고 뒤에서 따르는 무리가 소리 높여 이르되 호산나 다윗의 자손이여 찬송하리로다 주의 이름으로 오시는 이여 가장 높은 곳에서 호산나 하더라
10 예수께서 예루살렘에 들어가시니 온 성이 소동하여 이르되 이는 누구냐 하거늘
11 무리가 이르되 갈릴리 나사렛에서 나온 선지자 예수라 하니라
12 예수께서 성전에 들어가사 성전 안에서 매매하는 모든 사람들을 내쫓으시며 돈 바꾸는 사람들의 상과 비둘기 파는 사람들의 의자를 둘러 엎으시고
13 그들에게 이르시되 기록된 바 내 집은 기도하는 집이라 일컬음을 받으리라 하였거늘 너희는 강도의 소굴을 만드는도다 하시니라
14 맹인과 저는 자들이 성전에서 예수께 나아오매 고쳐주시니
15 대제사장들과 서기관들이 예수께서 하시는 이상한 일과 또 성전에서 소리 질러 호산나 다윗의 자손이여 하는 어린이들을 보고 노하여
16 예수께 말하되 그들이 하는 말을 듣느냐 예수께서 이르시되 그렇다 어린 아기와 젖먹이들의 입에서 나오는 찬미를 온전하게 하셨나이다 함을 너희가 읽어 본 일이 없느냐 하시고
17 그들을 떠나 성 밖으로 베다니에 가서 거기서 유하시니라

저자 해설 및 묵상

겸손한 메시아의 예루살렘 입성

오늘 본문은 예수님의 예루살렘 입성 장면 및 성전 뜰에서의 시위 장면을 기록하고 있습니다. 먼저 예루살렘 입성 장면에 주목합니다. 예수님의 예루살렘 입성 장면에서 특히 눈에 띄는 점은 그가 나귀를 타셨다는 것입니다. 이는 스가랴 9:9의 성취입니다. 예수님이 나귀를 타고 입성하는 방식을 택하셨다는 것은 그가 메시아임을 확인해 줄 뿐 아니라 예수님이 자신을 메시아로 이해했음을 드러내 줍니다. 아울러 나귀를 타신 사건은 메시아 예수의 온유함과 겸손을 보여줍니다. 메시아 예수의 예루살렘 입성은 그의 다스림이 힘으로 위에서 찍어 누르는 '팍스로마나군사력에 의한 평화'와 본질적으로 다름을 시연해 줍니다. 당시 나귀는 민간의 행보에 사용되었고, 군인들의 행진에 사용되지 않았습니다. 예수님의 통치 방식은 겸손히 낮아져서 그의 백성을 섬기는 것입니다20:24-27. 그의 십자가 대속은 그러한 통치 방식을 가장 결정적으로 보여줍니다20:28.

그렇게 예루살렘에 입성하시는 예수님의 행렬에 동참한 군중은 큰 소리로 "호산나본래 히브리어로 '하나님, 구원하소서!'란 의미를 지닌 찬양의 감탄 다윗의 자손이여 찬송하리로다 주의 이름으로 오시는이여 가장 높은 곳에서 호산나"라고 외칩니다. 군중들의 이런 외침은 시편 118:26을 인용한 것으로, 고대 이스라엘인들이 그들의 왕을 환영하는 장면을 연상시킵니다. 이는 물론 예수님을 향한 군중들의 메시아적 기대감을 보여줍니다. 군중들은 로마의 압제로부터 즉각 해방을 가져다 줄 메시아를 기대했습니다. 그러나 메시아 예수는 나귀를 타신 메시아입니다. 그는 겸손하고 온유한 메시아시고 그의 통치 방식은 로마의 방식 혹은 로마를 대체하기를 원하나 여전히 그와 유사한 통치방식과 확연히 구분됩니다.

성전 뜰에서의 강력한 경고

그러나 주님의 온유함과 겸손함이 그저 '좋은 게 좋은 것'이라는 태도 혹은 '두루두루 별 탈 없이 조용히 지내자'라는 생각과 동일시되어서는 너무나 곤란합니다. 예루살렘 입성21:1-11에 이은 성전 뜰에서의 시위21:12-17는 이를 선명하게 보여줍니다. 예수님은 성전 뜰이방인의 뜰에서 시행되었던 희생제물 매매 및 환전 업무에 대해 강력하게 시위하십니다. 유월절을 맞아 순례자들이 먼 곳에서 왔기에 희생제물을 사고파는 행위 그 자체는 피할 수 없는 것이었습니다. 아울러 성전세 납부 및 희생제물 구매는 유대인의 화폐로 이뤄졌기에 환전 업무 역시 필요했습니다. 여기서 문제는 희생제물 매매 및 환전 업무 자체에 있는 것이 아니라 그런 행위가 바로 이방인들이 기도할 수 있는 유일한 장소이방인의 뜰에서 이뤄졌다는 사실에 있습니다. 성전 뜰에서의 제물 매매 및 환전 행위는 이방인들이 하나님께 나아갈 수 있는 길을 방해하고 있었던 것이고 예수님은 바로 그에 대해 시위하신 것입니다. 나아가 예수님의 성전 시위는 영적으로 타락한 성전제도 및 성전 지도자들에 대한 심판 예언이면서 강력한 경고입니다.

예수님은 이사야 56:7 말씀을 인용하시면서"기록된 바 내 집은 기도하는 집이라 일컬음을 받으리라 하였거늘"(마21:13) 성전이 그저 유대인만을 위한 것이 아니며 열방을 위한 것임을 상기시킵니다. 이는 성전의 본 역할을 완성하는 예수님의 사역이 유대인만을 위한 것이 아니며 이방인을 위한 것이기도 하다는 사실을 암시해 줍니다. 예수님은 성전 내에 인종 별로 구획을 나누는 것에 대해 강력하게 문제를 제기하십니다. 그와 더불어, 예수님은 예레미야 7:11을 인용하시면서 예루살렘 성전을 "강도의 소굴"마21:13로 칭하시며, 당시 성전 지도자들의 종교, 경제, 사회적 특권 의식과 영적 타락을 폭로하십니다. 그들이 성전에서 일하고 성전을 중심으로 활동한다는 사실이 그들 자신을 하나님 앞에 세워주지 않으며 또 그들의 타락한 모습을 가려 주지도 않습니다.

한편, 예수님은 성전 뜰에서 시각 장애인들과 다리를 저는 장애인들을 치유하십니다마21:14 [레21:18 참조]. 이를 통해 당시 유대교에서 종교-사회적으로 가장 소외되어 있던 이들을 하나님 나라로 초대하십니다. 그곳에 있던 어린이들은 "호산나 다윗의 자손이여!"라고 예수님을 향해 외칩니다. '한 보잘것없는 촌구석갈릴리 출신 선지자'의 행동과 그를 향한 열광적 반응을 지켜본 대제사장들과 서기관들은 예수님을 다그치지만, 예수님은 시편 8:2를 인용하시며 "그렇다 어린 아기와 젖먹이들의 입에서 나오는 찬미를 온전하게 하셨나이다 함을 너희가 읽어 본 일이 없느냐?"고 반문하십니다.

온유하고도 두려운 메시아

나귀를 타고 예루살렘에 입성하시는 예수님의 모습은 그가 겸손하고 온유한 메시아요 평화를 가져오시는 왕이심을 드러내 줍니다. 그런 주님께 가까이 가고 싶습니다. 한편, 성전 지도자들을 향해 강력한 경고와 심판의 메시지를 던지시는 주님의 모습은 솔직히 무섭기까지 합니다. 혹시 우리들과 우리들의 공동체를 향해 그런 무서운 말씀을 하시지 않을까 싶어 피하고 싶은 생각마저 스칠 수 있습니다. 우리들은 자신의 성향과 경험에 따라 이 둘 중 한 쪽만 받아들이거나 강조하곤 하지만, 이 두 모습 모두 메시아 예수의 모습임을 인정해야 합니다. 우리들이 가진 틀에 예수님을 가두려 하는 신성모독적 행태를 중단하고 우리의 생각을 주의 말씀인 성경의 가르침에 따라 조정하고 교정해야 합니다.

　예수님은 겸손하고 온유한 메시아입니다. 1세기 유대교 내의 장애인들처럼 가장 소외되고 희망 상실한 이들을 사랑으로 품으시는 분입니다. 그러나 예수님은 기준이 모호하고 그저 '좋은 게 좋다' 하시는 분은 결코 아닙니다. 성전에서의 강력한 시위와 경고는 이를 생생히 잘 드러내 줍니다. 성전 뜰에서의 예수님의 행동과 말씀 그리고 그의 선명한 기준을 생각할 때 예수님이 두렵게 느껴질 수도 있습니다(만일 여기서 말하는 '두려움'이 주님에 대한 경외심을 가리키는 것이라면, 사실 그런 두려움은 꼭 필요한 것임을 말씀드립니다). 그러나 그렇게 '무서운' 예수님이 바로 겸손하고 온유한 메시아이시며 많은 사람을 위해 자기 목숨을 내주어 십자가에서 대신 죽으신 사랑과 섬김의 주님이십니다20:28. 이 둘이 어떻게 연결되고 통합되는지 잘 정리가 안 된다고 느끼는 분이 있을 수 있다 생각됩니다. 굳이 정리하려고 하지 마십시오. 예수님을 여러분의 생각에 맞추어 정리하려고 들지 말고, 여러분의 생각을 예수님께 맞추십시오. 여러분의 생각, 감성, 의도에 잘 맞는 예수님의 모습만 받아들이지 말고 예수님 그분 자체를 그대로 받아들이십시오. 예수님이 너무 부드럽게 혹은 너무 강하게 느껴질 수도 있습니다. 예수님이 너무 겸손하게 또는 심지어 너무 도발적으로 느껴질 수도 있습니다. 그러나 성경이 말씀하시는 예수님 그분을 그대로 받아들이십시오. 그분을 그대로 끌어안으십시오. 그리고 그분 품에 안기십시오.

묵상과 적용을 위한 질문

❶ 구체적으로 어떤 측면에서 당신은 겸손하고 온유하신 예수님의 방식보다는 로마의 방식, 즉 재력, 명예, 권력 등에 의존하는 방식을 더 추구하고 지향하나요? 또 구체적으로 어떤 측면에서 당신은 하나님 말씀에 근거한 선명한 기준을 따르기보다 '좋은 게 좋은 것'이라는 애매하고 타협된 태도를 보이나요?

❷ 당신은 겸손하고 온유한 예수님의 모습과 선명한 기준으로 심판을 경고하시는 예수님의 모습 중 어느 쪽에 더 익숙한가요? 이 두 가지 모습 중 혹시 어느 한 쪽을 간과하거나 구시하고 있는 것은 아닌지요?

나만의 묵상 메모

오늘 묵상을 통해 주신 깨달음에 대해 기록해 보세요.

저자와 함께 하는 한 줄 기도

겸손하신 예수님의 섬김을 좇게 하시고 주님의 선명한 기준을 계속 바라보며 따르게 하소서.

기도와 결단

오늘 묵상한 말씀의 적용과 삶의 결단을 담아 자신의 기도를 드리세요.

35 DAY

성전 지도자들과의 논쟁

마태복음 21:18-22:46

통독 묵상 길잡이

예루살렘에 다시 들어가시는 예수님이 열매 없는 무화과 나무를 마르게 합니다. 왜 그러셨을까요? 유대교 지도자들은 예루살렘에 오신 예수님을 핍박하고 시비를 걸고 죽이려 합니다. 예수님이 그들에게 어떻게 말씀하시는지 잘 들어보세요.

오늘의 본문 마태복음 21:18-22:46

18 이른 아침에 성으로 들어오실 때에 시장하신지라
19 길 가에서 한 무화과나무를 보시고 그리로 가사 잎사귀 밖에 아무 것도 찾지 못하시고 나무에게 이르시되 이제부터 영원토록 네가 열매를 맺지 못하리라 하시니 무화과나무가 곧 마른지라
20 제자들이 보고 이상히 여겨 이르되 무화과나무가 어찌하여 곧 말랐나이까
21 예수께서 대답하여 이르시되 내가 진실로 너희에게 이르노니 만일 너희가 믿음이 있고 의심하지 아니하면 이 무화과나무에게 된 이런 일만 할 뿐 아니라 이 산더러 들려 바다에 던져지라 하여도 될 것이요
22 너희가 기도할 때에 무엇이든지 믿고 구하는 것은 다 받으리라 하시니라
23 예수께서 성전에 들어가 가르치실새 대제사장들과 백성의 장로들이 나아와 이르되 네가 무슨 권위로 이런 일을 하느냐 또 누가 이 권위를 주었느냐
24 예수께서 대답하시되 나도 한 말을 너희에게 물으리니 너희가 대답하면 나도 무슨 권위로 이런 일을 하는지 이르리라
25 요한의 세례가 어디로부터 왔느냐 하늘로부터냐 사람으로부터냐 그들이 서로 의논하여 이르되 만일 하늘로부터라 하면 어찌하여 그를 믿지 아니하였느냐 할 것이요
26 만일 사람으로부터라 하면 모든 사람이 요한을 선지자로 여기니 백성이 무섭다 하여
27 예수께 대답하여 이르되 우리가 알지 못하노라 하니 예수께서 이르시되 나도 무슨 권위로 이런 일을 하는지 너희에게 이르지 아니하리라
28 그러나 너희 생각에는 어떠하냐 어떤 사람에게 두 아들이 있는데 맏아들에게 가서 이르되 얘 오늘 포도원에 가서 일하라 하니
29 대답하여 이르되 아버지 가겠나이다 하더니 가지 아니하고
30 둘째 아들에게 가서 또 그와 같이 말하니 대답하여 이르되 싫소이다 하였다가 그 후에 뉘우치고 갔으니
31 그 둘 중의 누가 아버지의 뜻대로 하였느냐 이르되 둘째 아들이니이다 예수께서 그들에게 이르시되 내가 진실로 너희에게 이르노니 세리들과 창녀들이 너희보다 먼저 하나님의 나라에 들어가리라
32 요한이 의의 도로 너희에게 왔거늘 너희는 그를 믿지 아니하였으되 세리와 창녀는 믿었으며 너희는 이것을 보고도 끝내 뉘우쳐 믿지 아니하였도다
33 다른 한 비유를 들으라 한 집 주인이 포도원을 만들어 산울타리로 두르고 거기에 즙 짜

는 틀을 만들고 망대를 짓고 농부들에게 세로 주고 타국에 갔더니
34 열매 거둘 때가 가까우매 그 열매를 받으려고 자기 종들을 농부들에게 보내니
35 농부들이 종들을 잡아 하나는 심히 때리고 하나는 죽이고 하나는 돌로 쳤거늘
36 다시 다른 종들을 처음보다 많이 보내니 그들에게도 그렇게 하였는지라
37 후에 자기 아들을 보내며 이르되 그들이 내 아들은 존대하리라 하였더니
38 농부들이 그 아들을 보고 서로 말하되 이는 상속자니 자 죽이고 그의 유산을 차지하자 하고
39 이에 잡아 포도원 밖에 내쫓아 죽였느니라
40 그러면 포도원 주인이 올 때에 그 농부들을 어떻게 하겠느냐
41 그들이 말하되 그 악한 자들을 진멸하고 포도원은 제 때에 열매를 바칠 만한 다른 농부들에게 세로 줄지니이다
42 예수께서 이르시되 너희가 성경에 건축자들이 버린 돌이 모퉁이의 머릿돌이 되었나니 이것은 주로 말미암아 된 것이요 우리 눈에 기이하도다 함을 읽어 본 일이 없느냐
43 그러므로 내가 너희에게 이르노니 하나님의 나라를 너희는 빼앗기고 그 나라의 열매 맺는 백성이 받으리라
44 이 돌 위에 떨어지는 자는 깨지겠고 이 돌이 사람 위에 떨어지면 그를 가루로 만들어 흩으리라 하시니
45 대제사장들과 바리새인들이 예수의 비유를 듣고 자기들을 가리켜 말씀하심인 줄 알고
46 잡고자 하나 무리를 무서워하니 이는 그들이 예수를 선지자로 앎이었더라

22장

1 예수께서 다시 비유로 대답하여 이르시되
2 천국은 마치 자기 아들을 위하여 혼인 잔치를 베푼 어떤 임금과 같으니
3 그 종들을 보내어 그 청한 사람들을 혼인 잔치에 오라 하였더니 오기를 싫어하거늘
4 다시 다른 종들을 보내며 이르되 청한 사람들에게 이르기를 내가 오찬을 준비하되 나의 소와 살진 짐승을 잡고 모든 것을 갖추었으니 혼인 잔치에 오소서 하라 하였더니
5 그들이 돌아 보지도 않고 한 사람은 자기 밭으로, 한 사람은 자기 사업하러 가고
6 그 남은 자들은 종들을 잡아 모욕하고 죽이니
7 임금이 노하여 군대를 보내어 그 살인한 자들을 진멸하고 그 동네를 불사르고

오늘의 본문 마태복음 21:18-22:46

8 이에 종들에게 이르되 혼인 잔치는 준비되었으나 청한 사람들은 합당하지 아니하니
9 네거리 길에 가서 사람을 만나는 대로 혼인 잔치에 청하여 오라 한대
10 종들이 길에 나가 악한 자나 선한 자나 만나는 대로 모두 데려오니 혼인 잔치에 손님들이 가득한지라
11 임금이 손님들을 보러 들어올새 거기서 예복을 입지 않은 한 사람을 보고
12 이르되 친구여 어찌하여 예복을 입지 않고 여기 들어왔느냐 하니 그가 아무 말도 못하거늘
13 임금이 사환들에게 말하되 그 손발을 묶어 바깥 어두운 데에 내던지라 거기서 슬피 울며 이를 갈게 되리라 하니라
14 청함을 받은 자는 많되 택함을 입은 자는 적으니라
15 이에 바리새인들이 가서 어떻게 하면 예수를 말의 올무에 걸리게 할까 상의하고
16 자기 제자들을 헤롯 당원들과 함께 예수께 보내어 말하되 선생님이여 우리가 아노니 당신은 참되시고 진리로 하나님의 도를 가르치시며 아무도 꺼리는 일이 없으시니 이는 사람을 외모로 보지 아니하심이니이다
17 그러면 당신의 생각에는 어떠한지 우리에게 이르소서 가이사에게 세금을 바치는 것이 옳으니이까 옳지 아니하니이까 하니
18 예수께서 그들의 악함을 아시고 이르시되 외식하는 자들아 어찌하여 나를 시험하느냐
19 세금 낼 돈을 내게 보이라 하시니 데나리온 하나를 가져왔거늘
20 예수께서 말씀하시되 이 형상과 이 글이 누구의 것이냐
21 이르되 가이사의 것이니이다 이에 이르시되 그런즉 가이사의 것은 가이사에게, 하나님의 것은 하나님께 바치라 하시니
22 그들이 이 말씀을 듣고 놀랍게 여겨 예수를 떠나가니라
23 부활이 없다 하는 사두개인들이 그 날 예수께 와서 물어 이르되
24 선생님이여 모세가 일렀으되 사람이 만일 자식이 없이 죽으면 그 동생이 그 아내에게 장가 들어 형을 위하여 상속자를 세울지니라 하였나이다
25 우리 중에 칠 형제가 있었는데 맏이가 장가 들었다가 죽어 상속자가 없으므로 그 아내를 그 동생에게 물려 주고
26 그 둘째와 셋째로 일곱째까지 그렇게 하다가
27 최후에 그 여자도 죽었나이다

28 그런즉 그들이 다 그를 취하였으니 부활 때에 일곱 중의 누구의 아내가 되리이까
29 예수께서 대답하여 이르시되 너희가 성경도, 하나님의 능력도 알지 못하는 고로 오해하였도다
30 부활 때에는 장가도 아니 가고 시집도 아니 가고 하늘에 있는 천사들과 같으니라
31 죽은 자의 부활을 논할진대 하나님이 너희에게 말씀하신 바
32 나는 아브라함의 하나님이요 이삭의 하나님이요 야곱의 하나님이로라 하신 것을 읽어 보지 못하였느냐 하나님은 죽은 자의 하나님이 아니요 살아 있는 자의 하나님이시니라 하시니
33 무리가 듣고 그의 가르치심에 놀라더라
34 예수께서 사두개인들로 대답할 수 없게 하셨다 함을 바리새인들이 듣고 모였는데
35 그 중의 한 율법사가 예수를 시험하여 묻되
36 선생님 율법 중에서 어느 계명이 크니이까
37 예수께서 이르시되 네 마음을 다하고 목숨을 다하고 뜻을 다하여 주 너의 하나님을 사랑하라 하셨으니
38 이것이 크고 첫째 되는 계명이요
39 둘째도 그와 같으니 네 이웃을 네 자신 같이 사랑하라 하셨으니
40 이 두 계명이 온 율법과 선지자의 강령이니라
41 바리새인들이 모였을 때에 예수께서 그들에게 물으시되
42 너희는 그리스도에 대하여 어떻게 생각하느냐 누구의 자손이냐 대답하되 다윗의 자손이니이다
43 이르시되 그러면 다윗이 성령에 감동되어 어찌 그리스도를 주라 칭하여 말하되
44 주께서 내 주께 이르시되 내가 네 원수를 네 발 아래에 둘 때까지 내 우편에 앉아 있으라 하셨도다 하였느냐
45 다윗이 그리스도를 주라 칭하였은즉 어찌 그의 자손이 되겠느냐 하시니
46 한 마디도 능히 대답하는 자가 없고 그 날부터 감히 그에게 묻는 자도 없더라

저자 해설 및 묵상

무화과 나무를 마르게 하신 이유

　예수님이 베푸신 기적은 절대다수가 회복, 소생, 치유의 기적입니다. 심지어 죽은 자를 살리신 일들도 있습니다. 야이로의 딸, 나인 성 과부의 아들에게 행하신 놀라운 일을 기억하실 것입니다. 한편, 오늘 본문은 예외적으로 무화과 나무의 생명 단절의 기적을 보도합니다. 영국 출신의 저명한 철학자 버틀란드 러셀은 청교도 집안에서 태어났으나 후에 불가지론자로 널리 알려진 인물인데, 예수님이 무화과 나무를 저주하여 마르게 한 사건에 주목하면서 예수님의 도덕적 수준이 다른 종교의 창시자보다 못하다고 주장했습니다. 그러한 발언은 사실 러셀 같은 대 석학도 성경 해석에서는 아주 기본적인 것마저 간과하고 있음을 잘 보여줍니다.

　우리는 먼저 이러한 생명 단절의 기적이 예수님이 베푸신 기적 중에서 매우 예외적이라는 사실에 주목해야 합니다. 그렇기에 이 독특한 기적에 어떤 특별한 의도와 의미가 담겨 있는지를 유심히 살펴봐야 합니다. 아울러, 이 사건을 이해하는데 약간의 배경지식이 필요합니다. 이 시기는 한 해 중 무화과 나무의 열매를 수확할 때가 아직 아니었습니다막11:13 참조. 하지만 이 시기에 무화과가 열리지 않은 채 잎만 무성한 나무라면 해당연도에 열매를 맺지 못할 것이란 사실은 자명했습니다. 더 중요하게는, 무화과 나무를 마르게 한 예수님의 행동은 구약 선지자들의 '예언적 행동'의 맥락에서 이해해야 합니다. 구약 선지자들은 여호와의 말씀을 대언함에 있어 종종 그 메시지를 극화dramatize하여 행동으로 직접 표현했습니다. 구약 선지자들의 예언적 행동의 맥락에서 이해할 때, 예수님이 무화과 나무를 마르게 하신 사건은 무화과 나무에 대한 예수님의 입장을 보여주는 것이 아니라 성전이스라엘의 지도자들에 대한 예수님의 평가 및 경고를 드러내 줍니다. 성전의 제사가 화려하고 제의적으로 엄숙하며 그 가운데 성전이스라엘의 지도자들의 엄청난 종교적 노력이 들어가 있을지언정, 하나님의 관점에서 성전이스라엘의 영적 상태는 마치 잎사귀만 무성한 무화과 나무와 같습니다. 성전제도는 제대로 기능할 수 없을 만큼 영적으로 타락해 있고 하나님으로부터 멀어져 있습니다. 심판 받아 마땅한 상태에 있습니다렘24:1-10 참조. 실제로 구약성경은 이스라엘 공동체의 삶을 종종 '무화과 나무 아래'라는 이미지와 연결해 묘사합니다왕상4:25; 왕하18:31; 사36:16; 미4:4; 슥3:10. 그렇게 볼 때, 무화과 나무가 말라 버린 이 놀라운 기적은 결국 예루살렘 성전의 파괴 그리고 그것이 의미하는 이스라엘 국가의 멸망에 관한 경고요 예언입니다.

성전 지도자들의 영적 상태

마21:23-22:46은 예수님과 성전 지도자들 간의 논쟁을 생생히 기록하고 있습니다. 성전의 영적 상태는 성전 지도자들의 영적 상태에 의해 대변됩니다. 주께서 그의 성전에 오셨는데, 막상 성전의 지도자들은 주님을 알아보지 못하고 그를 대적합니다. 그렇게 함으로써 그들이 종교적으로 얼마나 화려한지에 상관없이 사실 영적으로 얼마나 어둡고 무지하며 하나님으로부터 멀어져 있는지를 보여줍니다. 대제사장들과 백성의 장로들, 바리새인들, 사두개인들, 그리고 다시 바리새인들이 돌아가며 예수님의 권위에 도전합니다. 갈릴리 출신 촌뜨기 랍비가 성전에 와서 그렇게 설치면서 시위하고 성전의 권위와 성전 지도자들의 권위에 대들어도 되는지를 물으며 예수님께 직접 도전합니다. 그들은 다양한 이슈로 트집을 잡으며 예수님을 공격하려 듭니다. 무슨 권위로 성전에서 시위했는지에 대한 문제 제기21:23 이하에 이어, 가이사에게 세금을 바쳐야 하는지 여부22:15 이하, 부활 교리22:23 이하, 가장 큰 계명이 무엇인지22:34 이하에 관해 예수님께 곤란한 질문을 던져 덫을 놓습니다. 성전을 중심으로 활동하는 유대교 내의 다양한 그룹들이 서로 사이가 좋았던 것만은 아닙니다. 그러나 예수님을 배척하고 그의 권위를 부정하는 데는 묘하게도 '하나 됨'을 이룹니다. 예수님은 그들의 질문에 지혜롭고 권위 있게 응수하심으로 그들의 악한 시도를 무력화시키시고, 마지막에는 예수님 자신이 다음 질문을 던지십니다.

> 이르시되 그러면 다윗이 성령에 감동되어 어찌 그리스도를 주라 칭하여 말하되
> 주께서 내 주께 이르시되 내가 네 원수를 네 발 아래에 둘 때까지 내 우편에 앉아 있으라 하셨도다 하였느냐
> 다윗이 그리스도를 주라 칭하였은즉 어찌 그의 자손이 되겠느냐 하시니마 22:43-45

이 질문을 통해 예수님은 자신의 신적 권위를 암시합니다. 십자가에 죽으시고 부활, 승천하신 주님은 하나님 아버지의 보좌 우편에 좌정하사 우주를 통치하시고 역사를 주관하십니다22:44; 시110:1! 성전에서 일어난 예수님과 성전 지도자들 간의 논쟁은 "네가 무슨 권위로 이런 일[성전에서의 시위]을 하느냐 또 누가 이 권위를 주었느냐?"는 대제사장들과 장로들의 문제 제기로 시작되었습니다. 그에 대한 예수님의 궁극적 답변은 바로 이것입니다. "나의 신적 권위로!"

예수님의 대적자들은 그에게 답하지 못합니다. 아울러 그들의 '덫 놓기' 시도가 계속 실패함을 목도하면서 예수님과의 공개 논쟁을 포기합니다.

"한 마디도 능히 대답하는 자가 없고 그날부터 감히 그예수에게 묻는 자도 없더라"22:46. 예수님과 성전 지도자들 간의 논쟁은 그들의 침묵으로 마칩니다. 성전 지도자들은 논쟁을 통해 예수님께 시비를 걸고 덫을 놓았지만, 번번이 예수님께 패배하고 맙니다.

독자 분들 중에서 당시 성전 지도자들처럼 대놓고 주님을 배척하고 거부하는 분은 아마 거의 없으리라 생각합니다. 그러나 삶의 여러 상황 가운데 그리고 인생의 굴곡 가운데 주님의 권위를 의심하고 문제를 제기하는 경우들은 성도들 가운데도 많이 있습니다. '나는 주의 것', '우리 가정은 주의 가정', '우리 교회는 주님의 교회'라 입으로 고백하지만, 은근슬쩍 자신만의 고유 영역을 지키고자 집착하는 경우는 사실 매우 자주 있습니다. '주님, 이 영역은 건드리시면 안 돼요!'라고 소리 내어 기도하진 않지만, 사실 속으로 그런 생각을 하고 사는 일들은 매우 흔하게 있습니다. 오늘 "땅과 거기에 충만한 것과 세계와 그 가운데에 사는 자들은 다 여호와의 것"시24:1임을 전 존재로 인정하시기를 바랍니다. 여러분의 삶 전 영역이 치외법권 없이 모두 주의 것임을 인정하시기 바랍니다. 주님이 여러분의 삶에 대해 '시위'하실 때, 이들 성전 지도자들처럼 거부하지 말고, 회개의 자리로 나아가시기를 바랍니다. 주님께로 돌이키고, 왕이신 주님을 당신 삶의 보좌로 모시기 바랍니다. 〈예수 우리 왕이여〉새찬송가 38장를 겉으로뿐 아니라 내면으로 그리고 입으로뿐 아니라 삶으로 올려드리는 여러분 되시기를 바랍니다.

마태복음 이해 업그레이드 17

예수님과 성전 지도자들의 권위 논쟁

예수님과 성전 지도자 간의 논쟁은 한마디로 '예수님의 권위에 대한 도전 및 그에 대한 예수님의 지혜롭고 권위 있는 응수'로 요약될 수 있습니다. 성전에 주께서 오셨는데, 성전 지도자들은 그의 권위를 거부하고, 그를 배척하며, 가식적인 질문을 해대며 올무를 놓아 그를 넘어뜨리고자 애씁니다. 그러한 모습은 성전 지도자들의 영적 타락상을 보여줍니다. 그들은 예수님을 죽일 만큼 그를 미워했습니다21:37-39 참조. 종교적으로는 화려하게 보일지언정, 그들은 영적으로 극히 무지하며 하나님으로부터 너무나 멀리 떨어져 있습니다. 그들 스스로는 자신들이 세리와 창녀들 같지 않음을 자부하고 그로 인해 안도하겠으나21:28-32 참조, 사실 그들의 마음은 당시 여러 세리와 창녀의 마음보다 하나님으로부터 훨씬 더 멀어져 있습니다. 이런 성전이스라엘 지도자들의 영적 무지와 타락은 성전이 제대로 그 기능을 수행할 수 없음을 암시하며 심판이 불가피함을 보여 줍니다21:40-44, 22:7 참조.

묵상과 적용을 위한 질문

❶ 예수님이 성전에 오셨을 때 성전 지도자들은 그를 거부하고 배척했습니다. 여러분은 오늘 주 예수님을 어떻게 맞이하고 있나요?

❷ 당신은 예수 그리스도의 주되심을 인정하는 삶을 지금 살고 있나요? 그의 권위를 인정하고 그에게 순복하고 있나요? 당신 인생 가운데 치외법권으로 인정받고 싶어 하는 영역이 있나요? 당신의 삶의 보좌를 기쁨으로 그리스도께 내어 드리고 있나요?

나만의 묵상 메모

오늘 묵상을 통해 주신 깨달음에 대해 기록해 보세요.

저자와 함께 하는 한 줄 기도

제 삶의 치외법권 지역을 폐기하고 제 삶의 보좌를 매일 기쁨으로 주 예수께 내어드리게 하소서.

기도와 결단

오늘 묵상한 말씀의 적용과 삶의 결단을 담아 자신의 기도를 드리세요.

36 DAY

서기관들과 바리새인들을 꾸짖으심

마태복음 23장

통독 묵상 길잡이

마태복음 23장에는 외식하는 서기관들과 바리새인들을 향한 예수님의 책망과 회개의 선포가 가득합니다. 특히, 예수님은 외식하는 종교 지도자들의 죄악을 나열하고 화를 선포하십니다. 어떤 위선을 책망하시고 어떤 화를 선포하시는지 예수님의 말씀을 잘 들어보세요.

오늘의 본문　　**마태복음 23장**

1　이에 예수께서 무리와 제자들에게 말씀하여 이르시되
2　서기관들과 바리새인들이 모세의 자리에 앉았으니
3　그러므로 무엇이든지 그들이 말하는 바는 행하고 지키되 그들이 하는 행위는 본받지 말라 그들은 말만 하고 행하지 아니하며
4　또 무거운 짐을 묶어 사람의 어깨에 지우되 자기는 이것을 한 손가락으로도 움직이려 하지 아니하며
5　그들의 모든 행위를 사람에게 보이고자 하나니 곧 그 경문 띠를 넓게 하며 옷술을 길게 하고
6　잔치의 윗자리와 회당의 높은 자리와
7　시장에서 문안 받는 것과 사람에게 랍비라 칭함을 받는 것을 좋아하느니라
8　그러나 너희는 랍비라 칭함을 받지 말라 너희 선생은 하나요 너희는 다 형제니라
9　땅에 있는 자를 아버지라 하지 말라 너희의 아버지는 한 분이시니 곧 하늘에 계신 이시니라
10　또한 지도자라 칭함을 받지 말라 너희의 지도자는 한 분이시니 곧 그리스도시니라
11　너희 중에 큰 자는 너희를 섬기는 자가 되어야 하리라
12　누구든지 자기를 높이는 자는 낮아지고 누구든지 자기를 낮추는 자는 높아지리라
13　화 있을진저 외식하는 서기관들과 바리새인들이여 너희는 천국 문을 사람들 앞에서 닫고 너희도 들어가지 않고 들어가려 하는 자도 들어가지 못하게 하는도다
14　(없음)
15　화 있을진저 외식하는 서기관들과 바리새인들이여 너희는 교인 한 사람을 얻기 위하여 바다와 육지를 두루 다니다가 생기면 너희보다 배나 더 지옥 자식이 되게 하는도다
16　화 있을진저 눈 먼 인도자여 너희가 말하되 누구든지 성전으로 맹세하면 아무 일 없거니와 성전의 금으로 맹세하면 지킬지라 하는도다
17　어리석은 맹인들이여 어느 것이 크냐 그 금이냐 그 금을 거룩하게 하는 성전이냐
18　너희가 또 이르되 누구든지 제단으로 맹세하면 아무 일 없거니와 그 위에 있는 예물로 맹세하면 지킬지라 하는도다
19　맹인들이여 어느 것이 크냐 그 예물이냐 그 예물을 거룩하게 하는 제단이냐
20　그러므로 제단으로 맹세하는 자는 제단과 그 위에 있는 모든 것으로 맹세함이요
21　또 성전으로 맹세하는 자는 성전과 그 안에 계신 이로 맹세함이요

> **오늘의 본문**　　**마태복음 23장**

22 또 하늘로 맹세하는 자는 하나님의 보좌와 그 위에 앉으신 이로 맹세함이니라
23 화 있을진저 외식하는 서기관들과 바리새인들이여 너희가 박하와 회향과 근채의 십일조는 드리되 율법의 더 중한 바 정의와 긍휼과 믿음은 버렸도다 그러나 이것도 행하고 저것도 버리지 말아야 할지니라
24 맹인 된 인도자여 하루살이는 걸러 내고 낙타는 삼키는도다
25 화 있을진저 외식하는 서기관들과 바리새인들이여 잔과 대접의 겉은 깨끗이 하되 그 안에는 탐욕과 방탕으로 가득하게 하는도다
26 눈 먼 바리새인이여 너는 먼저 안을 깨끗이 하라 그리하면 겉도 깨끗하리라
27 화 있을진저 외식하는 서기관들과 바리새인들이여 회칠한 무덤 같으니 겉으로는 아름답게 보이나 그 안에는 죽은 사람의 뼈와 모든 더러운 것이 가득하도다
28 이와 같이 너희도 겉으로는 사람에게 옳게 보이되 안으로는 외식과 불법이 가득하도다
29 화 있을진저 외식하는 서기관들과 바리새인들이여 너희는 선지자들의 무덤을 만들고 의인들의 비석을 꾸미며 이르되
30 만일 우리가 조상 때에 있었더라면 우리는 그들이 선지자의 피를 흘리는 데 참여하지 아니하였으리라 하니
31 그러면 너희가 선지자를 죽인 자의 자손임을 스스로 증명함이로다
32 너희가 너희 조상의 분량을 채우라
33 뱀들아 독사의 새끼들아 너희가 어떻게 지옥의 판결을 피하겠느냐
34 그러므로 내가 너희에게 선지자들과 지혜 있는 자들과 서기관들을 보내매 너희가 그 중에서 더러는 죽이거나 십자가에 못 박고 그 중에서 더러는 너희 회당에서 채찍질하고 이 동네에서 저 동네로 따라다니며 박해하리라
35 그러므로 의인 아벨의 피로부터 성전과 제단 사이에서 너희가 죽인 바라갸의 아들 사가랴의 피까지 땅 위에서 흘린 의로운 피가 다 너희에게 돌아가리라
36 내가 진실로 너희에게 이르노니 이것이 다 이 세대에 돌아가리라
37 예루살렘아 예루살렘아 선지자들을 죽이고 네게 파송된 자들을 돌로 치는 자여 암탉이 그 새끼를 날개 아래에 모음 같이 내가 네 자녀를 모으려 한 일이 몇 번이더냐 그러나 너희가 원하지 아니하였도다
38 보라 너희 집이 황폐하여 버려진 바 되리라
39 내가 너희에게 이르노니 이제부터 너희는 찬송하리로다 주의 이름으로 오시는 이여 할 때까지 나를 보지 못하리라 하시니라

저자 해설 및 묵상

예수님이 싫어하시는 위선

우리는 '바리새인'하면 율법주의를 떠올립니다. 바리새인을 율법주의자로 보는 것은 물론 근거 있는 판단이지만, 오늘 본문에 따르면 예수님이 바리새인들을 질책하시는 주된 이유는 다름 아닌 그들의 위선hypocrisy 때문입니다. 예수님은 서기관들과 바리새인들이 말하는 바는 행하고 지키라고 하셨습니다23:3. 그렇게 볼 때, 서기관들과 바리새인들이 했던 말들과 그들이 주었던 가르침 자체가 아예 다 잘못된 것이 아님은 분명합니다. 그러나 그들에게는 치명적 문제가 있었습니다. 바로 위선이었습니다. 겉으로는 엄숙하고 하나님께 완전히 헌신 된 듯 행동했지만 그들의 속은 세상의 것들로 가득했습니다. 신앙의 본질이신 하나님23:20-22 참조에 대해선 가볍게 생각하면서 종교적 형식만을 숭상했습니다. 그들의 겉과 속은 정반대의 양상을 띠고 있었습니다. 그들을 향한 주님의 경고와 질타에 주목하십시오.

> 화 있을진저 외식하는 서기관들과 바리새인들이여 잔과 대접의 겉은 깨끗이 하되 그 안에는 탐욕과 방탕으로 가득하게 하는도다
> 눈 먼 바리새인이여 너는 먼저 안을 깨끗이 하라 그리하면 겉도 깨끗하리라
> 화 있을진저 외식하는 서기관들과 바리새인들이여 회칠한 무덤 같으니 겉으로는 아름답게 보이나 그 안에는 죽은 사람의 뼈와 모든 더러운 것이 가득하도다
> 이와 같이 너희도 겉으로는 사람에게 옳게 보이되 안으로는 외식과 불법이 가득하도다 마23:25-28

'겉과 속이 완전히 일치하는 사람이 누가 있겠나?'라고 독자들께서 말씀하실지 모릅니다. '있는 그대로 남에게 다 보여주는 자가 누가 있나?'라고 반문하실지도 모릅니다. 그러나 그런 질문들이 혹시라도 우리의 종교적 외식을 정당화하기 위한 목적으로 제기되는 것이라면, 오늘 본문 마태복음 23장을 천천히 묵상하면서 예수님이 외식을 얼마만큼 강력하게 반대하셨는지 그리고 얼마만큼 그것을 싫어하셨는지 한 번 정직하게 헤아려 보라고 말씀드리고 싶습니다. 이렇게 종교적 위선으로 가득 찼던 서기관과 바리새인들과 성전 지도자들은 결국 주님을 십자가에 못 박고마23:32, 26-27장 참고 또 사도들과 1세기의 성도들을 핍박하고 죽였습니다23:34 (29-31절 참조). 종교적 위선은 이처럼 파괴적 폭발성을 갖고 있고 잔인한 폭력성을 지니고 있습니다. 서기관들과 바리새인들은 종교적 위선에 갇혀 주께로 돌이키기를 거부했고 그 결과 그들과 그들의 세대가 하나님의 엄중한 심판을 받게 됩니다23:35-36. 그러므로 여러분 부디 종교적 위선에 대해서 편안하게 생각하지 마십시오. 그것에 친숙해지지 마십시오. 예수의 제자는 서기관들과 바리새인들처럼 종교적 위선에 빠져선 안 됩니다23:1-12.

근사한 종교적 형식이 우리를 하나님 앞에 세워주지 못한다

근사한 종교적 형식이 우리를 하나님 앞에 세워줄 것이라고 착각하지 마십시오. 가장 카리스마 넘치는 가면을 쓰고 연기하는 배우처럼 겉으로 근사하게 포장된 모습이 주님께는 아주 조금도 통하지 않습니다. 하나님은 우리가 당신을 진정 원하는지 여부를 그리고 우리가 당신을 우선시하는지 여부를 즉각적으로 아십니다. 여러분이 우리 시대에 가장 존경받는 영적 지도자를 속일 수 있을지 모릅니다. 그리고 가족이나 절친마저 속일 수 있을지 모릅니다. 그러나 결코 주님을 속일 순 없습니다.

　신앙의 형식이 전혀 중요치 않다고 말하는 것이 아닙니다. 그러나 그 형식이 담아내야 할 본질을 외면한 채 형식 그 자체만을 추구하고 있다면, 그 형식은 더 존재할 이유가 없습니다. 우리가 종교적 형식만을 추구하게 된다면, "박하와 회향과 근채의 십일조는 드리되 율법의 더 중한 바 정의와 긍휼과 믿음"은 저버리는 꼴이 됩니다23:23. 주님은 이 둘 모두를 중요하게 생각하셨습니다만, 본질정의와 긍휼과 믿음을 훨씬 더 중요하게 생각하셨습니다 23:23 (미6:8 참조).

종교적 위선을 회개해야 한다

　여러분, 주께로 돌이킵시다. 종교적 형식에 갇혀 우리 스스로가 하나님을 추구하는 것으로 착각하며 그런 형식 안에서 실은 세상 것들을 추구하던 삶23:25, 27-28 참조을 이제 회개합시다. 주님의 일을 추구하는 삶으로, 그러니까 먼저 그의 나라와 그의 의를 구하는 삶으로 돌이킵시다6:33. '회개하라 천국하나님 나라이 가까이 왔다'는 주님의 선포4:17 [3:2 참조]를 또렷이 기억합시다.

　위선은 진정한 관계를 가로막습니다. 우리가 종교적 외식에 지배를 받게 되면, 하나님과의 관계가 막히고 주변 사람들과의 관계 역시 막힙니다. 여러분은 겉과 속이 반대인 사람과 가까이하고 싶습니까? 위선의 지배를 받으면, 비록 군중에 둘러싸여 분주하게 지낼지 모르나 실제로는 고립된 삶을 살 수밖에 없습니다. 종교적 가식은 우리 영혼을 좀먹습니다. 종교적 위선은 우리 영혼을 질식시킵니다. 그렇기 때문에라도 우리는 위선을 회개해야 합니다. 우리 영혼이 살기 위해서라도 외식을 반드시 회개해야 합니다. 가식은 전염성이 높습니다. 내가 가식적으로 살면 주변 사람도 그렇게 살도록 쉽게 영향을 주게 됩니다. 그렇기에 더욱 이를 회개해야 합니다. 하지만 가장 중요하게는, 주께서 위선을 너무나 싫어하시기에 이를 버려야 합니다.

　주님, 저를 도우소서. 회개의 영을 주소서시51. 하나님 앞에서의 그리고 사람 앞에서의 위선을 회개케 하소서. 종교적 위선을 버리고 주님께로 돌이키게 하소서. 정직한 맘을 주소서. 진실한 맘 주소서. 제 영을 살리소서. 사람들이 저를 어떻게 평가하는지에 목숨 걸지 말게 하소서. 주님의 평가에 인생을 걸게 하소서. 주님께서는 제 영혼을 감찰하십니다. 주님 앞에서 저는 아무것도 숨길 수 없습니다. 가면 놀이가 주님께는 조금도 통하지 않습니다. 주님은 제 진짜 모습을 정확하게 아십니다. 주님은 제 가식을 아십니다. 주님은 제 타협과 불법을 다 아십니다. 모든 것을 즉시 정확하게 뚫어 보십니다. 주님, 제 삶이 당신께로 전적으로 돌이키게 하소서. 오늘 제게 회개의 영을 부으소서.

묵상과 적용을 위한 질문

❶ 예수님이 왜 위선가식에 대해 특별히 싫어하셨다고 생각하시나요? 종교적 가식위선은 어떤 면에서 파괴적인가요? 간략히 적어 보세요.

❷ 어떤 부분에서 당신은 하나님과 사람 앞에서 정직하고 진실해져야 하나요? 솔직하게 그리고 구체적으로 적어 보세요.

나만의 묵상 메모

오늘 묵상을 통해 주신 깨달음에 대해 기록해 보세요.

저자와 함께 하는 한 줄 기도

주님, 제 위선을 회개합니다. 제가 주님께로 돌이키도록 도우소서. 제 영혼을 살려 주소서.

기도와 결단

오늘 묵상한 말씀의 적용과 삶의 결단을 담아 자신의 기도를 드리세요.

---

37 DAY

성전 멸망에 대한 예언과 재림에 관한 가르침

마태복음 24-25장

통독 묵상 길잡이

오늘은 감람산 강화로 잘 알려진 마태복음 24-25장을 읽고 묵상합니다. 읽고 묵상해야 할 본문이 좀 길지만, 예수님이 가르치시는 종말에 대한 가르침을 잘 들어 보세요. 그리고 예수님이 재림하시기 전까지 신자가 살아내야 할 지혜롭고 성실한 삶에 대한 가르침도 주의 깊게 들어보세요.

오늘의 본문   마태복음 24-25장

1 예수께서 성전에서 나와서 가실 때에 제자들이 성전 건물들을 가리켜 보이려고 나아오니
2 대답하여 이르시되 너희가 이 모든 것을 보지 못하느냐 내가 진실로 너희에게 이르노니 돌 하나도 돌 위에 남지 않고 다 무너뜨려지리라
3 예수께서 감람 산 위에 앉으셨을 때에 제자들이 조용히 와서 이르되 우리에게 이르소서 어느 때에 이런 일이 있겠사오며 또 주의 임하심과 세상 끝에는 무슨 징조가 있사오리이까
4 예수께서 대답하여 이르시되 너희가 사람의 미혹을 받지 않도록 주의하라
5 많은 사람이 내 이름으로 와서 이르되 나는 그리스도라 하여 많은 사람을 미혹하리라
6 난리와 난리 소문을 듣겠으나 너희는 삼가 두려워하지 말라 이런 일이 있어야 하되 아직 끝은 아니니라
7 민족이 민족을, 나라가 나라를 대적하여 일어나겠고 곳곳에 기근과 지진이 있으리니
8 이 모든 것은 재난의 시작이니라
9 그 때에 사람들이 너희를 환난에 넘겨 주겠으며 너희를 죽이리니 너희가 내 이름 때문에 모든 민족에게 미움을 받으리라
10 그 때에 많은 사람이 실족하게 되어 서로 잡아 주고 서로 미워하겠으며
11 거짓 선지자가 많이 일어나 많은 사람을 미혹하겠으며
12 불법이 성하므로 많은 사람의 사랑이 식어지리라
13 그러나 끝까지 견디는 자는 구원을 얻으리라
14 이 천국 복음이 모든 민족에게 증언되기 위하여 온 세상에 전파되리니 그제야 끝이 오리라
15 그러므로 너희가 선지자 다니엘이 말한 바 멸망의 가증한 것이 거룩한 곳에 선 것을 보거든(읽는 자는 깨달을진저)
16 그 때에 유대에 있는 자들은 산으로 도망할지어다
17 지붕 위에 있는 자는 집 안에 있는 물건을 가지러 내려 가지 말며
18 밭에 있는 자는 겉옷을 가지러 뒤로 돌이키지 말지어다
19 그 날에는 아이 밴 자들과 젖 먹이는 자들에게 화가 있으리로다
20 너희가 도망하는 일이 겨울에나 안식일에 되지 않도록 기도하라
21 이는 그 때에 큰 환난이 있겠음이라 창세로부터 지금까지 이런 환난이 없었고 후에도 없으리라
22 그 날들을 감하지 아니하면 모든 육체가 구원을 얻지 못할 것이나 그러나 택하신 자들을 위하여 그 날들을 감하시리라

| 오늘의 본문 | **마태복음 24-25장**

23 그 때에 사람이 너희에게 말하되 보라 그리스도가 여기 있다 혹은 저기 있다 하여도 믿지 말라
24 거짓 그리스도들과 거짓 선지자들이 일어나 큰 표적과 기사를 보여 할 수만 있으면 택하신 자들도 미혹하리라
25 보라 내가 너희에게 미리 말하였노라
26 그러면 사람들이 너희에게 말하되 보라 그리스도가 광야에 있다 하여도 나가지 말고 보라 골방에 있다 하여도 믿지 말라
27 번개가 동편에서 나서 서편까지 번쩍임 같이 인자의 임함도 그러하리라
28 주검이 있는 곳에는 독수리들이 모일 것이니라
29 그 날 환난 후에 즉시 해가 어두워지며 달이 빛을 내지 아니하며 별들이 하늘에서 떨어지며 하늘의 권능들이 흔들리리라
30 그 때에 인자의 징조가 하늘에서 보이겠고 그 때에 땅의 모든 족속들이 통곡하며 그들이 인자가 구름을 타고 능력과 큰 영광으로 오는 것을 보리라
31 그가 큰 나팔소리와 함께 천사들을 보내리니 그들이 그의 택하신 자들을 하늘 이 끝에서 저 끝까지 사방에서 모으리라
32 무화과나무의 비유를 배우라 그 가지가 연하여지고 잎사귀를 내면 여름이 가까운 줄을 아나니
33 이와 같이 너희도 이 모든 일을 보거든 인자가 가까이 곧 문 앞에 이른 줄 알라
34 내가 진실로 너희에게 말하노니 이 세대가 지나가기 전에 이 일이 다 일어나리라
35 천지는 없어질지언정 내 말은 없어지지 아니하리라
36 그러나 그 날과 그 때는 아무도 모르나니 하늘의 천사들도, 아들도 모르고 오직 아버지만 아시느니라
37 노아의 때와 같이 인자의 임함도 그러하리라
38 홍수 전에 노아가 방주에 들어가던 날까지 사람들이 먹고 마시고 장가 들고 시집 가고 있으면서
39 홍수가 나서 그들을 다 멸하기까지 깨닫지 못하였으니 인자의 임함도 이와 같으리라
40 그 때에 두 사람이 밭에 있으매 한 사람은 데려가고 한 사람은 버려둠을 당할 것이요
41 두 여자가 맷돌질을 하고 있으매 한 사람은 데려가고 한 사람은 버려둠을 당할 것이니라
42 그러므로 깨어 있으라 어느 날에 너희 주가 임할는지 너희가 알지 못함이니라
43 너희도 아는 바니 만일 집 주인이 도둑이 어느 시각에 올 줄을 알았더라면 깨어 있어 그 집을 뚫지 못하게 하였으리라

44 이러므로 너희도 준비하고 있으라 생각하지 않은 때에 인자가 오리라
45 충성되고 지혜 있는 종이 되어 주인에게 그 집 사람들을 맡아 때를 따라 양식을 나눠 줄 자가 누구냐
46 주인이 올 때에 그 종이 이렇게 하는 것을 보면 그 종이 복이 있으리로다
47 내가 진실로 너희에게 이르노니 주인이 그의 모든 소유를 그에게 맡기리라
48 만일 그 악한 종이 마음에 생각하기를 주인이 더디 오리라 하여
49 동료들을 때리며 술친구들과 더불어 먹고 마시게 되면
50 생각하지 않은 날 알지 못하는 시각에 그 종의 주인이 이르러
51 엄히 때리고 외식하는 자가 받는 벌에 처하리니 거기서 슬피 울며 이를 갈리라

25장

1 그 때에 천국은 마치 등을 들고 신랑을 맞으러 나간 열 처녀와 같다 하리니
2 그 중의 다섯은 미련하고 다섯은 슬기 있는 자라
3 미련한 자들은 등을 가지되 기름을 가지지 아니하고
4 슬기 있는 자들은 그릇에 기름을 담아 등과 함께 가져갔더니
5 신랑이 더디 오므로 다 졸며 잘새
6 밤중에 소리가 나되 보라 신랑이로다 맞으러 나오라 하매
7 이에 그 처녀들이 다 일어나 등을 준비할새
8 미련한 자들이 슬기 있는 자들에게 이르되 우리 등불이 꺼져가니 너희 기름을 좀 나눠 달라 하거늘
9 슬기 있는 자들이 대답하여 이르되 우리와 너희가 쓰기에 다 부족할까 하노니 차라리 파는 자들에게 가서 너희 쓸 것을 사라 하니
10 그들이 사러 간 사이에 신랑이 오므로 준비하였던 자들은 함께 혼인 잔치에 들어가고 문은 닫힌지라
11 그 후에 남은 처녀들이 와서 이르되 주여 주여 우리에게 열어 주소서
12 대답하여 이르되 진실로 너희에게 이르노니 내가 너희를 알지 못하노라 하였느니라
13 그런즉 깨어 있으라 너희는 그 날과 그 때를 알지 못하느니라
14 또 어떤 사람이 타국에 갈 때 그 종들을 불러 자기 소유를 맡김과 같으니
15 각각 그 재능대로 한 사람에게는 금 다섯 달란트를, 한 사람에게는 두 달란트를, 한 사람에게는 한 달란트를 주고 떠났더니
16 다섯 달란트 받은 자는 바로 가서 그것으로 장사하여 또 다섯 달란트를 남기고
17 두 달란트 받은 자도 그같이 하여 또 두 달란트를 남겼으되
18 한 달란트 받은 자는 가서 땅을 파고 그 주인의 돈을 감추어 두었더니

| 오늘의 본문 | **마태복음 24-25장**

19 오랜 후에 그 종들의 주인이 돌아와 그들과 결산할새
20 다섯 달란트 받았던 자는 다섯 달란트를 더 가지고 와서 이르되 주인이여 내게 다섯 달란트를 주셨는데 보소서 내가 또 다섯 달란트를 남겼나이다
21 그 주인이 이르되 잘하였도다 착하고 충성된 종아 네가 적은 일에 충성하였으매 내가 많은 것을 네게 맡기리니 네 주인의 즐거움에 참여할지어다 하고
22 두 달란트 받았던 자도 와서 이르되 주인이여 내게 두 달란트를 주셨는데 보소서 내가 또 두 달란트를 남겼나이다
23 그 주인이 이르되 잘하였도다 착하고 충성된 종아 네가 적은 일에 충성하였으매 내가 많은 것을 네게 맡기리니 네 주인의 즐거움에 참여할지어다 하고
24 한 달란트 받았던 자는 와서 이르되 주인이여 당신은 굳은 사람이라 심지 않은 데서 거두고 헤치지 않은 데서 모으는 줄을 내가 알았으므로
25 두려워하여 나가서 당신의 달란트를 땅에 감추어 두었었나이다 보소서 당신의 것을 가지셨나이다
26 그 주인이 대답하여 이르되 악하고 게으른 종아 나는 심지 않은 데서 거두고 헤치지 않은 데서 모으는 줄로 네가 알았느냐
27 그러면 네가 마땅히 내 돈을 취리하는 자들에게나 맡겼다가 내가 돌아와서 내 원금과 이자를 받게 하였을 것이니라 하고
28 그에게서 그 한 달란트를 빼앗아 열 달란트 가진 자에게 주라
29 무릇 있는 자는 받아 풍족하게 되고 없는 자는 그 있는 것까지 빼앗기리라
30 이 무익한 종을 바깥 어두운 데로 내쫓으라 거기서 슬피 울며 이를 갈리라 하니라
31 인자가 자기 영광으로 모든 천사와 함께 올 때에 자기 영광의 보좌에 앉으리니
32 모든 민족을 그 앞에 모으고 각각 구분하기를 목자가 양과 염소를 구분하는 것 같이 하여
33 양은 그 오른편에 염소는 왼편에 두리라
34 그 때에 임금이 그 오른편에 있는 자들에게 이르시되 내 아버지께 복 받을 자들이여 나아와 창세로부터 너희를 위하여 예비된 나라를 상속받으라
35 내가 주릴 때에 너희가 먹을 것을 주었고 목마를 때에 마시게 하였고 나그네 되었을 때에 영접하였고
36 헐벗었을 때에 옷을 입혔고 병들었을 때에 돌보았고 옥에 갇혔을 때에 와서 보았느니라
37 이에 의인들이 대답하여 이르되 주여 우리가 어느 때에 주께서 주리신 것을 보고 음식을 대접하였으며 목마르신 것을 보고 마시게 하였나이까

38 어느 때에 나그네 되신 것을 보고 영접하였으며 헐벗으신 것을 보고 옷 입혔나이까
39 어느 때에 병드신 것이나 옥에 갇히신 것을 보고 가서 뵈었나이까 하리니
40 임금이 대답하여 이르시되 내가 진실로 너희에게 이르노니 너희가 여기 내 형제 중에 지극히 작은 자 하나에게 한 것이 곧 내게 한 것이니라 하시고
41 또 왼편에 있는 자들에게 이르시되 저주를 받은 자들아 나를 떠나 마귀와 그 사자들을 위하여 예비된 영원한 불에 들어가라
42 내가 주릴 때에 너희가 먹을 것을 주지 아니하였고 목마를 때에 마시게 하지 아니하였고
43 나그네 되었을 때에 영접하지 아니하였고 헐벗었을 때에 옷 입히지 아니하였고 병들었을 때와 옥에 갇혔을 때에 돌보지 아니하였느니라 하시니
44 그들도 대답하여 이르되 주여 우리가 어느 때에 주께서 주리신 것이나 목마르신 것이나 나그네 되신 것이나 헐벗으신 것이나 병드신 것이나 옥에 갇히신 것을 보고 공양하지 아니하더이까
45 이에 임금이 대답하여 이르시되 내가 진실로 너희에게 이르노니 이 지극히 작은 자 하나에게 하지 아니한 것이 곧 내게 하지 아니한 것이니라 하시리니
46 그들은 영벌에, 의인들은 영생에 들어가리라 하시니라

저자 해설 및 묵상

성전의 멸망과 주의 재림 24:1-35

마태복음 24-25장은 '감람산 강화'로 불리는 부분으로 성전파괴주후 70년에 성취됨에 대한 예언 및 재림에 관한 주님의 가르침을 담고 있습니다. 그런데 여기서 눈여겨 봐야 할 사실은 성전 파괴에 대한 예언과 재림에 관한 예언이 서로 병치되어 있다는 점입니다. 예수님께 다음의 질문을 드렸던 제자들은 성전파괴와 재림을 서로 밀접하게 여겼던 것이 분명합니다. 그랬기에 이 둘을 자연스럽게 병치시켜 예수님께 묻습니다.

> 예수께서 감람산 위에 앉으셨을 때에 제자들이 조용히 와서 이르되 우리에게 이르소서 어느 때에 이런 일성전 멸망이 있겠사오며 또 주의 임하심과 세상 끝에는 무슨 징조가 있사오리이까 마24:3

하지만 현대의 그리스도인들에게 있어 이 둘 간의 연관성은 그리 분명하지 않습니다. 그래서 약간의 설명이 필요합니다. 특별히 유대인들에게 있어 성전이 어떤 의미를 지녔었는지에 관해 설명이 조금 필요합니다. 당시 유대인들은 성전이 두 가지 중추적 기능을 가진 것으로 이해했습니다. 성전은 먼저 하나님 임재의 장소였습니다. 성전은 하나님의 보좌가 있는 곳이었고, 그래서 온 세상의 중심이었습니다. 동시에 성전은 제사의 장소였습니다. 즉, 죄 사함을 가능하게 하는 장소였습니다. 성전의 제사를 통해 죄 용서가 주어졌기에 이스라엘 백성이 거룩하신 하나님께로 나아갈 수 있었습니다. 하나님의 임재의 장소이며 그의 백성이 거룩하신 하나님께 나아갈 수 있도록 해 주는 죄 사함의 장소인 성전이 파괴된다면, 이스라엘에는 그야말로 온 세상이 뒤집히는 사건이고, 세상이 다 끝장나는 사건입니다. 당시 유대인들에게 있어 역사의 종말과 가장 유사한 사건을 꼽는다면, 바로 성전 파괴일 것입니다. 그에 필적할 만한 다른 사건은 없었습니다. 그랬기에 예수님께서 성전 파괴와 역사의 종말재림을 병치해서 말씀하셨을 때 제자들은 이 둘의 연관성을 쉽게 알아차렸습니다. 주로 유대인으로 구성된 마태의 독자들 역시 이 둘의 관계에 대해 잘 이해했을 것입니다.

성전 멸망과 주님의 재림 간의 연관성을 헤아릴 때, 우리는 그리스도의 재림에 대해 더 큰 확신을 갖게 됩니다. 주님이 예언하신 성전 멸망이 그로부터 약 40년 후인 주후 70년에 그대로 실현되었습니다. 예수님이 예언하신 그대로 제자들의 세대가 지나기 전에 성전 멸망을 암시하는 전조들과 성전의 파괴가 일어났습니다24:34. 그렇기에 그가 성전 파괴와 연결하여 예언하신 재림 역시 말씀하신 그대로 실현될 것을 우리는 굳게 믿습니다.

그 날과 그 때를 알 수 없기에 늘 깨어 있어야 한다 24:36-25:30

하지만 주님이 다시 오실 그날과 그때에 대해 우리가 결코 알 수 없다는 사실을 인정해야 합니다24:36. 재림의 시점timing을 알려는 시도를 우리는 아예 포기해야 합니다. 대신 매일 깨어 있어야 합니다. 주께서 오늘 밤이라도 다시 오실 수 있다는 생각으로 늘 경성하며 각성하고 준비해야 합니다. 혼인 잔치를 위해 미리 기름을 사 놓은 다섯 처녀처럼25:1-13 그리고 주인이 맡긴 달란트로 열심히 사업을 해서 이윤을 남긴 두 명의 종처럼25:14-30 주님이 오늘이라도 다시 오실 수 있다는 생각으로 항상 깨어 준비해야 합니다. 내일 주님께 최종 결산 보고를 할 자세로 하루하루 충성된 청지기로 살아야 합니다.

여러분은 스스로가 재림의 시점을 헤아리거나 계산할 수 없다는 사실을 직면하고 있나요? 그렇기에 오늘 영적으로 깨어 있나요? 주님께서 오늘 밤이라도 다시 오실 수 있다고 생각하고 경성하고 있나요? 이로 인해 당신 삶 가운데 영적 각성이 일어나고 있나요? 주님께서 한 시간 뒤에 재림하신다면 그에게 바로 보고할 준비가 되어 있나요? 혹시 재림 교리를 장롱에 넣어 놓고, 신학적으로는 이를 부인하지 않으나 실천적으로는 부정하고 있는 것은 아닌지요?

믿음의 열매인 행함의 중요성 25:31-46

늘 깨어 있을 것을 가르치신 후, 주님은 장차 재림하사 '양들'영생을 상속받을 의인의 무리과 '염소들'영벌을 받게 될 악인의 무리을 구분하실 것이라 분명하게 단언하십니다 25:31-46. 여기서 '양'과 '염소'를 구분하는 기준은 "지극히 작은 자 하나"굶주리고 목마른 자, 나그네 된 자, 헐벗은 자, 병든 자, 옥에 갇힌 자를 어떻게 대했는가입니다 25:40, 45. 예수님의 말씀에 따르면, 지극히 작은 자 한 사람을 정성껏 섬기는 일은 사실 주님을 섬기는 것입니다 25:35-40. 그런 사람을 무시하고 배척한다면, 사실 주님을 무시하고 배척하는 것입니다 25:42-45.

사회-경제적으로 소외되고 어려움에 처한 이들을 돕고 섬기는 것은 성경 전체에 걸쳐 거듭 등장하는 가르침이고 강조점입니다. 신, 구약을 막론하고 이에 예외는 없습니다. 그러나 "내 형제 중 지극히 작은 자 하나"25:40, 45라는 표현은 특별히 그리스도인 공동체의 일원을 가리키고 있습니다. 성도 중 사회-경제적 어려움에 처한 자 혹은 그리스도의 사신으로 선교 사역을 하는 중 어려움을 겪는 자를 지칭하고 있습니다. 그들에게 베푼 작은 친절과 자비의 행동을 주님께서는 당신을 향한 귀한 섬김으로 받으십니다. 그리고 그들에 대한 무관심과 냉대를 주님은 자신에 대한 무관심으로, 냉대로 여기십니다. 지극히 작은 한 성도를 향한 친절과 자비의 행동이 곧 예수님을 향한 섬김이란 말씀을 여러분은 받아들이고 있나요? 주변에 있는 어려움에 처한 성도님들과 선교사님들을 당신은 지금 어떻게 대하고 있나요?

마태복음 이해 업그레이드 18

마태복음은 행위 구원론을 가르치지 않는다

여기서 혹시 마태가 행위 구원론을 가르치고 있다고 일부 오해하실 수도 있습니다. 그러나 마태는 이어지는 26장에서 그리스도의 보혈이 죄 사함을 가져온다는 진리를 선명하게 강조하고 있습니다 26:28. 그러므로 마태를 행위 구원론자로 분류하는 것은 근거 없는 해석에 불과합니다. 그렇다면, 어떤 뜻에서 지극히 작은 자 하나에게 한 것이 주님께 한 것이며 또 그에게 하지 않은 것이 주님께 하지 않은 것일까요? 이는 믿음과 행함 간의 상관관계에 근거해서 이해해야 합니다. 우리는 그리스도를 믿음으로 구원받습니다. 우리의 행함이 완전하여 구원받는 게 결코 아닙니다. 그러나 참된 믿음은 살아 있어 삶 가운데 표현되고 표출되기 마련입니다. 좋은 나무가 좋은 열매를 맺듯이 그리스도에 대한 참된 신앙은 삶 가운데 아름다운 결실로 이어지기 마련입니다**7:15-27**. 우리 삶이 완벽해야 한다는 말이 결코 아닙니다. 그러나 우리 삶의 열매를 통해 우리 신앙의 진정성이 확인되고 확증되는 것은 사실입니다. 주님의 동생인 야고보가 이야기했듯이 행함이 없는 믿음은 죽은 믿음입니다 **약2:26**. 바로 그런 뜻에서 우리 주변에 있는 이들, 특히 어려움 가운데 있는 성도들을 어떻게 대하느냐가 사실 우리들 신앙의 현주소를 드러냅니다.

묵상과 적용을 위한 질문

❶ 당신은 예수님이 재림하시는 때를 미리 알 수 없음을 직면하고, 오늘 밤이라도 주께서 다시 오실 수 있음을 기억하며 영적으로 깨어 있나요? 주님이 오늘 밤 오신다면, 당신 인생의 최종 결산 보고를 즉시 드릴 준비가 되어 있는지 간략히 적어 보세요.

❷ 지금 당신의 삶에서 '지극히 작은 자 하나를 향한 섬김(어려움에 처한 성도/선교사를 향한 섬김)'이란 구체적으로 무엇을 의미할까요? 당신은 오늘 어떻게 지극히 작은 자(어려움에 처한 성도/선교사)한 분을 실질적으로 섬길 수 있을까요?

나만의 묵상 메모
오늘 묵상을 통해 주신 깨달음에 대해 기록해 보세요.

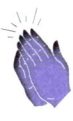
저자와 함께 하는 한 줄 기도
깨어 주의 재림을 기다리며 주께 최종 결산 보고를 즉시 올릴 수 있도록 준비되게 하소서.

기도와 결단
오늘 묵상한 말씀의 적용과 삶의 결단을 담아 자신의 기도를 드리세요.

38 DAY

음모, 배반, 체포 그리고 예수님의 죽음의 의미

마태복음 26장

통독 묵상 길잡이

오늘 본문은 예수님께서 잡히시기 전의 일들과 체포 및 산헤드린 심문 사건을 기록하고 있습니다. 유월절 식사에 근거하여 주의 만찬을 제정하시고 십자가를 향해 나아가시는 예수님의 행적과 말씀을 집중해서 들어 보세요.

오늘의 본문　　마태복음 26장

1　예수께서 이 말씀을 다 마치시고 제자들에게 이르시되
2　너희가 아는 바와 같이 이틀이 지나면 유월절이라 인자가 십자가에 못 박히기 위하여 팔리리라 하시더라
3　그 때에 대제사장들과 백성의 장로들이 가야바라 하는 대제사장의 관정에 모여
4　예수를 흉계로 잡아 죽이려고 의논하되
5　말하기를 민란이 날까 하노니 명절에는 하지 말자 하더라
6　예수께서 베다니 나병환자 시몬의 집에 계실 때에
7　한 여자가 매우 귀한 향유 한 옥합을 가지고 나아와서 식사하시는 예수의 머리에 부으니
8　제자들이 보고 분개하여 이르되 무슨 의도로 이것을 허비하느냐
9　이것을 비싼 값에 팔아 가난한 자들에게 줄 수 있었겠도다 하거늘
10　예수께서 아시고 그들에게 이르시되 너희가 어찌하여 이 여자를 괴롭게 하느냐 그가 내게 좋은 일을 하였느니라
11　가난한 자들은 항상 너희와 함께 있거니와 나는 항상 함께 있지 아니하리라
12　이 여자가 내 몸에 이 향유를 부은 것은 내 장례를 위하여 함이니라
13　내가 진실로 너희에게 이르노니 온 천하에 어디서든지 이 복음이 전파되는 곳에서는 이 여자가 행한 일도 말하여 그를 기억하리라 하시니라
14　그 때에 열둘 중의 하나인 가룟 유다라 하는 자가 대제사장들에게 가서 말하되
15　내가 예수를 너희에게 넘겨 주리니 얼마나 주려느냐 하니 그들이 은 삼십을 달아 주거늘
16　그가 그 때부터 예수를 넘겨 줄 기회를 찾더라
17　무교절의 첫날에 제자들이 예수께 나아와서 이르되 유월절 음식 잡수실 것을 우리가 어디서 준비하기를 원하시나이까
18　이르시되 성안 아무에게 가서 이르되 선생님 말씀이 내 때가 가까이 왔으니 내 제자들과 함께 유월절을 네 집에서 지키겠다 하시더라 하라 하시니
19　제자들이 예수께서 시키신 대로 하여 유월절을 준비하였더라
20　저물 때에 예수께서 열두 제자와 함께 앉으셨더니
21　그들이 먹을 때에 이르시되 내가 진실로 너희에게 이르노니 너희 중의 한 사람이 나를 팔리라 하시니
22　그들이 몹시 근심하여 각각 여짜오되 주여 나는 아니지요
23　대답하여 이르시되 나와 함께 그릇에 손을 넣는 그가 나를 팔리라
24　인자는 자기에 대하여 기록된 대로 가거니와 인자를 파는 그 사람에게는 화가 있으리로다 그 사람은 차라리 태어나지 아니하였더라면 제게 좋을 뻔하였느니라

| 오늘의 본문 | **마태복음 26장** |

25 예수를 파는 유다가 대답하여 이르되 랍비여 나는 아니지요 대답하시되 네가 말하였도다 하시니라
26 그들이 먹을 때에 예수께서 떡을 가지사 축복하시고 떼어 제자들에게 주시며 이르시되 받아서 먹으라 이것은 내 몸이니라 하시고
27 또 잔을 가지사 감사 기도 하시고 그들에게 주시며 이르시되 너희가 다 이것을 마시라
28 이것은 죄 사함을 얻게 하려고 많은 사람을 위하여 흘리는 바 나의 피 곧 언약의 피니라
29 그러나 너희에게 이르노니 내가 포도나무에서 난 것을 이제부터 내 아버지의 나라에서 새것으로 너희와 함께 마시는 날까지 마시지 아니하리라 하시니라
30 이에 그들이 찬미하고 감람 산으로 나아가니라
31 그 때에 예수께서 제자들에게 이르시되 오늘 밤에 너희가 다 나를 버리리라 기록된 바 내가 목자를 치리니 양의 떼가 흩어지리라 하였느니라
32 그러나 내가 살아난 후에 너희보다 먼저 갈릴리로 가리라
33 베드로가 대답하여 이르되 모두 주를 버릴지라도 나는 결코 버리지 않겠나이다
34 예수께서 이르시되 내가 진실로 네게 이르노니 오늘 밤 닭 울기 전에 네가 세 번 나를 부인하리라
35 베드로가 이르되 내가 주와 함께 죽을지언정 주를 부인하지 않겠나이다 하고 모든 제자도 그와 같이 말하니라
36 이에 예수께서 제자들과 함께 겟세마네라 하는 곳에 이르러 제자들에게 이르시되 내가 저기 가서 기도할 동안에 너희는 여기 앉아 있으라 하시고
37 베드로와 세베대의 두 아들을 데리고 가실새 고민하고 슬퍼하사
38 이에 말씀하시되 내 마음이 매우 고민하여 죽게 되었으니 너희는 여기 머물러 나와 함께 깨어 있으라 하시고
39 조금 나아가사 얼굴을 땅에 대시고 엎드려 기도하여 이르시되 내 아버지여 만일 할 만 하시거든 이 잔을 내게서 지나가게 하옵소서 그러나 나의 원대로 마시옵고 아버지의 원대로 하옵소서 하시고
40 제자들에게 오사 그 자는 것을 보시고 베드로에게 말씀하시되 너희가 나와 함께 한 시간도 이렇게 깨어 있을 수 없더냐
41 시험에 들지 않게 깨어 기도하라 마음에는 원이로되 육신이 약하도다 하시고
42 다시 두 번째 나아가 기도하여 이르시되 내 아버지여 만일 내가 마시지 않고는 이 잔이 내게서 지나갈 수 없거든 아버지의 원대로 되기를 원하나이다 하시고
43 다시 오사 보신즉 그들이 자니 이는 그들의 눈이 피곤함일러라

44 또 그들을 두시고 나아가 세 번째 같은 말씀으로 기도하신 후
45 이에 제자들에게 오사 이르시되 이제는 자고 쉬라 보라 때가 가까이 왔으니 인자가 죄인의 손에 팔리느니라
46 일어나라 함께 가자 보라 나를 파는 자가 가까이 왔느니라
47 말씀하실 때에 열둘 중의 하나인 유다가 왔는데 대제사장들과 백성의 장로들에게서 파송된 큰 무리가 칼과 몽치를 가지고 그와 함께 하였더라
48 예수를 파는 자가 그들에게 군호를 짜 이르되 내가 입맞추는 자가 그이니 그를 잡으라 한지라
49 곧 예수께 나아와 랍비여 안녕하시옵니까 하고 입을 맞추니
50 예수께서 이르시되 친구여 네가 무엇을 하려고 왔는지 행하라 하신대 이에 그들이 나아와 예수께 손을 대어 잡는지라
51 예수와 함께 있던 자 중의 하나가 손을 펴 칼을 빼어 대제사장의 종을 쳐 그 귀를 떨어뜨리니
52 이에 예수께서 이르시되 네 칼을 도로 칼집에 꽂으라 칼을 가지는 자는 다 칼로 망하느니라
53 너는 내가 내 아버지께 구하여 지금 열두 군단 더 되는 천사를 보내시게 할 수 없는 줄로 아느냐
54 내가 만일 그렇게 하면 이런 일이 있으리라 한 성경이 어떻게 이루어지겠느냐 하시더라
55 그 때에 예수께서 무리에게 말씀하시되 너희가 강도를 잡는 것 같이 칼과 몽치를 가지고 나를 잡으러 나왔느냐 내가 날마다 성전에 앉아 가르쳤으되 너희가 나를 잡지 아니하였도다
56 그러나 이렇게 된 것은 다 선지자들의 글을 이루려 함이니라 하시더라 이에 제자들이 다 예수를 버리고 도망하니라
57 예수를 잡은 자들이 그를 끌고 대제사장 가야바에게로 가니 거기 서기관과 장로들이 모여 있더라
58 베드로가 멀찍이 예수를 따라 대제사장의 집 뜰에까지 가서 그 결말을 보려고 안에 들어가 하인들과 함께 앉아 있더라
59 대제사장들과 온 공회가 예수를 죽이려고 그를 칠 거짓 증거를 찾으매
60 거짓 증인이 많이 왔으나 얻지 못하더니 후에 두 사람이 와서
61 이르되 이 사람의 말이 내가 하나님의 성전을 헐고 사흘 동안에 지을 수 있다 하더라 하니
62 대제사장이 일어서서 예수께 묻되 아무 대답도 없느냐 이 사람들이 너를 치는 증거가 어떠하냐 하되

오늘의 본문 마태복음 26장

63 예수께서 침묵하시거늘 대제사장이 이르되 내가 너로 살아 계신 하나님께 맹세하게 하노니 네가 하나님의 아들 그리스도인지 우리에게 말하라
64 예수께서 이르시되 네가 말하였느니라 그러나 내가 너희에게 이르노니 이 후에 인자가 권능의 우편에 앉아 있는 것과 하늘 구름을 타고 오는 것을 너희가 보리라 하시니
65 이에 대제사장이 자기 옷을 찢으며 이르되 그가 신성 모독 하는 말을 하였으니 어찌 더 증인을 요구하리요 보라 너희가 지금 이 신성 모독 하는 말을 들었도다
66 너희 생각은 어떠하냐 대답하여 이르되 그는 사형에 해당하니라 하고
67 이에 예수의 얼굴에 침 뱉으며 주먹으로 치고 어떤 사람은 손바닥으로 때리며
68 이르되 그리스도야 우리에게 선지자 노릇을 하라 너를 친 자가 누구냐 하더라
69 베드로가 바깥 뜰에 앉았더니 한 여종이 나아와 이르되 너도 갈릴리 사람 예수와 함께 있었도다 하거늘
70 베드로가 모든 사람 앞에서 부인하여 이르되 나는 네가 무슨 말을 하는지 알지 못하겠노라 하며
71 앞문까지 나아가니 다른 여종이 그를 보고 거기 있는 사람들에게 말하되 이 사람은 나사렛 예수와 함께 있었도다 하매
72 베드로가 맹세하고 또 부인하여 이르되 나는 그 사람을 알지 못하노라 하더라
73 조금 후에 곁에 섰던 사람들이 나아와 베드로에게 이르되 너도 진실로 그 도당이라 네 말소리가 너를 표명한다 하거늘
74 그가 저주하며 맹세하여 이르되 나는 그 사람을 알지 못하노라 하니 곧 닭이 울더라
75 이에 베드로가 예수의 말씀에 닭 울기 전에 네가 세 번 나를 부인하리라 하심이 생각나서 밖에 나가서 심히 통곡하니라

저자 해설 및 묵상

예수님의 체포와 심문에 앞서 일어난 일들

마태복음 26장은 주님의 죽으심에 앞서 일어난 일들과 그의 죽음을 예비하는 사건들을 기록합니다. 먼저 1-16절은 예수님을 체포하려는 음모26:1-5, 14-16에 대해 들려주는데, 이 과정에서 열두 제자 중 하나인 유다가 은 삼십을 받고 대제사장들과 공모합니다. 아울러 마태는 베다니에서 있었던 기름 붓는 사건에 관해 기록합니다26:6-13. 한 여인이 귀한 향유 옥합을 가져와 예수님의 머리에 붓습니다. 이 기름 부음은 주님의 장례를 예비합니다26:12.

이어지는 17-30절은 유다의 배반에 대한 주님의 예언과 유월절 식사를 배경으로 한 주의 만찬 제정 장면을 기록합니다고전11:17-32 참조. 주의 만찬은 이스라엘 국가의 탄생과 맞물려 있는 유월절출12장; 13:15 참조의 식사를 예수 그리스도의 죽으심을 중심으로 새롭게 해석합니다. 예수님은 자기의 죽음을 상징하는 잔에 대해 "죄 사함을 얻게 하려고 많은 사람을 위하여 흘리는 바 나의 피 곧 언약의 피"마26:28 [20:28; 사53장 참조]라는 의미심장한 선언을 하십니다.

31-46절은 제자들 특히 베드로의 배반에 대한 주님의 예언으로 시작합니다26:31-35. 베드로는 절대 자신이 그렇게 행동할 일은 없을 것이라 장담하지만26:33, 주님은 "오늘 밤 닭 울기 전에 네가 세 번 나를 부인하리라"26:34고 대답하시며 베드로가 주님을 배신할 상황까지 미리 구체적으

로 묘사하십니다. "그러나 내가 살아난 후에 너희보다 먼저 갈릴리로 가리라"26:32 [마28장 참조]는 예수님의 확고한 말씀은 제자들이 주님을 저버릴지언정 주님은 제자들을 포기하지 않으신다는 사실을 보여 줍니다.

곧이어 마태는 겟세마네감람산 아랫부분에 위치한 동산에서의 기도 장면을 기록합니다26:36-46. 복음서에서 예수님의 인성을 가장 두드러지게 보여주는 단락 중 하나가 바로 이 구절입니다. 예수님은 큰 슬픔과 깊은 내적 고통 가운데 신음하며 기도하십니다26:38-39. 그러나 그 가운데도 아버지의 뜻에 모든 것을 전적으로 의탁하십니다. 설사 그것이 십자가상의 죽음을 의미하더라도 말입니다.

예수님의 체포와 산헤드린의 불법적 심문

47-56절은 유다가 주도하는 예수님의 체포 장면을 보도합니다. 예수님은 어떤 일이 벌어질지 정확히 다 알고 계시며, 그를 체포하러 온 자들을 천군천사를 동원해서 쉽게 제압할 수 있는 신적 능력과 권세를 보유하고 계십니다26:53. 그러나 주님은 칼에 칼로 맞서지 않으심으로써 하나님 나라가 세상의 왕국들과는 전혀 다른 방식으로 작동하는 통치체제임을 암시하십니다. 예수님은 하나님의 계획과 성경이 말씀하는 바에 자신을 온전히 내어 맡기십니다.

이어지는 57-68절은 예수님이 산헤드린공회에 의해 심문 받으시는 장면을 기록합니다. 산헤드린은 매우 비정상적이고 불법적인 방법을 동원해 예수님의 심문을 진행합니다. 답을 미리 정해 놓고 재판 과정을 거기에 끼워

맞추는 것이 인간의 아주 오래된 관습임을 여기서 생생히 목도하게 됩니다. 예수님은 대제사장의 질문에 답하시며 자신의 참 정체성을 그대로 인정하십니다마26:63-64. 예수님은 자신이 하나님의 아들 그리스도임을 밝히시며 "이 후에 인자가 권능하나님 아버지의 우편에 앉아 있는 것과 하늘 구름을 타고 오는 것"을 그의 대적자들이 목도케 되리라고 선언하십니다마26:64[시110:1; 단 7:13-14 인용]. 대제사장은 자신의 옷을 찢으며 예수님께 신성모독죄를 적용하지만마26:65, 사실 신성모독을 범하고 있는 것은 대제사장과 산헤드린 회원들입니다.

마태복음 26장의 마지막 부분인 69-75절은 베드로가 주님과의 관계를 세 번 부인하는 장면을 생생히 보도합니다. 이 부분을 베드로의 비공식 '심문'이라고 부를 수도 있습니다. 베드로는 자신이 결코 그런 짓을 할 일은 없으리라 호언장담했지만, 주님의 예언이 맞았습니다. 예수의 측근이 아니냐는 추궁에 베드로는 주님의 제자라는 사실을 거듭 또 거듭 부인합니다. 마지막에 가서는 저주의 언어를 사용한 강조 용법까지 동원하여 주님과의 관계를 전면 부인합니다마26:74. 예수님은 자신의 정체성을 그대로 인정하는데마26:64, 베드로는 주님의 제자 된 자기 정체성을 계속 부정합니다. 하지만 주님을 그렇게 철저하게 배신한 후 크게 통곡하는 장면에서 베드로가 회개하고 있음이 암시되며 이를 통해 회복의 작은 빛줄기가 그에게 비쳐 오고 있음을 감지하게 됩니다마26:75 [요21장 참조].

마태복음 이해 업그레이드 19

주의 만찬이 가르쳐주는 예수님의 죽음의 의미

예수님의 십자가 처형과 죽음에 대한 기록은 이어지는 마태복음 27:32-56에 생생하게 담겨 있습니다. 그런데 막상 그 부분은 예수님이 왜 죽으셔야 했는지에 대해 직접 설명하지 않습니다. 예수님의 죽음의 의미와 목적에 대해 직접적으로 말해주는 것은 오히려 주의 만찬 구절입니다26:17-30. 주의 만찬 구절이 예수님의 죽음에 대해 여러 내용을 가르쳐 주지만, 마태복음 본문에 근거해서 다음 세 가지에 특별히 주목해야 합니다.

첫째, 예수님의 죽음은 우리의 죄 사함을 위한 대속적 죽음입니다26:28. 우리가 자신의 죄 때문에 죽어야 하는데, 예수님이 우리 대신 십자가에서 죽으셨습니다. 예수님이 죄값을 대신 치름으로써 그를 주와 구주로 믿는 이들에게 죄 용서가 주어집니다.

둘째, 예수님의 죽음은 하나님 나라가 완성될 그 날을 바라보게 합니다26:29. 아버지의 나라에서 주님과 새 포도주를 함께 마실 그때를 대망케 합니다. 그렇기에 사도 바울은 주의 만찬에 대해 말하면서 "너희가 이 떡을 먹으며 이 잔을 마실 때마다 주의 죽으심을 그가 오실 때까지 전하는 것이라"고 선언합니다고전 11:26. 예수님의 십자가 죽음은 역사적으로 과거의 사건입니다. 그러나 그의 죽으심은 지금 우리의 삶에 있어 여전히 중심이 되는 사건이며고전 2:2; 갈6:14, 미래주의 재림를 바라보게끔 하는 사건입니다26:29.

셋째, 예수님의 죽음은 희생과 섬김의 제자도의 궁극적 본을 제공합니다. 예수님이 주의 만찬을 베푸시는 과정에서 잔을 들고 감사 기도를 올리는 장면26:27을 대하면서 유대인의 전통적인 유월절 식사의 일부인 감사 기도와 똑

같은 선상에 있다고만 볼 수도 있겠습니다. 그러나 여기서 예수님이 "잔을 가지사 감사 기도"를 올리셨다는 것26:27은 바로 자신의 죽음에 대해 그리고 하나님께서 그것을 통해 이루실 일에 대해 감사하셨다는 뜻입니다. 우리는 보통 문제가 해결되고 고난이 종식될 때 감사하지만, 이 부분에서 예수님이 올린 감사의 기도는 고난을 앞에 두고 드린 감사요, 자신의 희생과 섬김 나아가 자신의 죽음을 전제로 하는 감사였습니다. 주의 만찬 제정에서 예수님이 보여주신 감사는 우리에게 희생과 섬김의 본을 제공해 줄 뿐 아니라 우리의 감사의 깊이와 넓이를 확장해 줍니다. 개인적으로 상황이 개선되고 문제가 해결될 때만이 아니라, 우리의 희생과 섬김과 고난을 통해 하나님 나라가 확장되고 주님의 일이 확산할 때 우리는 지속되는 고통과 손실의 경험 한복판에서도 여전히 감사해야 합니다. 그것이 예수님의 감사의 본을 따르는 제자도입니다.

묵상과 적용을 위한 질문

❶ 당신의 죄 사함을 위해 십자가에서 대신 죽으신 예수님으로 인해 오늘 당신의 삶 가운데 어떤 감사함과 감격함이 있나요?

❷ 당신은 보통 어떤 일로 감사하나요? 당신이 가장 최근에 감사했던 일은 무엇인가요? 당신의 희생과 섬김과 고난을 통해 하나님 나라가 확장된다면 당신은 손해 보고 고통 받는 중에도 여전히 감사할 수 있나요?

___

___

나만의 묵상 메모
오늘 묵상을 통해 주신 깨달음에 대해 기록해 보세요.

___

___

___

저자와 함께 하는 한 줄 기도
주의 십자가로 인해 제 심장이 다시 뛰게 하사 주님이 가신 십자가 길에 감사함으로 따르게 하소서.

기도와 결단
오늘 묵상한 말씀의 적용과 삶의 결단을 담아 자신의 기도를 드리세요.

___

39 DAY

그리스도의 십자가 죽음

마태복음 27장

통독 묵상 길잡이

오늘 본문은 예수님의 십자가 죽음에 대해 들려줍니다. 이 결정적인 사건을 마태가 어떻게 기록하는지 주목해 보세요.

| 오늘의 본문 | **마태복음 27장** |

1 새벽에 모든 대제사장과 백성의 장로들이 예수를 죽이려고 함께 의논하고
2 결박하여 끌고 가서 총독 빌라도에게 넘겨 주니라
3 그 때에 예수를 판 유다가 그의 정죄됨을 보고 스스로 뉘우쳐 그 은 삼십을 대제사장들과 장로들에게 도로 갖다 주며
4 이르되 내가 무죄한 피를 팔고 죄를 범하였도다 하니 그들이 이르되 그것이 우리에게 무슨 상관이냐 네가 당하라 하거늘
5 유다가 은을 성소에 던져 넣고 물러가서 스스로 목매어 죽은지라
6 대제사장들이 그 은을 거두며 이르되 이것은 핏값이라 성전고에 넣어 둠이 옳지 않다 하고
7 의논한 후 이것으로 토기장이의 밭을 사서 나그네의 묘지를 삼았으니
8 그러므로 오늘날까지 그 밭을 피밭이라 일컫느니라
9 이에 선지자 예레미야를 통하여 하신 말씀이 이루어졌나니 일렀으되 그들이 그 가격 매겨진 자 곧 이스라엘 자손 중에서 가격 매긴 자의 가격 곧 은 삼십을 가지고
10 토기장이의 밭 값으로 주었으니 이는 주께서 내게 명하신 바와 같으니라 하였더라
11 예수께서 총독 앞에 섰으매 총독이 물어 이르되 네가 유대인의 왕이냐 예수께서 대답하시되 네 말이 옳도다 하시고
12 대제사장들과 장로들에게 고발을 당하되 아무 대답도 아니하시는지라
13 이에 빌라도가 이르되 그들이 너를 쳐서 얼마나 많은 것으로 증언하는지 듣지 못하느냐 하되
14 한 마디도 대답하지 아니하시니 총독이 크게 놀라워하더라
15 명절이 되면 총독이 무리의 청원대로 죄수 한 사람을 놓아 주는 전례가 있더니
16 그 때에 바라바라 하는 유명한 죄수가 있는데
17 그들이 모였을 때에 빌라도가 물어 이르되 너희는 내가 누구를 너희에게 놓아 주기를 원하느냐 바라바냐 그리스도라 하는 예수냐 하니
18 이는 그가 그들의 시기로 예수를 넘겨 준 줄 앎이더라
19 총독이 재판석에 앉았을 때에 그의 아내가 사람을 보내어 이르되 저 옳은 사람에게 아무 상관도 하지 마옵소서 오늘 꿈에 내가 그 사람으로 인하여 애를 많이 태웠나이다 하더라
20 대제사장들과 장로들이 무리를 권하여 바라바를 달라 하게 하고 예수를 죽이자 하게 하였더니
21 총독이 대답하여 이르되 둘 중의 누구를 너희에게 놓아 주기를 원하느냐 이르되 바라바로소이다
22 빌라도가 이르되 그러면 그리스도라 하는 예수를 내가 어떻게 하랴 그들이 다 이르되

십자가에 못 박혀야 하겠나이다

23 빌라도가 이르되 어찜이냐 무슨 악한 일을 하였느냐 그들이 더욱 소리 질러 이르되 십자가에 못 박혀야 하겠나이다 하는지라
24 빌라도가 아무 성과도 없이 도리어 민란이 나려는 것을 보고 물을 가져다가 무리 앞에서 손을 씻으며 이르되 이 사람의 피에 대하여 나는 무죄하니 너희가 당하라
25 백성이 다 대답하여 이르되 그 피를 우리와 우리 자손에게 돌릴지어다 하거늘
26 이에 바라바는 그들에게 놓아 주고 예수는 채찍질하고 십자가에 못 박히게 넘겨 주니라
27 이에 총독의 군병들이 예수를 데리고 관정 안으로 들어가서 온 군대를 그에게로 모으고
28 그의 옷을 벗기고 홍포를 입히며
29 가시관을 엮어 그 머리에 씌우고 갈대를 그 오른손에 들리고 그 앞에서 무릎을 꿇고 희롱하여 이르되 유대인의 왕이여 평안할지어다 하며
30 그에게 침 뱉고 갈대를 빼앗아 그의 머리를 치더라
31 희롱을 다 한 후 홍포를 벗기고 도로 그의 옷을 입혀 십자가에 못 박으려고 끌고 나가니라
32 나가다가 시몬이란 구레네 사람을 만나매 그에게 예수의 십자가를 억지로 지워 가게 하였더라
33 골고다 즉 해골의 곳이라는 곳에 이르러
34 쓸개 탄 포도주를 예수께 주어 마시게 하려 하였더니 예수께서 맛보시고 마시고자 하지 아니하시더라
35 그들이 예수를 십자가에 못 박은 후에 그 옷을 제비 뽑아 나누고
36 거기 앉아 지키더라
37 그 머리 위에 이는 유대인의 왕 예수라 쓴 죄패를 붙였더라
38 이 때에 예수와 함께 강도 둘이 십자가에 못 박히니 하나는 우편에, 하나는 좌편에 있더라
39 지나가는 자들은 자기 머리를 흔들며 예수를 모욕하여
40 이르되 성전을 헐고 사흘에 짓는 자여 네가 만일 하나님의 아들이어든 자기를 구원하고 십자가에서 내려오라 하며
41 그와 같이 대제사장들도 서기관들과 장로들과 함께 희롱하여 이르되
42 그가 남은 구원하였으되 자기는 구원할 수 없도다 그가 이스라엘의 왕이로다 지금 십자가에서 내려올지어다 그리하면 우리가 믿겠노라
43 그가 하나님을 신뢰하니 하나님이 원하시면 이제 그를 구원하실지라 그의 말이 나는 하나님의 아들이라 하였도다 하며
44 함께 십자가에 못 박힌 강도들도 이와 같이 욕하더라
45 제육시로부터 온 땅에 어둠이 임하여 제구시까지 계속되더니
46 제구시쯤에 예수께서 크게 소리 질러 이르시되 엘리 엘리 라마 사박다니 하시니 이는 곧 나의 하나님, 나의 하나님, 어찌하여 나를 버리셨나이까 하는 뜻이라

오늘의 본문 **마태복음 27장**

47 거기 섰던 자 중 어떤 이들이 듣고 이르되 이 사람이 엘리야를 부른다 하고
48 그 중의 한 사람이 곧 달려가서 해면을 가져다가 신 포도주에 적시어 갈대에 꿰어 마시게 하거늘
49 그 남은 사람들이 이르되 가만 두라 엘리야가 와서 그를 구원하나 보자 하더라
50 예수께서 다시 크게 소리 지르시고 영혼이 떠나시니라
51 이에 성소 휘장이 위로부터 아래까지 찢어져 둘이 되고 땅이 진동하며 바위가 터지고
52 무덤들이 열리며 자던 성도의 몸이 많이 일어나되
53 예수의 부활 후에 그들이 무덤에서 나와서 거룩한 성에 들어가 많은 사람에게 보이니라
54 백부장과 및 함께 예수를 지키던 자들이 지진과 그 일어난 일들을 보고 심히 두려워하여 이르되 이는 진실로 하나님의 아들이었도다 하더라
55 예수를 섬기며 갈릴리에서부터 따라온 많은 여자가 거기 있어 멀리서 바라보고 있으니
56 그 중에는 막달라 마리아와 또 야고보와 요셉의 어머니 마리아와 또 세베대의 아들들의 어머니도 있더라
57 저물었을 때에 아리마대의 부자 요셉이라 하는 사람이 왔으니 그도 예수의 제자라
58 빌라도에게 가서 예수의 시체를 달라 하니 이에 빌라도가 내주라 명령하거늘
59 요셉이 시체를 가져다가 깨끗한 세마포로 싸서
60 바위 속에 판 자기 새 무덤에 넣어 두고 큰 돌을 굴려 무덤 문에 놓고 가니
61 거기 막달라 마리아와 다른 마리아가 무덤을 향하여 앉았더라
62 그 이튿날은 준비일 다음 날이라 대제사장들과 바리새인들이 함께 빌라도에게 모여 이르되
63 주여 저 속이던 자가 살아 있을 때에 말하되 내가 사흘 후에 다시 살아나리라 한 것을 우리가 기억하노니
64 그러므로 명령하여 그 무덤을 사흘까지 굳게 지키게 하소서 그의 제자들이 와서 시체를 도둑질하여 가고 백성에게 말하되 그가 죽은 자 가운데서 살아났다 하면 후의 속임이 전보다 더 클까 하나이다 하니
65 빌라도가 이르되 너희에게 경비병이 있으니 가서 힘대로 굳게 지키라 하거늘
66 그들이 경비병과 함께 가서 돌을 인봉하고 무덤을 굳게 지키니라

저자 해설 및 묵상

유다의 최후와 빌라도의 재판

마태복음 27장의 시작 부분은 산헤드린공회이 예수를 죽이기로 결의하고 총독 빌라도에 그를 넘겼음을 보도하며 시작합니다27:1-2. 이어 유다의 비극적 최후가 묘사됩니다27:3-10. 유다는 스승 예수를 은돈 30전에 유대 종교 지도자들에게 팔아 넘긴 자신의 행동이 잘못되었음을 깨닫습니다. 그러나 베드로처럼 회개를 택하는 대신26:75, 유다는 자결을 선택합니다27:5.

이어 예수님이 빌라도의 법정에서 재판 받으시는 장면이 묘사됩니다27:11-26. 빌라도는 예수가 무죄임을 분명 알았습니다. 다름 아닌 시기심 때문에 유대 종교 지도자들이 예수를 자신에게 넘겼음을 빌라도는 간파했습니다. 그러나 예수를 석방했다가는 민란이 날 수도 있다는 정치적 판단하에 폭동을 주도했던 바라바를 석방하고, 무죄한 예수에게는 십자가형을 선고합니다27:26. 빌라도는 자신의 책임을 피하고자 물을 갖다 손을 씻는 퍼포먼스까지 합니다27:24. 하지만 그런다고 그의 책임이 사라지지는 않습니다행4:27 참조. 빌라도는 옳은 일을 행하기보다 그의 경력에 손해 가지 않을 선택을 했습니다. 유대 종교 지도자들에게 사주 받은 군중들이 들고 일어나 혹 민란이라도 발생한다면 자신이 로마 정부로부터 문책을 당할 수 있다는 빠른 정치적 계산 하에 아무 죄 없는 예수님에게 십자가 처형을 구형합니다.

예수님의 십자가 처형

마태는 이어 로마 군병들이 처형에 앞서 예수님을 모욕하고 희롱하는 장면을 묘사합니다.마27:27-31. 가시 면류관은 예수님에게 신체적 고통을 주었고, 그를 거짓 왕으로 모욕하는 병사들의 조롱은 그에게 심리적 고통을 더했습니다. 예수님은 유대인의 참 왕이십니다. 그러나 마치 그가 가짜 왕인 듯이 모욕과 희롱을 받고 있습니다.

마27:32-44는 예수님의 십자가 처형 장면을 기록합니다. 예수님이 거듭 예언하신 대로 그는 십자가에서 달려 죽어갑니다. 십자가 처형은 고대에서 가장 잔혹하고도 고통스러운 처형 방식이었습니다.로마제국은 그들의 시민에게는 이같은 사형방식을 사용하지 않았습니다. 십자가형이 가져오는 극한의 고통은 말할 것도 없이, 벗겨진 채로 나무에 매달려 죽는다는 것은 극도의 수치와 모욕을 의미했습니다. 이는 사형수의 배설 장면까지 군중에게 여과 없이 공개됨을 뜻했습니다. 특히 유대인들에게 있어 십자가 처형은 하나님께 저주를 받았음을 상징했습니다. '나무에 달려 죽은 자는 하나님께 저주를 받았음'갈3:13; 신21:23 참조이란 도식이 십자가에 달린 죄수에게 적용되었습니다. 그래서 유대 종교지도자들이 예수님을 꼭 십자가형으로 죽이고자 애썼던 것입니다. 예수님이 십자가에 못 박혀 죽게 되면 하나님께 저주를 받아 죽은 것이 됩니다. 그로 인해 예수님은 자동적으로 가짜 메시아로 '판명'나게 됩니다. 그러면 그의 추종자들 역시 쉽사리 흩어지리라고 예상했습니다. 한편, 로마인의 관점에서 십자가형은 황제의 권위에 감히 도전한 정치범의 비참한 최후를 의미했습니다. 로마 정부의 입장에서 십자가 처형은 황제의 권위에 감히 도전하는 자의 운명을 공개적으로 시연하는 공포정치의 일환이었습니다. 십자가 처형 장면이 너무나 잔혹했기에 교제하는 자리에서 이에 대해 언급하는 것이 로마인들 사이에서 금기시될 정도였습니다. 유대인과 이방인 모두에게 십자가의 죽음은 실패자의 처절하고 참혹한 최후를 의미했습니다. 그러나 예수님은 우리의 구원을 위해 그런 죽음을 감당하셨습니다.

예수님의 죽음

마태복음 27:45-56은 예수님의 죽음을 묘사합니다. 이 부분은 예수님이 운명 하시기 앞서 하신 말씀과 더불어 자연계의 반응 그리고 십자가형을 집행하던 군인들과 군중의 반응 등을 생생히 보도합니다. 주님은 십자가에서 죽어 가시며 "나의 하나님, 나의 하나님, 어찌하여 나를 버리셨나이까?"라고 외칩니다27:46. 이는 시22:1의 직접 인용인데, 이 시편은 의인의 고난에 관한 시편입니다. 이 시편시22장은 고난 가운데의 의인의 절규시22:1-18로 시작하지만, 구원을 위한 기도와 탄원22:19-21을 거쳐 하나님의 개입으로 말미암은 승리에 대한 확신과 찬양과 예배로 마칩니다22:23-31. 그러한 사실은 예수님의 십자가의 죽음이 부활의 승리마28장로 이어질 것을 암시합니다.

예수님이 죽으실 때 성소 휘장이 위로부터 아래까지 둘로 찢어지는 사건이 발생합니다. 이는 하나님의 임재가 성전을 떠났음을 의미합니다. 하나님이 성전을 떠나셨기에 성전의 고유한 중요성과 기능 역시 상실됩니다. 아울러 당시 성전 중심 제의에서 이방인이 하나님께 나아감에 있어 경험했던 제약 역시 사라지게 됩니다. 무덤이 열리고 죽은 성도들이 살아난 사건은 장차 역사의 종말 때에 있을 성도의 부활고전15장을 소망케 하는 사건이며, 예수님의 죽음과 부활의 의미와 효력에 대해 강하게 암시해 주는 사건입니다. 이방인인 백부장과 그의 수하들이 그 모든 일을 목도하면서 십자가에서 죽은 예수를 하나님의 아들로 고백한 사건은 예수님의 메시아 되심/하나님의 아들 되심이 십자가 죽음과 서로 상치되는 것이 아님을 여실히 보여줍니다마16:13-28. 인간의 관점에서는 이 둘이 완전히 반대되는 개념처럼 느껴질 수 있겠지만, 하나님의 구원 경륜 안에서 이 둘은 하나입니다. 십자가에 못 박혀 죽은 예수가 바로 참 메시아시고 또 그가 바로 하나님의 아들이십니다. 이방인 백부장의 고백은 이어질 이방인 선교에 대한 기대감을 고취시킵니다28:18-20; 행13-28장 참조.

예수님의 장사와 유대 종교지도자들의 대처

마27:57-61은 예수님의 장사burial에 대해 기록합니다. 예수님의 제자로 아리마대 출신인 부자 요셉은 용기를 내어 빌라도를 찾아가 예수님의 시신을 받습니다. 그는 깨끗한 삼베로 예수님의 시신을 싼 후 바위를 뚫어 만든 자신의 새 무덤에 모셔 정성껏 장례를 주관합니다27:59-60.

마태복음 27장의 제일 마지막 부분인 62-66절은 예수의 십자가 처형 후 대제사장들과 바리새인들의 대처에 관해 기록합니다. 예수님이 자신의 죽음과 부활에 대해 예언했음을 기억하면서 이들은 예수의 제자들이 그의 시신을 훔쳐 간 후 그가 부활했다고 주장하지 못하도록 빌라도의 허가 하에 예수의 무덤 주변에 경비병을 배치하여 철저히 지키도록 조치합니다. 아울러 돌을 인봉하여 아무도 묘실에 접근치 못 하도록 추가적인 안전장치까지 해 둡니다. 예루살렘의 종교 지도자들이 유대인의 큰 명절 기간 중의 안식일 때에 이런 조치를 한 것은 그들이 얼마만큼 예수와 그의 추종자들에 대해 신경쓰고 있었는지를 잘 보여 줍니다.

마태복음 이해 업그레이드 20

십자가의 아이러니

대제사장들주) 현직 대제사장 및 대제사장을 역임한 일가친척들과 서기관들과 장로들은 십자가에 못 박힌 예수를 조롱했습니다. "그가 남은 구원하였으되 자기는 구원할 수 없도다 그가 이스라엘의 왕이로다 지금 십자가에서 내려올지어다 그리하면 우리가 믿겠노라"27:42. 우리는 여기서 십자가의 아이러니를 발견합니다. '이스라엘의 왕' 노릇을 하는 가짜 메시아로 조롱 받는 예수님은 이스라엘의 참 임금이십니다. '남을 구원한다고 큰소리쳤으나 실제로 자기 목숨도 지키지 못하는 실패자'라는 모욕을 받는 예수님이 참 메시아십니다. 그가 십자가형으로부터 탈출하는 것이 아니라 자기 자신을 버리고 십자가에서 죽는 것이 바로 하나님의 구원 방식이었습니다. '십자가에서 기적적으로 탈출한다면 너를 믿어줄게'라며 유대 종교 지도자들이 예수님을 조롱했지만, 십자가로부터 탈출한 이가 아니라 십자가에 달려 우리 대신 죽으신 이가 바로 우리 구주십니다고전1:22-24 참조. 하나님의 아들은 십자가 형을 집도하던 로마 병사들을 무력으로 쳐부수며 보복하는 분이 아니라 자신의 십자가 죽음을 통해 그들마저 하나님 백성이 될 기회를 주시는 분입니다. 십자가의 아이러니 가운데 우리는 복음의 신비를 발견하며 우리가 미처 다 헤아릴 수 없는 주의 은혜를 대면합니다.

묵상과 적용을 위한 질문

❶ 여러분이 예수님의 십자가 처형 당시에 같이 있었다고 상상해 보시기 바랍니다. 그때 유대 종교지도자들이 했던 조롱의 말 "그가 남은 구원하였으되 자기는 구원할 수 없도다 그가 이스라엘의 왕이로다 지금 십자가에서 내려올지어다 그리하면 우리가 믿겠노라"(마 27:42)이 당신에게 어떻게 다가왔을까요?

❷ 예수님은 자신을 버림으로 우리에게 죄 사함과 구원을 주셨습니다. 십자가에서 자신을 구출치 않으시고 오히려 자신을 버리신 메시아를 따른다는 것이 오늘 당신의 삶 가운데 어떤 구체적이고도 실제적인 의미를 갖나요?

_____

_____

나만의 묵상 메모
오늘 묵상을 통해 주신 깨달음에 대해 기록해 보세요.

_____

_____

저자와 함께 하는 한 줄 기도
십자가에서 자신을 버림으로 우리에게 구원을 주신 주 예수님의 은혜에 깊이 빠지게 하소서.

기도와 결단
오늘 묵상한 말씀의 적용과 삶의 결단을 담아 자신의 기도를 드리세요.

_____

부활하신 예수님 그리고
그의 대위임령

마태복음 28장

통독 묵상 길잡이

십자가에 죽으신 예수님이 부활하셨습니다. 그리고 제자들을 만나 대위임령을 주십니다. 하늘과 땅의 모든 권세를 가지신 예수님께서 제자들에게 주시는 말씀을 주의 깊게 들어 보세요.

오늘의 본문   마태복음 28장

1 안식일이 다 지나고 안식 후 첫날이 되려는 새벽에 막달라 마리아와 다른 마리아가 무덤을 보려고 갔더니
2 큰 지진이 나며 주의 천사가 하늘로부터 내려와 돌을 굴려 내고 그 위에 앉았는데
3 그 형상이 번개 같고 그 옷은 눈 같이 희거늘
4 지키던 자들이 그를 무서워하여 떨며 죽은 사람과 같이 되었더라
5 천사가 여자들에게 말하여 이르되 너희는 무서워하지 말라 십자가에 못 박히신 예수를 너희가 찾는 줄을 내가 아노라
6 그가 여기 계시지 않고 그가 말씀 하시던 대로 살아나셨느니라 와서 그가 누우셨던 곳을 보라
7 또 빨리 가서 그의 제자들에게 이르되 그가 죽은 자 가운데서 살아나셨고 너희보다 먼저 갈릴리로 가시나니 거기서 너희가 뵈오리라 하라 보라 내가 너희에게 일렀느니라 하거늘
8 그 여자들이 무서움과 큰 기쁨으로 빨리 무덤을 떠나 제자들에게 알리려고 달음질할새
9 예수께서 그들을 만나 이르시되 평안하냐 하시거늘 여자들이 나아가 그 발을 붙잡고 경배하니
10 이에 예수께서 이르시되 무서워하지 말라 가서 내 형제들에게 갈릴리로 가라 하라 거기서 나를 보리라 하시니라
11 여자들이 갈 때 경비병 중 몇이 성에 들어가 모든 된 일을 대제사장들에게 알리니
12 그들이 장로들과 함께 모여 의논하고 군인들에게 돈을 많이 주며
13 이르되 너희는 말하기를 그의 제자들이 밤에 와서 우리가 잘 때에 그를 도둑질하여 갔다 하라
14 만일 이 말이 총독에게 들리면 우리가 권하여 너희로 근심하지 않게 하리라 하니
15 군인들이 돈을 받고 가르친 대로 하였으니 이 말이 오늘날까지 유대인 가운데 두루 퍼지니라
16 열한 제자가 갈릴리에 가서 예수께서 지시하신 산에 이르러
17 예수를 뵈옵고 경배하나 아직도 의심하는 사람들이 있더라
18 예수께서 나아와 말씀하여 이르시되 하늘과 땅의 모든 권세를 내게 주셨으니
19 그러므로 너희는 가서 모든 민족을 제자로 삼아 아버지와 아들과 성령의 이름으로 침례세례를 베풀고
20 내가 너희에게 분부한 모든 것을 가르쳐 지키게 하라 볼지어다 내가 세상 끝날까지 너희와 항상 함께 있으리라 하시니라

저자 해설 및 묵상

여성들을 부활의 첫 증인으로 삼으심

마태복음 28장은 기독교의 기원에 있어 가장 중요한 사건, 즉 예수 그리스도의 부활을 보도합니다. 마태복음 28장은 크게 세 단락으로 구성되어 있습니다. 첫 번째 단락인 1-10절은 예수님이 부활하신 후 막달라 마리아와 다른 마리아에게 나타나신 사건을 기록합니다28:1, 8-10. 주님은 이 여인들이 사도들에게 가서 부활의 소식을 전하게 하십니다. 여인들을 부활의 첫 증인으로 삼으신 일은 참으로 의미심장합니다. 당시 유대인의 법정에서 여인들의 진술은 그 효력을 인정 받지 못했습니다. 여성을 부활의 첫 증인으로 삼으신 사건은 예수님의 하나님 나라 운동이 당대의 문화나 주류의 선호사항에 갇혀 있는 실체가 아님을 분명히 보여줍니다. 이는 또한 부활 기사의 진정성을 드러냅니다. 만일 어느 누가 부활 기사를 창작하려고 했다면이 여인들이 아니라 당시 유대인 남성 중에서 존경 받고 신뢰가 갈 만한 인물들을 부활의 첫 목격자로 삽입했을 것이기 때문입니다. 마28:16은 "열한 제자가 갈릴리에 가서 예수께서 지시하신 산에 이르러"라고 기록합니다. 이는 여인들이 부활하신 주님의 말씀을 그대로 사도들에게 전했음을 확인해 줍니다.

매수와 조작으로 대응하는 유대 종교 지도자들

둘째 단락인 11-15절은 앞선 27:62-66과 연결되는 내용으로 예수님의 부활에 유대 종교 지도자들이 어떻게 대응했는지를 묘사합니다. 경비병 중

몇 사람이 대제사장들에게 가서 벌어진 모든 일에 관해 이야기 합니다. 큰 지진이 발생하고 주의 천사가 하늘에서 내려와 봉인한 돌을 굴려 내고 그 위에 좌정하여 자신들경비병들을 두려워 떨게 만든 그 사건28:2에 대해 보고합니다. 경비병들의 보고를 듣고 대제사장들은 장로들과 상의한 후 이 군병들을 매수하여 그런 사건이 없었던 것으로 하자고 제안합니다. 사실을 덮고 진상을 왜곡하기로 결정합니다. "너희경비병들는 말하기를 그예수의 제자들이 밤에 와서 우리가 잘 때에 그를 도둑질하여 갔다 하라"28:13. 대제사장들과 장로들은 주님의 부활에 맞추어 자신들의 그릇된 신앙과 신학을 조정하려 하지 않았고 도리어 뇌물로 병사들을 매수하여 자신들의 알량한 종교 권력을 유지하고자 애씁니다. 뇌물, 매수, 사건 조작이 아주 최근에 시작된 것이 아님이 이 일을 통해 여실히 드러납니다. 이들 종교지도자에게도 자신들이 완전히 틀렸음을 인정하고 회개할 기회가 있었습니다. 그러나 안타깝게도 이들은 매수와 조작을 통해 자신들의 권력을 지키기로 결정합니다. 이를 통해 이들이 섬겼던 것은 하나님이 아니라 권력 자체였음이 드러납니다. 이들은 종교적인 일에 극도로 열정적이었으나 하나님과 이웃에 대한 사랑 때문에 열정적으로 움직였던 것이 아니라 권력욕에 의해 그렇게 움직였던 것입니다.

대위임령 The Great Commission

셋째 단락인 16-20절은 예수님이 제자들에게 대위임령을 주시는 장면을 생생히 묘사합니다. 전에 유대인을 향해 나아가도록 명하셨던 주님10:5-6(참조 15:24)은 이제 열 한 제자들에게 모든 족속을 향해 복음 들고 나아가 열방을 제자 삼으라고 명하십니다사42:6; 43:9-10; 44:8 참조. 이제 하나님 나라 복음이 본격적이고 전면적인 뜻에서 유대인과 이방인 모두에게 선포될 것입니다행 13-28장 참조. 사도들은 열방을 자신들의 제자가 아니라 예수님의 제자 삼아야 합니다. 열방이 들어야 할 소식은 사도들 자신의 가르침이 아니라 주 예수님이 가르치신 모든 것입니다. 사도들이 그리고 우리가 좋아하는 가르침만을 선별적으로 전하는 것에 대한 간접적 금지가 주님의 말씀 안에 생생히 담겨 있습니다. "내가 너희에게 분부한 모든 것을 가르쳐 지키게 하라"28:20.

마태복음의 마지막 구절인 28:16-20은 그리스도의 신성에 대해 잘 보여줍니다. 제자들이 부활하신 예수님을 뵙고 경배했다는 사실, 침례세례의 '공식'에서 아들이 아버지와 성령과 병치된 것"아버지와 아들과 성령의 이름으로 침례(세례)를 주고", 그리스도의 편재omnipresence를 전제하는 "내가 세상 끝날까지 너희와 항상 함께 있으리라"는 약속의 말씀은 예수님의 신성을 확증하고 선포합니다. 예수 그리스도는 그저 숭고한 인간이나 이상적 인간에 머무는 분이 아니십니다. 그렇다고 천사장급에 머무는 존재도 아니십니다. 그는 참 인간이시지만 동시에 참 하나님이십니다.

그렇기 때문에 그리스도의 명령은 신적 권위, 즉 절대 권위를 지닙니다. "너희는 가서 모든 민족을 제자로 삼아 아버지와 아들과 성령의 이름으로 침례세례를 베풀고 내가 너희에게 분부한 모든 것을 가르쳐 지키게 하라"20:19-20는 주님의 명령은 모든 성도와 그리스도인 공동체 위에 절대적 권위를 갖는 말씀입니다. 앞으로 어떻게 살아야 할지 고민이 된다면, 마 28:19-20대로 살라는 말씀을 드리고 싶습니다. 이는 사실 그 누구보다 필자 자신을 향한 외침입니다! 전도/선교와 제자 삼는 일에 힘쓰며, 주님의 가르침을 가감 없이 나누고 개인과 공동체의 삶 전 영역에서 그리스도의 주 되심을 인정하는 삶, 그것이야말로 예수의 제자 모두가 추구해야 할 삶입니다. 이제 40일간의 통독과 말씀 묵상은 마칩니다. 그러나 우리는 지난 40일간 읽으며 묵상하고 배운 말씀을 계속 실천해야 합니다. 복음을 전하고 제자 삼는 일 그리고 주님이 가르치신 모든 것을 가감없이 가르쳐 삶의 전 영역에서 지키게 하는 그 일을 지속해서 실천해야 합니다. 우리는 연약하고 부족합니다. 그러나 주님이 세상 끝날까지 우리와 함께해 주신다는 변함 없는 약속을 굳게 붙잡고 나아갑시다.

"볼지어다 내가 세상 끝날까지 너희와 항상 함께 있으리라" 28:20.

묵상과 적용을 위한 질문

❶ 당신은 예수님의 가르침 중 어떤 부분을 특히 강조하는 편인가요? 그리고 솔직히 어떤 부분을 간과하는 편인가요? "내가 너희에게 분부한 모든 것을 가르쳐 지키게 하라"28:20는 주님의 말씀은 삶의 어떤 영역에서 당신에게 구체적인 조정과 변화를 요구하나요?

❷ "볼지어다 내가 세상 끝날까지 너희와 항상 함께 있으리라"28:20는 주님의 말씀이 그의 제자인 당신에게 오늘 어떤 격려와 도전을 주는지 적어 보세요.

나만의 묵상 메모
오늘 묵상을 통해 주신 깨달음에 대해 기록해 보세요.

저자와 함께 하는 한 줄 기도
주님이 늘 함께하심을 믿고 주님의 가르침을 가감 없이 전하며 삶의 전 영역에 적용케 하소서.

기도와 결단
오늘 묵상한 말씀의 적용과 삶의 결단을 담아 자신의 기도를 드리세요.

참고도서목록

이장렬. 「바디매오 이야기」. 서울: 요단출판사, 2019.

이장렬, 이충재. 「나를 일으켜 세우는 감사」. 서울: 요단출판사, 2020.

Bauer, Walter, Frederick William Danker, William F. Arndt, and F. Wilber Gingrich, *A Greek–English Lexicon of the New Testament and Other Early Christian Literature*. 3rd ed. Chicago: University of Chicago Press, 2000.

Davies, W. D., and Dale C. Allison, Jr. *Matthew 1-7*. International Critical Commentary. London: T&T Clark, 2004.

―――. *Matthew 8-18*. International Critical Commentary. London: T&T Clark, 2004.

―――. *Matthew 19-28*. International Critical Commentary. London: T&T Clark, 2004.

France, R. T. *The Gospel of Matthew*. New International Commentary on the New Testament. Grand Rapids: Wm. B. Eerdmans, 2007.

Lee, ChoongJae. *Metanoia Repentance a Major Theme of the Gospel of Matthew* Eugene, OR: Wipf&Stock, 2020.

Pennington, Jonathan T. *The Sermon on the Mount and Human Flourishing: A Theological Commentary*. Grand Rapids: Baker Academic, 2017.

함께 읽을 추천도서

이장렬. 「예수님의 고난과 부활에 대한 40일간의 묵상: 누가복음 22-24장을 중심으로」. 서울: 요단출판사, 2019.

이장렬. 「예수님의 고난과 부활에 대한 40일간의 묵상 II: 요한복음 13-20장을 중심으로」. 서울: 요단출판사, 2020.